Nombres
QUE DEJARON
huella

Rudyard Kipling

Ernest Miller Hemingway

CLUB INTERNACIONAL DEL LIBRO

Prólogo, diseño y maquetación:
Equipo Editorial CIL

Avda. de Manoteras, 50
28050 Madrid

ISBN: 978-84-407-2897-5 (O.C.)
ISBN: 978-84-407-2902-6
Depósito legal: M-2287-2019

Impreso en España por: Rol-Press, S.L. Barcelona

RUDYARD KIPLING

PRÓLOGO

Los dos autores que integran este volumen, compartieron afición, oficio, lengua y galardón. Ambos obtuvieron el Premio Nobel de Literatura y, aunque los dos entraron en la literatura de la mano del periodismo, sus estilos e historias narradas son bastantes diferentes entre sí. No obstante, tanto Kipling como Hemingway fueron grandes viajeros y vivieron la vida apasionadamente.

Kipling nació en la India, un país que siempre llevó muy dentro, no solo por haber nacido allí y haberse recorrido todos sus rincones cuando fue reportero, sino porque sus olores, colores, paisajes, gentes y leyendas, calaron hondo en él desde niño, y esto también quedará reflejado en su obra. A esos recuerdos se aferraría el joven «Rudy» cuando, por decisión paterna, fue trasladado a Inglaterra para recibir allí formación académica. En la metrópoli, no solo sufrió por la lejanía de su familia y de su lugar de origen, sino que padeció una continuada y terrible situación de humillación y dureza durante su estancia en la residencia Lorne Lodge, de los Halloway.

En su autobiografía *Algo de mí mismo*, obra de la que se nutren inevitablemente todas la biografías del escritor, él mismo habla sin reparos de su triste infancia, que en cierto modo se fue atenuando con el paso de los años, tras el ingreso en Devonshire y, sobre todo, a raíz de su regreso a Lahore. Sin embargo, «no hay mal que por bien no venga», como dice el refrán; Kipling hizo gala durante toda su vida de una metódica disciplina de trabajo, con hábitos durísimos de actividad diaria, que posiblemente fueron heredados de su austera educación inglesa. Ese intenso trabajo pronto dio sus frutos, aunque no era nuestro personaje muy amigo de galardones. Durante toda su vida había rechazado todas las condecoraciones que había recaído sobre él de manera merecida, como la Orden a Caballero –que le hubiera otorgado el trato de «Sir»–, la Orden al Mérito –el mayor laurel para un súbdito británico–, y el *Poet Laureateship* (premio nacional de poesía). El Premio Nobel de Literatura fue el único reconocimiento que aceptó en 1907, convirtiéndose así en el primer escritor británico que conseguía el premio y también en el ganador del premio Nobel de Literatura más joven hasta ahora.

El autor –como ya se ha dicho– entró en la literatura de la mano del periodismo, pues con 16 años empezó a desarrollar tareas como corrector en el *Civil and Military Gazette* de Lahore; pero pronto tuvo la oportunidad de escribir y demostrar que lo sabía hacer y bien, ya que sus historias cautivaron al público. Historias de tierras exóticas, cargadas de imaginación, con personajes audaces y valientes, argumentos sencillos pero con gran tensión dramática y aventura, inventada o contemplada a lo largo de sus múltiples viajes alrededor del mundo; porque Kipling viajó por medio mundo y asistió a conflictos bélicos de donde extrajo documentación de primera mano para su obra.

Pero no todo es exotismo y relatos cortos en su trayectoria literaria, aunque llegó a escribir 250 de ellos. Kipling cultivó la poesía desde joven y nos legó más de 800 páginas de versos, entre los que destaca el maravilloso poema «If». Curiosamente uno de sus versos, «If you can meet with Triumph and Disaster and treat those two impostors just the same» («Si te encuentras con el Triunfo y la Derrota y a estos dos impostores los tratas de igual forma») decora la pared de la entrada de jugadores de la pista central del torneo británico de tenis de Wimbledon.

El autor cuya semblanza y entorno histórico-político vivencial descubrirá en estas páginas, fue un escritor que no dejaba a nadie indiferente, aunque suscitara controversias. Fue admirado y discutido a la vez, sobre todo por su conservadurismo y su defensa a ultranza del imperialismo. Y, aunque viajó por medio mundo y conservó los olores de la India, jamás se olvidó de sus modales victorianos que dejaban entrever la más pura idiosincrasia británica de la que fue un firme partidario y defensor.

Su éxito de público se vio corroborado con las numerosas adaptaciones cinematográficas que se realizaron de sus obras, entre las que destacan por encima de todas las diferentes versiones de *El Libro de la Selva*, que en realidad se titulaba *El libro de las tierras vírgenes*. Se trata de una colección de relatos cortos inspirados en los juegos de su primera hija, Josephine, que recrean muchos de sus recuerdos en la selva de la India. Todos esos relatos fueron publicados en revistas norteamericanas e inglesas entre 1893-1894 y algunas fueron ilustradas con dibujos del padre del autor, John Lockwood Kipling quien además constituyó uno de los pilares fundamentales de nuestro autor, llegando incluso a aconsejarle a nivel profesional sobre sus proyectos literatios.

CAPÍTULO PRIMERO

Para intentar comprender la vida de Rudyard Kipling –así como la de cualquier ser humano– es necesario saber identificar sus actos y caracteres personales con el marco histórico y social que desde su nacimiento fue influyendo en él y sobre el cual nuestro personaje fue dejando las huellas de sus pasos.

La vida de este escritor inglés abarca casi la segunda mitad del siglo XIX y la primera del XX. Nace en Bombay en el año 1865 y muere a la edad de 71 años en Londres.

En este periodo la sociedad burguesa se va afianzando en el mundo, al tiempo que pone de manifiesto los conflictos internos que la atraviesan y que pueden atentar contra su existencia. Decir que se afianza este tipo de sociedad, es decir que se afianza una determinada forma de organizar la economía, la política, así como las ideas de los individuos. Los casos más representativos de la evolución de la sociedad a caballo entre los dos siglos pueden observarse en las dos grandes naciones más desarrolladas en la Europa de entonces: Gran Bretaña y Francia.

Ambas son naciones que han experimentado un temprano despertar industrial que han propiciado un crecimiento económico y de poder prodigioso. De modo progresivo han ido dejando atrás las estructuras agrarias predominantes y, al mismo tiempo, han dado paso al ascenso de una dominante la clase social burguesa, desplazando del poder económico, político e ideológico a la aristocracia terrateniente.

Vinculado a semejante fenómeno social, sobreviene otro que es específicamente político: el auge del sistema parlamentario en la estructuración y organización de los Estados, sustentado en el principio legitimador de la «soberanía popular». Es lo que ambiguamente se ha dado en llamar «democracia», dejando a un lado que este concepto, como tantos otros, no posee un único grado de aplicación en la realidad, sino que, al contrario, tiene un amplio abanico de manifestaciones en función de los distintos grados de intensidad con que se presente en una determinada realidad social.

No se puede ni debe marginar u olvidar que los autodenominados «Estados democráticos» de Gran Bretaña y Francia se apoyaban, durante el siglo XIX, en un conjunto de relaciones sociales que no tenían mucho, precisamente, de democráticas y justas. Baste como ejemplo la situación en que se encontraban las masas de trabajadores en el marco de la industria, con míseros salarios y jornadas agotadoras. O bien, fuera ya de sus fronteras, las circunstancias de explotación y opresión que sufrían los indígenas de los territorios colonizados por estas poderosas naciones europeas.

Pasando al ámbito de las ideas dominantes en las dos naciones que nos están sirviendo de muestra, cabe decir que en ellas los filósofos, pensadores o literatos, identificados con la nueva clase en el poder, se presentan fieles a un principio común: el individualismo, la exaltación del hombre vuelto hacia sí mismo. Es un principio que no liga la construcción personal del individuo a la búsqueda de pautas de conducta comunitarias. Es, en definitiva un elemento ideológico consecuente con la parca asimilación de la igualdad en estas sociedades burguesas.

Mencionadas las características sociales que se afianzan junto a la nueva sociedad, también hay que referirse a los síntomas de inestabilidad que pueden hacerla tambalear. La vida de Kipling conoció dos fundamentales: la Primera Guerra Mundial y la Revolución Rusa. La una, como ejemplo de las dificultades que tiñen las relaciones entre naciones que, al fin y al cabo, poseen una estructura social similar y que a veces les llevan a enfrentarse gravemente entre sí. La otra, como muestra de que aquellas sociedades burguesas se hallaban amenazadas por elementos revolucionarios que, en algún lugar, irían a trastornar por completo los modos de vida hasta entonces seguidos.

Hay un nuevo fenómeno social que dejará honda impronta en la vida de nuestro personaje. Cuando Rudyard Kipling viene al mundo, en el año 1865, la tierra que luego iba a ser tan querida por él, y que junto a la India sería una de las principales protagonistas de sus escritos, la tierra británica, está consumando su dominación sobre importantes zonas del globo. Por entonces la reina Victoria no había completado aún la primera mitad de su largo reinado, y a Kipling le quedaban todavía muchos años para ser partícipe y espectador del «periodo victoriano», en que Gran Bretaña se constituye definitivamente en primera potencia mundial.

Sin embargo, el largo recorrido histórico que engloba su vida también incluye el momento en el cual este país comienza a perder parte de su grandeza. El fin de la Primera Guerra Mundial abrirá una etapa de transición, el llamado «periodo de entreguerras», en el que Gran Bretaña verá disminuir su anterior preponderancia en el mundo.

Para comprender la obra de Kipling nos conviene bucear un poco en la historia de la conquista británica de sus extensos dominios coloniales que tanta grandeza aportaron al imperio. La India entre todos ellos era para Gran Bretaña la «perla de la corona».

En el año 1877 la reina Victoria adoptaría el título de «Emperatriz de las Indias». Entonces podía darse por terminada la ocupación y conquista de toda la península indostánica por la nación británica. Sin embargo, para llegar hasta aquí los poderes británicos habían debido recorrer un largo camino no exento de obstáculos.

En el periodo que va desde 1741 a 1757 la Compañía Francesa de las Indias Orientales convirtió los emporios costeros de la península en un imperio que comprendía todo el Dekan. Con la guerra de los Siete Años los británicos se apoderaron de este territorio y, mediante el Tratado de París de 1763, se sancionó el traspaso de las posesiones a manos de la Compañía Inglesa de Indias. A partir de aquí se inicia la incursión de esta compañía hacia las zonas del interior y a mediados de siglo, cuando la península casi estaba en manos británicas, estalla una rebelión que pone en peligro su presencia en el territorio. Fue la sublevación de los cipayos en 1857 que no tardaría en ser sofocada. Tras ella la Compañía de las Indias fue disuelta y la India quedó proclamada colonia de la corona.

El interés de la corona británica en colonizar la India residía esencialmente en dos aspectos: eliminar, primero, a un temido competidor en el sector textil, un importante sector industrial de la época; y asegurar, después, un nuevo mercado para sus productos nacionales.

De esta manera se da el curioso caso de que la India, bajo el dominio colonial británico, se desindustrializa para fomentar el poderío industrial de Gran Bretaña. La India se ve conducida al subdesarrollo para desarrollar más la industrialización británica. Este proceso solo llegó a materializarse, claro está, mediante una permanente coacción y opresión políticas impuestas a este territorio. El uso de la fuerza garantiza el cumplimiento de los intereses imperialistas de las clases dirigentes de la Gran Bretaña en esta zona del mundo.

Rudyard Kipling no sabrá advertir aspectos como este. A pesar de conocer directamente la realidad colonial por haber permanecido durante bastante tiempo en la India viviendo entre sus habitantes, Kipling mirará con desprecio y criticará duramente a aquellas personas que se atreven a alzar la voz contra Inglaterra. El escritor no vio las dos caras de la moneda.

Se ha hablado hasta aquí de variables sociales con las que es preciso contar a la hora de abordar la vida de nuestro personaje, pero, también habría que esbozar un breve apunte del contexto literario del siglo XIX y principios del XX, esto es, de los precedentes con que se encontró Rudyard Kipling y de la realidad literaria de la que fue uno de sus protagonistas.

Al comenzar el siglo XIX el movimiento romántico está en boga con las obras de Wordsworth, Coleridge, Keats, Shelley, Byron y Scott. La oposición a la época anterior, y especialmente a Pope, es lo bastante manifiesta –excepto en Byron– para justificar su antítesis con el «clasicismo». El siglo XVIII había sido «clásico» y se caracterizó por el interés en el hombre, principalmente por el hombre que vive en una sociedad civilizada, por la naturaleza domesticada, por lo útil y lo moral, por el todo más que por la parte, por la ordenación y la regla, y por la lógica y la urbanidad. El hombre solitario, la naturaleza salvaje, la rebelión individualista, la imaginación, la pasión, el reto a la regla, la tolerancia por lo episódico: todos estos ingredientes, juntos o separados, contribuyen a formar el gusto romántico

Con estos escritores británicos de comienzos de siglo se produce toda una explosión creadora de nuevo signo, a la cual la literatura de Gran Bretaña le debe poesías y rapsodias que se han hecho mundialmente famosas, el renacimiento de la narración en verso bajo la forma de novela y el enriquecimiento de la prosa con el ritmo. Pero algunos han visto también, junto a esa explosión, una cierta contracción por el desinterés y abandono de los temas sociales, que produjo una separación entre la poesía y las realidades urbanas de la época.

Diez años separan la muerte de Shelley de los primeros versos de Tennyson, y otros diez median entre la última novela de Scott y la consagración definitiva de Tennyson como poeta. En esos estrechos límites temporales había tenido comienzo una época nueva y había aparecido una generación nueva de poetas, aunque sin señal alguna de rebelión frente a la herencia romántica. Keats y Tennyson, Shelley y Browning, Wordsworth y Mathew Arnold guardan entre sí relaciones de maestros a discípulos respectivamente; pero mientras aquellos hicieron experimentos nuevos, estos prefirieron pulir y perfeccionar. Las dos generaciones se diferencian, eso sí, en su situación ante el público: los románticos son cosa juzgada ya y su lugar en las letras nadie se lo discute. Sin embargo, la fama de los victorianos todavía se halla en entredicho, les queda conquistar al público. Con el tiempo lo lograrán.

Tennyson y Browning son dos figuras complementarias de la nueva época victoriana. Es característico de ambos el aceptar como indiscutibles los supuestos básicos de la sociedad que les rodea y mostrar un espíritu de continuidad en sus métodos artísticos. Junto a ellos, la inquietud de Mathew Arnold forma un punto de transición a la abstracción estética de los prerrafaelistas y al radicalismo de Swinburne.

La poesía prerrafaelista es de tendencia plástica, e intenta volver a la ingenuidad de los pintores primitivos italianos; Dante Gabriele Rossetti es la figura más destacable de este movimiento. En cuanto a Swinburne cabe decir que es, por encima de todo, un melodista. Poeta de espíritu rebelde, en rebelión contra los reyes y los sacerdotes, contra la religión consagrada y la sociedad reglamentada. Todas esas cosas dejan mucho que desear, y la presuntuosa satisfacción que sienten de sí mismas exaspera al poeta. Entre los poetas admiraba, además de a Shakespeare, a los espíritus rebeldes de Marlowe y Shelley, y en su propio estilo se revelan las últimas implicaciones de la técnica de Shelley. Tras casi un siglo de indiferencia, Swinburne es también el primer poeta británico que tuvo conocimiento de las novedades que habían tenido lugar en la Europa continental. Victor Hugo era su héroe y maestro; Victor Hugo, a quien miraba con recelo la Inglaterra victoriana por impío y poco respetable. De Baudelaire aprendió mucho y también del viejo Villon.

Swinburne derribó los viejos valores, pero no restableció otros nuevos y sólidos. Puso fin a una época y anunció otra nueva de gran confusión y tendencias múltiples.

El reinado de la reina Victoria fue el marco de lo que se ha llamado «la Edad de Oro de la novela inglesa». En este florecimiento novelístico hay huellas románticas de matiz sentimentaloide como elemento más general, pese a los tonos diferentes que ofrece, según los casos. Destacan las obras de Dickens, de Charlotte y Emily Brontë, de Thackeray y de George Eliot (Mary Ann Evans).

Dickens y Thackeray forman el gran «uno u otro» de la literatura inglesa moderna, hasta el punto de que el dickensiano fervoroso casi tiene prohibido leer a su émulo. Dickens y Thackeray fueron humoristas, sentimentales y de la misma clase social: la pequeña burguesía. Pero el humorismo de Thackeray se inclinaba a los juegos de ingenio, y el de Dickens a la farsa; el sentimentalismo de Thackeray estaba refrenado por su cinismo, mientras que el de Dickens rebosaba; Thackeray usaba la irania contra el Mal, pero Dickens enronquecía de gritarle.

En cuanto a los restantes novelistas antes nombrados, cabe decir que las hermanas Brontë lograron hacerse famosas en esa época por su interpretación de las pasiones y George Eliot por su penetración psicológica, labrándose un puesto dentro de las letras inglesas.

Posteriores a los escritores señalados, y apartados de su vertiente sentimentalista, aparecen los nombres de Stevenson y Hardy. Dotado de una copiosa vena narrativa el primero de ellos, ocupa un lugar intermedio entre el estilo de los novelistas que le precedieron y los esteticistas como Wilde y Swinburne. Lleno de pesimismo fatalista el segundo, sus obras en prosa y poesía terminarían adquiriendo gran popularidad.

El periodo de finales del XIX y principios del XX presenta una diversidad de escritores que intentan seguir unos caminos independientes y diferenciados entre sí, pero fieles a una común voluntad de alejamiento y ruptura con el sentimentalismo de mediados del XIX. Entre ese grupo de literatos se encontrará Rudyard Kipling.

CAPÍTULO SEGUNDO

El periodo de la infancia suele ser, entre todos los entornos, el más significativo, el que tiende a informar facetas decisivas de cada ser humano. En el caso que nos ocupa, tendremos oportunidad de observar cómo el que fue Kipling niño abrió los senderos del Kipling adulto.

En la ciudad india de Bombay es donde, un 30 de diciembre, viene al mundo nuestro protagonista, fruto de un matrimonio de una pareja de jóvenes británicos emigrados a la India.

El mundo hindú, tan henchido de naturaleza y alimentado en sus seres, en sus cosas, de costumbres y modos de vida claramente orientales, arropará los primeros años del niño. Pero el mundo británico no quedará al margen. Es el mundo de sus padres, en él tiene sus raíces y a cada paso aquellas querrán proyectar en su hijo lo que de ese mundo han aprendido, obligando a Rudyard a convivir entre sus sombras. Y no solo esto, también le enseñarán a amarle como ellos lo hacen. Por eso, las presentes circunstancias determinarán que, en un principio, la vida de Rudyard Kipling tenga que debatirse entre dos mundos muy distintos que, cada uno por su parte, tenderán a sellar sus pasos.

El padre, John Lockwood Kipling, ejercía por entonces de profesor de la Escuela de Bellas Artes de Bombay. Era uno de los miembros del *Indian Civil Service*, instrumento del imperio británico en las colonias hindúes con funciones de dominación a la vez que administrativas. El padre de Rudyard era todo un *sahib,* lo cual proporcionó, tanto a él como al resto de su familia, un status privilegiado en un medio social, el hindú, donde el sistema de castas hacía de cualquier privilegio un hecho de fundamental influencia.

El empleo de John Lockwood Kipling vinculaba dos ejes vitales característicos de él: el servicio al Imperio y el interés artístico. En lo que concierne a esto último hay que decir que venía ya de lejos. Descendía de una familia de artistas artesanos de Yorkshire y había sido dibujante ceramista en Burslem.

La madre de Kipling, Alice McDonald, era escocesa de origen y pertenecía a una familia que había cuidado con esmero su educación y la del resto de sus hermanas. A través de ellas llegó a emparentarse con personalidades renombradas de la época como Burne Jones, famoso pintor prerrafaelista, Edward Poynter, artista también y Alfred Badwin, presidente de la *Great Western Railway* y padre del célebre político, Stanley Baldwin.

Kipling, pues, nació en una familia con aficiones culturales y artísticas. Y esta herencia no pasaría a sus receptivo espíritu en balde.

El poder y la fuerza moral que sobre un niño tienen sus progenitores es incuestionable en la mayoría de los casos. Así Rudyard fue abriendo sus ojos ante lo circundante de la mano de sus padres, bajo su permanente guía. Los primeros seis años de la infancia transcurren en Bombay, su ciudad natal. Es la época que con más nostalgia recuerda en su autobiografía *Algo sobre mí mismo,* publicada en 1936. Estas son sus propias palabras:

«Dadme los seis primeros años de la vida de un niño y os cedo los demás».

Es un periodo que va unido a las primeras percepciones de la naturaleza multicolor de la India, a sus vibrantes seres y paisajes que invaden de sensaciones al futuro escritor, dejando honda huella en él y alimentando su imaginación y fantasía.

Por otra parte, en estos años encuentra en el mundo de los adultos una buena acogida, una forma de cariño que le ayudará a ser feliz. Entonces no solo dispondrá de las atenciones de sus padres, sino también de las de sus dos queridos criados: el aya portuguesa y Meeta, el hindú.

Son estas cosas, junto al paso del tiempo, las que explican la mirada melancólica de Rudyard Kipling sobre ese periodo de su infancia, cuando ya en la madurez inició su autobiografía.

Hay detalles del pasado que el curso de los años no consigue arrancar por completo de la mente, aunque a veces acudan a nosotros envueltos en una ambigüedad tal que es difícil explorar a su través. Detalles así conservó nuestro personaje a lo largo de sus primeros años y algunos de ellos salen a relucir en la autobiografía:

«Mi primera impresión es de una alborada de intensa luz y color, y de frutos dorados y purpúreos vistos a la altura del hombro. Será, tal vez, el recuerdo de mis paseos mañaneros hasta el mercado de frutas de Bombay, en compañía de mi aya y, más tarde, de mi hermana, que iba en su cochecito, y la evocación del regreso, con la compra amontonada...».

Igualmente recuerda que en las tardes calurosas, antes de acostarse, escuchaba cuentos o nanas de la India por boca de Meeta y el aya portuguesa. Relatos y canciones que debían ilusionar su imaginación infantil y que, luego, jamás olvidó.

También quedó grabada en él la imagen de una mano menuda que un día, sorprendido, encontró en el jardín de su casa. Su madre intentó que olvidara el suceso, pero la curiosidad del niño no se conformó con el silencio como única respuesta a sus interrogantes, y acudió al aya, buscando mejor suerte. Esta le contó de qué se trataba. Junto a la vivienda, situada en la Explanada de Bombay, se hallaban las Torres del Silencio, donde los cadáveres de los *parsis* eran devorados por los ávidos buitres. Aquella mano debía pertenecer a uno de esos cadáveres. Era una nueva impresión de una India polifacética que se le aparecía esta vez, en su cara violenta.

Si Rudyard Kipling remite, de forma especial, su nostalgia del pasado a los primeros seis años de su vida, es debido a causas justificadas ya que, a partir de esa edad, las cosas tomaron un cariz distinto para él, produciéndose una clara ruptura en su infancia.

Había llegado la hora de que se preparase culturalmente y, para ello, sus padres quisieron trasladarse hasta la patria británica donde el niño recibiría las enseñanzas que su origen social exigía.

Fue un largo viaje hacia un país envuelto en sombras, como lo describe Kipling en su autobiografía, un país que contrastaba con la luminosidad y el colorido que hasta entonces había conocido en tierras hindúes. Sus padres le acompañaron durante el trayecto pero regresaron a la India una vez se hubo instalado Rudyard en el nuevo hogar. De esta forma, y con su corta edad, se vio obligado a enfrentarse a un lugar y a unas personas desconocidos. Los dueños de la casa eran unos esposos con un hijo algo mayor que Kipling y con los que mantenía un lejano parentesco. La vivienda se hallaba situada en los suburbios de Southsea, cerca de Portsmouth. Él la denominó la «Casa de la Desolación».

¿Por qué? Pues bien, había ido a Inglaterra a aprender a leer y a escribir y, mientras tanto, los dueños de la casa de Southsea debían hacer con él las veces de tutores, ya que se procuraban ingresos extras albergando a niños que venían de la India. Pero Kipling no encontró una forma de calor afectivo que le hiciera agradable la estancia en aquella casa.

La dueña era una mujer de carácter agrio que no dudaba en invadir de temores y castigos el espíritu de Rudyard. Junto a ella su hijo constituía el segundo capítulo en intimidaciones y, cuando se producía una tregua por parte de la señora, venía el muchacho a proseguir la desagradable labor. En realidad, no recuerda haber recibido muestras de cariño más que del padre, un viejo capitán de la Armada que había tomado parte, como guardiamarina, en la batalla de Navarino. Pero este no tardó mucho en morir y Rudyard sintió su desaparición pues quedaba abandonado a las poco acogedoras manos de la madre y el hijo.

Como otras cosas más, en aquella casa la lectura le fue impuesta bajo la sombra del castigo. Sin embargo, terminó dándose cuenta un día de que tal actividad constituía todo un regocijo y no una obligación. El mundo de los libros le aportaba horizontes nuevos, historias a veces apasionantes que le hacían olvidar, por unos momentos, el medio que le rodeaba.

Leía cuanto podía y este nuevo interés terminó por ocasionarle dificultades en aquella opresiva casa. Ahora se le obligaba a apartarse de los libros.

«Leí entonces a escondidas y con más fervor que nunca», nos cuenta Kipling.

Cuando sus padres se enteraron de que sabía leer, le enviaron desde la India libros de gran valor, entre los que había un ejemplar de *Aunt Judy's Magazine,* algo posterior al 70, en el que apareció *De los seis años a los dieciséis,* de una mujer apellidada Ewing. Acerca de él escribe Kipling:

«En lo que a circunloquios atañe, aquella novelita encerraba para mí grandes enseñanzas, y mi deuda es superior a todo encarecimiento. La aprendí casi entera de memoria y la recuerdo aún».

Robinson Crusoe fue otro envío de la India y constituyó un motivo más de distracción y juego para el niño, que llegó a reproducir en la realidad escenarios ambientales de la novela con objetos y artefactos que le rodeaban.

Recuerda también haber leído en aquel periodo una narración en la que aparecían animales que poseían características humanas. Así se daba el caso de unos leones que pertenecían a la «Francmasonería» a los que se unía el protagonista para ir contra unos malvados mandriles. Esta narración anidó en su mente y algo de ella quedó proyectado, años más tarde, en *El libro de las Tierras Vírgenes.*

La recién iniciada vocación por los libros no hacía más que abonar y preparar el terreno del escritor que sería en el mañana.

Momentos de felicidad y sosiego constituían para Rudyard, además de los libros, sus visitas periódicas durante el mes de diciembre a tía Georgy, la hermana de su madre casada con el pintor Edward Burne-Jones. La casa donde residían era una finca llamada «The Grange» que estaba situada en North End Road. Allí encontraba esa forma de calor familiar que echaba tan en falta mientras permanecía en la casa de Southsea.

En «The Grange» el mundo de los adultos volvía a tenderle gustosamente la mano como años atrás lo habían hecho sus padres y criados. Tía Georgy era una mujer encantadora que nunca se enfadaba y, por otro lado, tío Edward sabía introducirse en el mundo de los niños, estimulando su imaginación en el juego. Luego estaban sus primos, niños de su edad con una avidez y un ansia de diversión tan inmensas como las de Rudyard, y a su lado surgían continuamente las aventuras. Pero mejor es que sea él mismo quien describa aquel ambiente:

«En "The Grange" me daban todo el cariño que el más exigente –y yo no era muy exigente– hubiera podido desear. Había un maravilloso olor a pintura y a trementina que venía del gran estudio del piso de arriba, donde mi tío pintaba. Yo disfrutaba de la compañía de mis dos primos y había una morera inclinada, donde nos encaramábamos para conspirar juntos. Había, en el cuarto de juegos, un caballo balancín y una mesa que, apoyada inclinada sobre dos sillas, se convertía en un magnífico tobogán. Por todas partes había cuadros, terminados o a medio terminar, de colores preciosos; y, en las habitaciones había sillas y armarios únicos en el mundo, porque William Morris –a quien habíamos adoptado como nuestro "Tío Topsy"– acababa de empezar a fabricarlos por aquel entonces. Había un constante ir y venir de jóvenes y mayores que siempre estaban dispuestos a jugar con nosotros, excepto un anciano llamado «Browning», que inexplicablemente no prestaba atención a las peleas que se estaban produciendo cuando entraba. Lo mejor de todo, sin lugar a dudas, era cuando mi querida tía nos leía por las tardes *El pirata* o *Las mil y una noches,* mientras se tumbaba en los enormes sofás, saboreando caramelos de café con leche y llamando a los primos "¡Eh, hijito!" o "Hija de mi tío" o "Inocente".

»Más de una tarde, el tío, que tenía una voz magnífica, jugaba con nosotros, aunque en realidad lo que hacía era dibujar en medio de nuestro alboroto. Nunca estaba inactivo. Cubríamos una silla del vestíbulo con telas para que le sirviera de asiento a "Norna, la de la cabeza girada" y le hacíamos preguntas hasta que el tío se metía debajo de los ropajes y empezaba a respondernos, con la voz más grave del mundo, haciéndonos estremecer».

Para Rudyard estas visitas anuales a «The Grange» eran como un sueño, y por eso, cuando volvía a la «Casa de la Desolación» una vez transcurrido el mes de diciembre, se llenaba de tristeza, y por las mañanas, al despertarse, prorrumpía en llanto invadido por la nostalgia. A medida que se iba haciendo mayor, su vista era más precaria, encontrando dificultades al leer o estudiar. En tal situación, el trabajo escolar llegó a resentirse y las notas eran un indicativo de ello. En la casa los malos resultados académicos tuvieron como respuesta, naturalmente, reprimendas y castigos, el de no leer incluido. En una ocasión, las notas llegaron a ser tan deficientes que Rudyard decidió no entregar el boletín y contarles una falsa historia, creyendo así que podría darse por salvado de posibles agresiones y regañinas. Sin embargo, sus planes salieron mal ya que sus mentiras fueron descubiertas y el enfado de la madre y el hijo terminó siendo mayor. De esta manera, una vez confesada la verdad, le pegaron y le pusieron un cartelito en la espalda con la palabra «embustero», obligándole a ir con él hasta la escuela.

Fue por entonces cuando Rudyard cayó en un estado de decaimiento nervioso tal, que llegaba a ver sombras y cosas que no eran reales, sino solo fruto de su imaginación cansada. Al mismo tiempo, la vista seguía yendo a menos, hasta tal punto que un médico le diagnosticó que se encontraba medio ciego. Su madre debió enterarse de lo que le estaba ocurriendo ya que, coincidentemente, se presentó en la casa y se lo llevó de allí. Desde entonces no volvió a saber nada de aquel lugar ni de sus habitantes. Sin embargo, y a pesar de los sinsabores conocidos en Southsea, nuestro personaje no hizo un balance plenamente negativo de esta experiencia. Ella le enseñó una cosa: saber estar a la defensiva con los demás, permaneciendo vigilante y algo desconfiado ante ellos.

Tras abandonar él y su hermana Alice la «Casa de la Desolación» –pues también aquella había permanecido aquí durante un tiempo–, se fueron con su madre a una pequeña alquería situada junto al bosque de

Epping, donde el pequeño Rudyard se recuperó por completo y logró sentirse feliz en todos los sentidos. De nuevo era un niño alegre, no tardando mucho en olvidar los años pasados en Southsea.

Posteriormente, se trasladaron a Londres y fueron a instalarse en una casa de huéspedes, enclavada en el barrio semirural de Brompton Road. En el nuevo lugar, Rudyard comenzó a padecer de insomnio, un mal que luego le acompañaría en sucesivas etapas de su vida.

En Londres él y su hermana Alice disfrutaron de una diversión excitante que, a la vez, supuso un importante medio de aprendizaje: las continuas visitas al antiguo Museo de South Kensington.

Su madre había sido la encargada de procurársela. A ella le habían enseñado a mirar con curiosidad el mundo de la cultura y, ahora, quería hacer lo mismo con sus hijos. Estos, por otra parte, sabían responder positivamente a las iniciativas de dicha naturaleza gracias a su curiosidad por aprender y conocer nuevas cosas.

En el Museo de South Kensington se encontraban como en su propia casa. Recorrían todas las partes del edificio, incluso aquellas en donde se prohibía la entrada a los visitantes, y se maravillaban con la belleza y colorido de los objetos e instrumentos puestos a la vista del público: instrumentos musicales, armas y pistolas o colecciones de joyas. En una ocasión llegó a tener entre las manos un manuscrito de Dickens y su mente infantil se sorprendió al ver las páginas llenas de frases añadidas entre líneas, como si el autor escribiese desordenadamente, acordándose a cada paso de cosas con las que no había contado en un principio.

En aquellas semanas de descanso Rudyard también leyó mucho: *Sidonia la hechicera,* los poemas de Emerson y las historias de Bret Harte, entre otras obras.

Contaba entonces doce años de edad y había llegado el momento oportuno de recibir una enseñanza más especializada. Las vacaciones tocaban a su fin y Rudyard iba a comenzar un curso en una nueva escuela.

CAPÍTULO TERCERO

Corría el año 1878 cuando ingresó en el «United Service College», en calidad de interno. La escuela estaba en Westward Ho, barrio cercano a Bidefort. Era una institución creada por gentes de limitados recursos económicos –oficiales pobres, en una buena parte–, con el fin de que la enseñanza de sus hijos no requiriera grandes costos. La mayoría de los alumnos había nacido fuera de Inglaterra y quería seguir la carrera militar.

El colegio constaba de una cadena de edificios situados junto a una colina, y los muchachos, que tenían edades comprendidas entre los doce y los dieciocho años, iban de un lado a otro con aparente libertad ya que, desde lejos, se hallaban vigilados y controlados por las autoridades escolares.

Cormell Price era el director del United Service y Rudyard le conocía desde los tiempos en que visitaba «The Grange», ya que era uno de sus tíos adoptivos de entonces –tío Crom–. Muchos años después, cuando Kipling escribiese *Stalky y Cía.*, obra en la que se describen una serie de aventuras y personajes escolares con fondo autobiográfico, le dedicaría, precisamente a él, este libro.

Cormell Price estaba encargado de regir la institución conforme a normas estrictas y severas, junto a otros depositarios de la autoridad. Puede decirse que su puesto constituía un punto superior de toda una escala de poder existente, ante la que se debía inclinar el alumnado.

El colegio estaba integrado por varias «residencias», y al frente de cada una de ellas se encontraba también un director. Luego se hallaban los llamados «prefectos», que se dedicaban a preparar el ingreso en

Woolwich o en otros centros de carácter militar. Los prefectos eran muchachos mayores, de diecisiete o dieciocho años, que poseían derechos y privilegios no alcanzables por los alumnos normales, además de una situación de autoridad ante ellos.

La escuela tenía un conjunto de reglas formales que los componentes de la escala de poder debían imponer al conjunto de los colegiales. Sin embargo, este propósito conocía en la vida cotidiana diversos obstáculos. El principal, claro está, residía en los que, teóricamente, debían acatarlas porque, a su vez, llevaban entre ellos su normativa particular que, en ocasiones, chocaba con las reglas instituidas del colegio; normativa que era un resultado de la necesidad espontánea que los alumnos sentían por afirmarse. Afirmarse o defenderse ante unas autoridades que, en cierta forma, tendían a negarles. No es nada más que la vieja historia de la conflictividad entre profesor-alumno, dentro del marco de la enseñanza tradicional.

En el mundo de los alumnos existía, igualmente, una dinámica de poder. En general, era el poder que proporciona la mayor edad, la cual suele venir acompañada de una mayor fuerza física y de mayor inteligencia. Los poseedores de tales poderes se encontraban en una situación de superioridad frente al resto de los alumnos, los pequeños en su mayor parte, y la dominación podía saltar en cualquier momento.

El primer año y medio de escuela no resultó muy agradable para Rudyard. Pertenecía al grupo de los menores en edad, los más débiles, y tuvo que soportar, de manera especial, las intimidaciones de los muchachos de catorce años que para él eran peores que los otros chicos de edades superiores.

Al final del primer curso, en las vacaciones de Pascua de Pentecostés, tuvo que permanecer en la escuela. Sus padres no pudieron ir a Inglaterra a visitarle y no debió tener con quien pasar las vacaciones fuera de sus muros. En un principio pensó que le esperaban unos días horribles, pero por suerte no fue así. Al igual que él, en la escuela se habían quedado algunos alumnos mayores que preparaban exámenes militares, y otros más pequeños que, como Rudyard, no tenían otro sitio donde estar. Los temidos alumnos mayores no se portaron mal entonces; abandonaron su habitual distanciamiento y se mostraron más simpáticos y abiertos que otras veces. Así, los llamados «prefectos», crearon un nuevo ambiente en la escuela, y entre todos lograron divertirse de lo lindo. Pero la buena vida se acabó enseguida. Bastó que llegase el resto del alumnado, con el fin de las vacaciones, para que cesasen las gratas sonrisas. Cada cual volvió al puesto que antes tenía, y la rigidez, la disciplina, se reanudaron de inmediato.

En este medio jerarquizado y reglamentado sin tregua, se educó Rudyard Kipling desde los doce a los dieciséis años, pero hay que decir que era el habitual en la época y que dio al Reino Unido un buen número de hombres fuertes ante cualquier clase de adversidad, que les hizo capaces de dominar, siendo pocos, un vastísimo imperio.

Poco después de las vacaciones de Pascua dispuso, nuevamente, de unos días libres. Su padre fue a visitarle a Inglaterra y, luego, se lo llevó con él a París. La experiencia resultó del todo sugerente para Rudyard. El viaje hasta allí obedecía, más que nada, a la Exposición internacional que iba a celebrarse, en la cual míster Kipling tenía a su cargo los pabellones de la India. Mientras tanto, él pudo recorrer a sus anchas la gran ciudad que le cautivó por completo. Tan buena fue la impresión que le dejó París, que terminó escribiendo un libro sobre los recuerdos de este viaje, titulado *Recuerdos de Francia*. Había visto algo digno de atención y, quizás, sintiese que no podía dejarlo caer en el olvido, que debía escribir para inmortalizarlo. Quizás, también, necesitara revivir en sí mismo esa experiencia y la escritura era un medio apasionante para lograrlo. Su padre, siguiendo una tónica ya común, quiso empujarle, por aquel entonces, a un nuevo aprendizaje, el de la lengua francesa y, para empezar, le proporcionó las obras de Julio Verne. Hay que decir que en esa época no estaba bien visto entre los ingleses dicho idioma, al igual que todo lo relacionado con el vecino país, pero esto no era problema para Rudyard, que pronto comenzó a familiarizarse con él.

En el United Services College encontró algo importante: los amigos que nunca había tenido. Amigos buenos con los que pasar aventuras, venturas y desventuras. Estos fueron Durnsterville y Beresford, y su amistad se inició antes de que Rudyard cumpliese los trece años.

Durnsterville, por su naturaleza de líder y su gran capacidad e imaginación, actuaba como el jefe de las operaciones que el trío realizaba. Kipling lo recuerda en uno de sus escritos:

«Procedía de un hogar enérgicamente rígido, y me figuro que se ejercitaría durante las vacaciones... A mi entender, era su infernal impersonalidad lo que nos influía en nuestras guerras y paces. No solo nos veía a nosotros, sino también a sí mismo, objetivamente, desde el exterior; más adelante, cuando lo encontré en la India y en otros lugares, ese don no le había abandonado todavía. Al fin, cuando, con un equipo de dudosos coches Ford y unas tropas muy heterogéneas, organizó una monumental baladronada contra los bolcheviques en algún lugar de Armenia –lo que se describe en *Aventuras de Dunsterforce*– y casi lo aniquilaron, escribió a las autoridades competentes. Le pregunté lo que había ocurrido.

»—Me dijeron que ya no necesitaban mis servicios –me contestó.

»Me condolí de ello, por supuesto.

»—Te equivocas, como de costumbre –observó el ex jefe del aula número cinco–. Si un oficial cualquiera de los que están a mis órdenes me hubiese escrito a mí lo que yo escribí al Ministerio de la Guerra, habría ordenado que lo hicieran papilla.

»Esta anécdota resume perfectamente a aquel hombre y al muchacho que fue nuestro jefe».

En cuanto a Beresford, era un irlandés lleno de contradicciones, de carácter despegado y distante, devastador y enamorado de la belleza. Todo un mundo, en definitiva.

Los tres amigos actuaban como un solo brazo a la hora de defenderse ante los provocadores y, así mismo, cuando debían vengarse de alguien que se había pasado de la raya con ellos. En una ocasión, cogieron por banda a un muchacho fuertote que se dedicaba a robar en sus cajones, y le dieron tal paliza que ya nunca les volvió a molestar.

Otra de las cosas que hicieron fue poner en marcha un sistema cooperativo para el aprendizaje escolar, que resultó ser muy divertido. De esta forma, cada cual se encargaba de enseñar a los demás aquella materia en la que obtenía mejores resultados. Así, Rudyard logró enseñar a Beresford todo el francés que pudo, y Beresford, por su parte, intentó echarle una mano en el latín, igual que a Durnsterville. Este último, por su parte, consiguió que Rudyard ingresase en el coro, a fuerza de estar encima de él cuando practicaba con su voz.

Entre ellos surgían, naturalmente, enfrentamientos, como en la mayoría de las relaciones interpersonales, pero no había rupturas porque resultaban imprescindibles.

Esta triada amistosa es la que muchos años después haría Kipling protagonista en *Stalky y Cía.* Stalky no es otro que Durnsterville, Turquey es Beresford y, por último, Beetle, el propio Rudyard.

En el libro de Beresford *Schooldays with Kipling –Días de escuela con Kipling–* y en el libro de Durnsterville *Stalky's Aventures –Las aventuras de Stalky–*, también ha quedado reflejado el recuerdo de estas andanzas.

A medida que Rudyard iba penetrando más en la adolescencia y dejaba de ser un niño, su fortaleza física y psicológica fueron siendo mayores, sabiendo desenvolverse, en consecuencia, con más seguridad dentro del United Services College. De hecho, cuando alcanzó los catorce años ya nadie le vejó con provocaciones. Y, al contrario de lo que algunos habían hecho con él tiempo atrás, no quiso maltratar a los jovencitos de menor edad que él. Su natural indolencia, o el deseo de no comportarse con otros como se habían comportado con él, pueden explicar esta actitud.

Al cabo del segundo año en la escuela comenzó a sentir la necesidad de escribir. Necesidad que se veía estimulada por las numerosas lecturas que, incesantemente, absorbía. En su caso, no era suficiente constituir un receptor pasivo de cultura; había que pasar a la situación activa de crear.

Leía, y lo leído resultaba un reclamo. Leía y, después, no podía permanecer quieto: esas aportaciones recibidas le llamaban a escribir. Había tenido entre sus manos las *Parábolas de la Naturaleza,* de la señora Gatty, y después había escrito una obra imitándola –pese a creer en su interior que el producto era del todo original. Había descubierto a Dante y a su Infierno y quiso crear, de resultas, su infierno particular, donde situó, no libres de torturas, a gran parte de amigos, compañeros y maestros. De ello diría:

«Resultaba realmente provechoso, pues uno podía cantar la futura condena de una víctima que se paseaba en aquel momento bajo las ventanas del estudio, compartido con mis dos compañeros».

Igualmente, a Rudyard le gustaba escribir cuando sentía interés por castigar con la ironía y ridiculizar a alguno de los habitantes del United Services College, recurriendo a unos pareados con los que satisfacía sus instintos.

Descubrió también la métrica del *Hiawatha* –que evitaba las molestias de la rima–. A Tennyson y «Aurora Leigh», y los poemas de Swinburne... En lo tocante al mundo de las letras, y dentro de lo alcanzable por Rudyard, le apasionaban todos los temas.

Gracias a Cormell Price, que se dio cuenta de la vocación que el joven Kipling albergaba por la literatura, pudo llegar a ser el director del periódico escolar y, por otra parte, tuvo libre acceso a su biblioteca, lo cual fue un don preciado para la curiosidad de Rudyard.

Durante el último curso, recibió una buena noticia por boca del director: tras las vacaciones del 82, podría ir a trabajar como periodista en Lahore, con un sueldo de cien rupias de plata mensuales. ¡Menuda alegría!, era una perspectiva que le resultó de lo más sugerente. En realidad, este empleo le vino como anillo al dedo porque engarzaba con su incipiente faceta de escritor y, algún día, años más tarde, representaría para él un puente importante hacia la fama. Pero eso ya lo veremos posteriormente.

Antes de abandonar el colegio y, de nuevo, gracias al director, Rudyard pudo mostrar públicamente sus primeras habilidades con la palabra escrita.

Cormell Price había organizado un concurso de poesía sobre el tema de «La batalla de Assaye», y en él se premiaría un poema. Desde luego, fue un montaje algo injusto, pues Rudyard apareció como el único participante.

En aquella ocasión, la métrica empleada era fruto de otro contagio más sufrido en su vida de lector: la métrica de Joaquín Miller, autor recientemente leído por él. Se llevó como premio *Competition Wallah* de Trevelyan, y Cormell Price le dijo al entregárselo que, si seguía progresando, algún día se hablaría de él. El director del United Services College estaba en lo cierto.

Según hemos podido observar, los años escolares afirmaron en su persona la, cada vez más firme, vocación literaria, pero durante ese periodo, Rudyard Kipling conoció un mundo de ideas y experiencias que, de forma progresiva, fue asimilando. Sus primeros años de escuela, los más incómodos y desagradables, fueron su rodaje para la vida de adulto y, a su término, salió dominando con seguridad lo que antes resultaba hostil. Había ido asimilando el medio, su jerarquización, su abanico de poderes, su severidad y disciplina. Y, para el resto de sus días, consideraría que aquello era lo justo y apropiado.

En ocasiones pudo mostrarse escolar rebelde e insubordinado, pero esta era una actitud propia del ser que, con orgullo, quiere afirmarse e imponer su personalidad a lo circundante y no, necesariamente, del ser crítico que la cuestiona.

Rudyard Kipling no se opuso a los métodos del United Services; muy al contrario, estuvo de su parte. Se le aparecían como métodos naturales, como fuente de orden imprescindible en la tarea educativa, y eso los justificaba. Su postura, pues tenía un carácter conservador: aceptar lo que estaba dado a nivel superior. Este, por otra parte, sería el signo que le acompañaría de por vida.

CAPÍTULO CUARTO

Seis años tenía Rudyard cuando abandonó la India y, ahora, en 1882, próximo a cumplir los diecisiete, volvía de nuevo a ella.

Era toda una larga década sin ver las tierras donde había nacido, y sin mantener unos contactos estables con sus padres. Esta larga ruptura en la comunicación familiar le hacía algo desconfiado: ¿cómo los encontraría?, ¿se seguiría llevando bien con ellos?... Además él ya no les iba a mirar como un niño, sino como un adolescente, y eso le convertía, lógicamente, en un ser mucho mas ambicioso.

Al llegar a Bombay, la ciudad donde había nacido, se halló, otra vez, entre aquellos olores y gentes, entre aquella vistosidad que conocía de antiguo, de tan lejos: los dos, los cinco o los seis años... Y ese viejo ambiente le hizo pronunciar, espontáneamente, frases en lengua vernácula –la que su voz niña tantas veces articuló–, aun desconociendo su significado. Y, desde allí, los recuerdos de la tierra inglesa se fueron haciendo cada vez más distantes, y algunos comenzaron a caer en el olvido.

Después de estar en Bombay, escala de su largo viaje, prosiguió en dirección al norte hasta Lahore, capital del Punjab. Aquí se hallaban esperándole su hogar familiar y el trabajo de periodista.

Todas las dudas y desconfianzas que había abrigado acerca de sus padres tardaron poco en desvanecerse, una vez entre ellos. Podía sentirse satisfecho y respirar tranquilo. Su madre le pareció una mujer culta y encantadora, más de lo que se hubiera imaginado. Su padre un hombre sabio, de buen humor y espíritu tolerante. Ambos seguían siendo fieles al mundillo colonial e intelectual que abrigó los primeros años de Rudyard.

John Lockwood Kipling aún pertenecía a la estructura imperial del Indian Civil Service, encontrándose ahora su trabajo en la Escuela de Arte y Museo de Lahore. Su esposa, mientras tanto, no había dejado de cultivar las inquietudes culturales que, desde siempre, le caracterizaron. Rudyard tenía en ellos a dos buenos amigos. Y, de esta manera, en las relaciones que reanudaron entonces, la comunicación nació fácilmente y sin arista alguna. Tanto, que se buscaban y gozaban en compañía familiar más que en la de los forasteros.

Poco después de haber vuelto él a la India, hubo un nuevo motivo de alegría familiar: Alice, hermana de Rudyard, regresó también al hogar, siguiendo sus pasos. Los cuatro se encontraban juntos por fin, y la dicha que sintieron fue plena.

«No solo éramos felices, sino que teníamos conciencia de ello». Nadie ha de dudar de la ilusión y el empeño con que se inició Rudyard en las labores periodísticas. Y, gracias a ese entusiasmo pudo enfrentarse, de forma positiva, a los obstáculos cotidianos que tal tarea engendraba.

El periódico al cual dedicaba sus esfuerzos era el *Civil and Military Gazette,* único diario que aparecía en la zona del Punjab, y perteneciente al mismo propietario del importante *Pioneer* de Allahabad. En él Rudyard pasó a representar la mitad del cuerpo de redacción. Era algo agotador.

El puesto de director lo ocupaba un tal Stephen Weeler. Él fue quien, día a día, enseñó a su novato empleado la práctica de ciertas virtudes que la profesión exigía: escrupulosidad y honestidad en la información a los lectores, así como constancia y tesón con la labor entre manos. Tamaña dirección llegó a fastidiar, en algunos momentos, al nuevo periodista pero, después, quedó agradecido a Stephen Weeler por las orientaciones y enseñanzas recibidas.

Trabajaba una media de diez horas diarias y la época del calor no le eximía de ello.

En el periódico tuvo por amigo a Mian Rukn Din, un mahometano de bondadoso corazón e infinita paciencia. A su lado, debió encontrar una especie de contrapunto en el sofocante y trepidante ritmo de las ocupaciones cotidianas, pues era un hombre que no se dejaba dominar por las circunstancias.

En determinados periodos, la salud de Rudyard llegó a fallar ya que sufría de fiebres periódicas y persistentes, a las que luego se unió, durante cierto tiempo, una disentería crónica.

«No obstante, descubrí que puede trabajarse con una fiebre de 40°, aunque al día siguiente uno deba preguntarse en la oficina quién escribió el artículo».

Las diversiones, las lecturas, los espectáculos, constituían, entonces, un mundo prácticamente prohibido para él. Trabajar y recomponer las fuerzas para el día siguiente, era la espiral en que se debatía su vida. La única distracción que tenía se encontraba en el «Club de Punjab», al cual estaba asociado.

En este círculo se hallaban gentes escogidas en su especialidad y profesión –en su mayoría solteros–, de las que Rudyard debía escuchar, continuamente, críticas y matizaciones a cada número de la *Civil and Military Gazette.*

Stephen Weeler también era socio del club, pero no solía frecuentarlo por sus obligaciones familiares, y a causa de esto, su empleado –la mitad del cuerpo de redacción–, aparecía como el blanco de los comentarios. Comentarios que no dejaban de venir a cuento, ya que las condiciones de trabajo del diario propiciaban irregularidades en la labor periodística. Por un lado, los cajistas eran indígenas y copiaban desconociendo el inglés, lengua en la que se escribía el periódico; las erratas, así, resultaban inevitables. Por otro, los correctores de pruebas eran aficionados a la bebida... Es fácil imaginar los resultados.

Una vez ganada la confianza en su persona, dentro de la *Civil and Military Gazette,* se le envió fuera, a recoger informaciones en vivo. Esta nueva tarea le ofrecía múltiples oportunidades de conocer facetas y aspectos de la vida hindú, de experimentar con ellos y, en consecuencia, de ampliar su mundo de conocimientos y enriquecerse a sí mismo.

Primero pasó por las informaciones de carácter local. Seguidamente le tocó dar noticias sobre las carreras de caballos.

«Luego, describí inauguraciones de grandes puentes y otras obras parecidas, que implicaban una o dos noches pasadas en compañía de los ingenieros; inundaciones de la vía férrea –otras noches bajo la humedad, con los desdichados capataces de las brigadas de reparación–; fiestas de aldea, con las consiguientes epidemias de cólera y viruelas; motines populares a la sombra de la mezquita de Wazir Khan, donde las pacientes tropas esperaban, tendidas en cercados de madera o en las calles adyacentes, hasta que llegase la orden de ponerse en marcha y pegar a la multitud en el pie, con la culata del fusil (en aquella época la Administración civil consideraba el matar como profesión de fracaso), y entonces la ciudad aulladora, inflamada, embriagada con sus fanáticas creencias, era reducida a la obediencia sin efusión de sangre; describí visitas de los Virreyes a los Príncipes vecinos, junto al gran Desierto de la India, donde a veces me veía obligado a lavarme el rostro y las ásperas manos con sifón; revistas de ejércitos que esperaban lanzarse sobre Rusia la semana siguiente; recepciones de algún potentado afgano, con quien el Gobierno indio deseaba estar en buenas relaciones (esto implicó un paseo por el Khyber, donde un filibustero que desaprobaba la política exterior de su jefe me disparó un tiro, aunque sin malicia); juicios por asesinato y divorcio, y (trabajo molesto de veras) una investigación sobre el tanto por ciento de leprosos existente entre los carniceros que proporcionaban buey y carnero a la colectividad europea de Lahore. (Entonces advertí por vez primera que la verdad desnuda no es bien vista por las autoridades responsables)».

Es evidente que, en el desarrollo de su trabajo, el joven periodista, al son de la noticia o de la crónica, iba penetrando en ambientes de toda clase en la India, sucesos de toda naturaleza, e iba atesorando todas estas experiencias, nutriéndose de datos que le facilitarían la creación de escenas y temas literarios.

En 1884 Rudyard experimentó el primer intento de soborno mientras visitaba un Estado indígena.

Una mañana, en la canasta de frutas que, diariamente, dejaban en la puerta de su casa, se encontró un chal de Cachemira y un billete de quinientas rupias. Por lo visto, la Administración de aquel Estado pretendía conseguir un aumento en el número de salvas disparadas en honor del soberano cuando visitaba la India inglesa y, para este propósito, quizás fuese de utilidad la recomendación del periodista. Pero se equivocaron de persona, pues Rudyard, en un estado de evidente irritación, cogió el chal y el billete y se los devolvió a su dueño, hombre de casta elevada, valiéndose de un hombre de casta inferior. Era una forma de insulto que quería hacer llegar hasta el que le había intentado comprar.

Mas aquí no acabó la cosa. Cuando de nuevo volvió a su oficina, se encontró a su jefe aquejado de calentura y provisionalmente, tuvo que ocuparse de la dirección del periódico. Dio la casualidad de que, entonces, entre la correspondencia, halló una carta dirigida al director y remitida desde un Estado indígena. En ella se censuraba el comportamiento de Rudyard mientras había estado allí, enumerándose una serie de presuntos delitos falsos por él cometidos. Contestar esta carta fue todo un placer. En tono jocoso y, como director interino, se daba por enterado de las quejas recibidas, al tiempo que advertía de la parcialidad con que estudiaría el caso ya que él no era otro que el propio Kipling. Y, con estas líneas, el asunto quedó definitivamente zanjado.

En el año 1885 gobernaban los liberales en la metrópoli, y fue entonces cuando se decretó una ley que contemplaba el derecho de los jueces indígenas a entender en los juicios donde las demandadas eran mujeres de raza blanca. Como era de esperar, la ley provocó una oleada de protestas –¡en buenas manos quedaban estas mujeres!–, entre ellas las de la *Civil and Military Gazette* con Rudyard en la brecha.

Pero en la *Gazette* un día hubo un cambio de opinión ante la sorpresa del joven periodista, todavía novato e inexperto en ciertos terrenos. Así, cuando al cabo de una jornada de trabajo fue a echar un vistazo al artículo de fondo, se encontró con que el articulista flirteaba con la polémica ley. Interrogó a su jefe acerca del asunto, y solo recibió la callada por respuesta.

No salía de su asombro, y con el ánimo en tal situación, se presentó en el Club. Aquí le esperaba el segundo capítulo de sorpresas pues, nada más entrar, se dirigió contra él una lluvia de silbidos. Intentó conocer lo que ocurría y preguntó a los circunstantes. Alguien le echó en cara, entonces, la traición de la *Gazette* en lo de la ley, y otro, después, le dijo que el periódico había sido contratado por el Gobierno. Él, desde luego, ignoraba todo esto.

«Meses después, uno de los dos principales accionistas del diario recibió una condecoración por la que se le nombraba Caballero. Entonces empecé a interesarme mucho por untuosos funcionarios civiles que habían considerado acertada aquella medida de Gobierno y, sea como fuere, lograron ser trasladados, lejos del calor, a los alojamientos de Simia. Ilustrado por astutos guías, indígenas casi siempre, seguí los innumerables y delicados expedientes mediante los cuales un Gobierno puede ejercer disimulada presión sobre sus empleados, en un país donde todas las circunstancias y relaciones son de propiedad pública».

No, no le gustó nada su nuevo descubrimiento –¿dónde quedaba, pues, su independencia profesional y la de los otros?–; era como una mancha negra que pesaba en su labor periodística y que aparecía restando iniciales ilusiones.

Entre los rasgos característicos de Rudyard contaba el de ser un hombre de acción, y hasta puede que llevara en sí a un militar frustrado. Quizás si la miopía no se hubiera llegado a tropezar en su camino, habría pensado en el Ejército a la hora de decidir su futuro. Ahí están, al menos, su interés y curiosidad por todo lo que tenía relación con lo militar.

Por ejemplo, mientras se encontraba en Lahore, realizó con agrado evidente una serie de visitas al Fuerte de la ciudad y, así mismo, aunque con menor frecuencia, a los acantonamientos de Mian Mir. En Fuerte

Lahore pudo observar las dos caras de la moneda de la vida militar, con sus juergas y diversiones por un lado, y con su gran dureza, por otro. La dureza de la disciplina y de sus condiciones de trabajo, junto a las enfermedades de las que los soldados eran pasto fácil, conociendo las más diversas, desde las venéreas a la tifoidea o el cólera.

Y de estos primeros contactos con la tropa, fue extrayendo sus propias consideraciones que luego, cuando llegó el momento, dejó correr con la pluma.

Prueba, también de la viva sugestión que producía en él lo militar, es que Rudyard recordó como un momento de especial orgullo en su juventud, cuando cabalgó junto a Lord Roberts –comandante supremo de la India– subiendo por Simia Mail. Al parecer, este sentía gran curiosidad por la vida del soldado y animó a Rudyard a que le contase lo que sabía acerca de ello. Lord Roberts, entonces, escuchó con mucha atención sus observaciones y, al terminar, le dio las gracias como si a un mismísimo coronel se dirigiese.

Los territorios hindúes están sometidos al clima monzónico, que comprende solo dos estaciones largas y muy diferentes entre sí: el monzón de invierno y el monzón de verano.

Rudyard saludaba alegre al primero, pero se le encogía el ánimo al acercarse el segundo. Durante la temporada «fría», la familia permanecía reunida en el hogar y la vida en Lahore resultaba mucho más atractiva y grata. Con los calores las cosas cambiaban. Su madre y su hermana Alice se iban a Simia o a cualquier otra zona montañosa y fresca que les hiciera olvidar las molestias del clima, y su padre, luego, se reunía con ellas. Rudyard, en cambio, solamente les acompañaba cuando en el periódico podían prescindir de él. Entonces, al llegar este anhelado momento, era un hombre dichoso dispuesto a relajarse y a acabar como fuese, con su habitual mundo de tensiones. Cogía el equipaje y, una vez en el sitio de veraneo, disfrutaba de las amenas e interesantes charlas familiares, y encontraba grandes oportunidades de verter sobre el papel las múltiples ideas que alimentaban su cabeza de escritor. Pero las vacaciones eran pompas de jabón que en seguida, explotaban y, tras ellas, venía Lahore de nuevo.

El tiempo cálido traía para Rudyard el mal humor, unas jornadas de trabajo más duras, y por las noches, a veces insomnio. Cuando le ocurría esto, solía ir a pasear por la ciudad, plena de vida a esas horas, y vagabundeaba de un sitio para otro: fumaderos de opio, teatros de títeres, bailes indígenas..., hasta que comenzaba a amanecer y regresaba a casa.

Si al fin y al cabo Rudyard soportaba estas temporadas de calor se debía, más que nada, a la distracción del trabajo, a su interés por la lectura y al placer de escribir. Cosas así le hacían tener ocupada la mente durante toda la jornada, lo cual era un alivio.

Una tarde de esas temporadas –la del año 1886–, cuando se encontraba más que agotado por los agobios del tiempo cálido, cayó en sus manos un libro de Walter Besant titulado *Todos en un lindo vergel* que supuso para él una gran revelación. Trataba el tema de un muchacho poseído por la necesidad de escribir y a la cual terminaba entregándose. Se identificó con el protagonista y pensó que aquella era una hermosa salida, un camino atractivo que calaba en lo más íntimo de sí mismo. ¿Acaso no podía él hacer lo mismo? Sería cuestión de ahorrar por el momento y, luego, lanzarse a probar suerte, dedicarse a escribir...

Habrían de pasar tres años más para que este deseo se hiciera realidad. Mientras tanto siguió con el mismo oficio, sacándole mayor provecho a medida que la experiencia acumulada enriquecía su labor periodística.

En la *Civil and Military Gazette* ya no estaba el mismo director; Stephen Weeler había sido sustituido por Kay Robinson. Con la nueva batuta cambió la forma y tipo del diario y se creó un ambiente de trabajo mejor, o, al menos, así le pareció a Rudyard, que veía en el nuevo director a un individuo más cercano a él que su predecesor en el cargo.

Hasta 1887 permaneció en la *Gazette.* En total fueron cinco años los que transcurrieron con él metido entre sus cuatro paredes. Cinco años yendo a la caza de las noticias, redactándolas, escribiendo artículos... Pero hizo algo más: de la mano de su oficio tuvo la oportunidad de publicar pequeños relatos, cuentos, folletines, en los que el periodista mostraba su faceta literaria y la divulgaba entre los lectores. Esa faceta en donde lo vivido y lo imaginado confluyen en el fantástico mundo de la creación, y que cada vez apasionaba más a Rudyard.

En 1885 comenzó a publicar una serie de cuentos bajo el título de *Simples cuentos de las Colinas,* y en 1886 una colección de versos llamada *Cantinelas departamentales.*

Este material se incluía en el diario cuando había espacios libres que rellenar, o en columnas especiales destinadas al efecto –por ejemplo, con la reforma de Kay Robinson se creó una columna de este tipo–. Y, en caso de que sobrase algo, estaban otras publicaciones para incluirlo. El *Indigo Planter's* de Calcuta era una de ellas. Su nombre empieza así a conocerse fuera de los límites del Punjab.

Mas no toda aquella producción literaria de entonces gozó del visto bueno de Rudyard. Había partes algo banales, escritas con prisa, y que cumplían el único objetivo de entretener al posible lector. Partes que, aunque quiso destinar al olvido, el «boom Kipling» más tarde hizo saltar a la luz, sacándolas de los archivos en que un día fueron guardadas.

En 1887 se abre una nueva etapa. Rudyard va ganando puntos y el *Pioneer,* el diario principal de la India, solicita sus servicios. Se traslada, entonces a Allahabad, sede del periódico, a centenares de millas al sur.

Una vez aquí, comienza a añorar su anterior empleo en la *Gazette.* Ahora no tiene la misma independencia y capacidad de iniciativa personal. El propietario del *Pioneer* es un hombre que gusta de inspeccionar el trabajo de sus empleados y, en ocasiones, no duda en meter baza en él. Luego están los controles políticos más acusados en este caso por el protagonismo informativo de que gozaba el diario. Y, aunque llega a ser director del *Weekly* –edición semanal del *Pioneer* destinada a la metrópoli–, y de publicar aquí todos los relatos que se le ocurrían, haciéndolos conocedores del éxito en Gran Bretaña, se siente algo incómodo; no se ve a sí mismo periodista auténtico y termina por ansiar el abandono del medio que le rodea.

Rudyard necesita cambiar. Además, dentro de él se hallan bullendo su espíritu nómada, ávido de experiencias nuevas; su vocación literaria, aquel libro de Walter Besant, aquel proyecto de dedicarse a escribir. Y tenía dinero, el que le procuraba la puesta en el mercado de relatos como *Simples cuentos...*, *Tres soldados*, *La historia de Gadsbys...* Era la hora de dar un salto y abrir un nuevo cielo.

Era el año 1889. Fue entonces cuando Rudyard abandonó el *Pioneer* y Allahabad, y emprendió viaje a Inglaterra, dando de paso la vuelta al mundo.

CAPÍTULO QUINTO

En las páginas precedentes se han citado títulos, fechas de los primeros relatos y narraciones que Rudyard Kipling comenzó a publicar. No estaría de más analizarlos y entresacar las conclusiones más importantes que puedan desprenderse. El presente capítulo nace con este objeto.

Para empezar hay que decir que la producción literaria comprendida entre 1885 y 1889 tiene de común un mismo escenario y ambiente: el angloindio. Rudyard lleva al papel retazos de la realidad que le rodea, interpretándola de una forma positivista. Su tono, su espíritu al crear son los de un escritor integrado en lo circundante, que se identifica con esa realidad y camina seguro en ella.

Los protagonistas de sus relatos suelen ser soldados –gente tan conocida y estimada por él–, mandos medios del Ejército, indígenas, funcionarios de la Administración civil, virreyes, y toda clase de *memsahibs*[1]. El estilo narrativo que emplea es muy sencillo y ameno, claramente influido por su práctica y experiencia de periodista.

Rudyard canta y predica de forma incesante, línea tras línea, la supremacía de lo inglés, y esto, unido a la agilidad del estilo, le hacen penetrar fácilmente en una gran masa de lectores: los ingleses de las colonias y los de la metrópoli. Tales son, sin duda alguna, las claves del naciente éxito de nuestro protagonista.

Al afirmar la supremacía de lo inglés frente a lo hindú actúa como el occidental que es, conformado por las ideas dominantes en el

[1] Título de señora en la India.

mundo capitalista: las burguesas. Y, por eso, cuando habla de la India o los indígenas, hay en su actitud claros signos de superioridad y paternalismo. Rudyard ve una India a veces hermosa, a veces violenta, pero siempre débil e ignorante, que debe ser guiada por la grandiosa y fuerte Gran Bretaña. Nunca se plantea si las relaciones de los poderes británicos con la India suponen algún modo de explotación social.

Que tal sea la postura de Rudyard no es, en absoluto, de extrañar. Desde niño, sus padres primero, el United Services College después, le introdujeron por las sendas de la civilización occidental. Desde niño, también, le habían hablado de la gran patria británica, cada día más poderosa, y se fue haciendo partícipe del orgullo nacional que presidió los espíritus de la mayoría de los británicos. Y aunque, una vez periodista, recorriese los caminos de la India conociendo a sus gentes, o sus formas de vida y problemas, la experiencia acumulada no le haría quebrar su racismo y superioridad de *sahib* británico. La huella de la formación recibida permanecería indeleble.

Simples cuentos de las Colinas, Tres soldados y *La historia de Gadsbys* son tres de las obras con más nombre, dentro del periodo sujeto a examen. Es interesante proceder a comentarlas por separado ya que, con ello, puede concretarse todo lo dicho anteriormente.

La primera de las mencionadas obras comprende un conjunto de relatos breves que poseen una estructura simple y clara, asequible a cualquier tipo de público. A través de sus páginas pasa un abanico de personajes muy variado y diverso: Lispeth, la bella india desdichada en su amor apasionado por un soldado británico, un amor imposible; Mr. y Mrs. Bremmil, esposos británicos instalados en la India y con problemas en su matrimonio; Mrs. Hauksbee y su naturaleza traviesa, intrigante y enredadora, teñida de inteligencia; el funcionario Wonder, con las pretensiones propias del advenedizo; y, junto a estos, una pléyade de caracteres ilustrativos de las formas de vida y comportamientos de la vida colonial.

En el cuento titulado *Por pasar la raya* se encuentra, nada más comenzar a leer, una reflexión que nos muestra algunas facetas del código de vida del que se hacía gala por entonces y que hoy haría rasgarse las vestiduras a mucha gente, si se lee sin entender que en aquella época las culturas aún no eran demasiado permeables entre sí:

«El hombre está obligado, ocurra lo que ocurra, a mantenerse dentro de su propia raza, de su propia progenie, de su propia casta: el blanco con el blanco; el negro con el negro. De ese modo, cualquier desgracia que sobrevenga no es, en el curso ordinario de las cosas, ni sorprendente, ni extraña, ni inesperada.

»Esta es la historia de un hombre que traspasó premeditadamente los límites trazados a la sociedad en que vivía y le costó caro»[1].

El cuento narra los azares de un amor entre una hermosa india, sencilla e ignorante, y un hombre inglés. Es una historia de amor imposible, como la de Lispeth, que no puede alcanzar, ni alcanza, un final feliz por atentar contra unas tácitas reglas.

Tres soldados se desenvuelve en un escenario bélico, vestido de notas heroicas, en donde transcurren una serie de hechos y aventuras que tienen como protagonistas a las tropas británicas y a los cipayos, en lucha contra las salvajes tribus indígenas de las montañas del interior.

El brutal ataque a un grupo de soldados británicos en el paso de Khiber, es una advertencia para el comandante del cuartel de Muri de que los *thungs* están en actitud de guerra. Es la chispa que prende la revolución en la frontera noroeste de la India.

En este marco aparece Gunga Din, un indígena que realiza una acción heroica al sacrificar su vida y evitar que un cuerpo del ejército británico sea destruido por los *thungs*. Pero más que exaltar la figura de este indígena, la obra tiene por objeto poner de relieve un conjunto de virtudes: el espíritu de sacrificio, el culto al compañerismo y el cumplimiento del deber. La intención didáctica es, por ello, clara.

---

[1] *Cuentos de las montañas.*

Tres soldados, al mismo tiempo, narra en un tono festivo las aventuras de tres sargentos británicos que, con la ayuda de Gunga Din, consiguen abortar y dominar la rebelión de los sicarios y seguidores de la divinidad india Kali. Estos tres sargentos son Terence Mulvaney y sus inseparables Ortheris y Learoyd. A través de ellos, Rudyard muestra su concepción de la labor del soldado británico en tierras indias, una labor silenciosa y heroica como centinela avanzado de la civilización anglosajona en los dominios coloniales.

Narraciones militares de este tipo, convertían a Rudyard en un escritor con gran éxito dentro de los cuarteles.

Tres soldados, al igual que otras obras suyas, fue llevada mucho tiempo después a las pantallas cinematográficas, y por medio de esta nueva forma de comunicación también conocería la popularidad.

La historia de Gadsbys es una lectura dialogada, plena de rapidez y agilidad en la expresión. Los diálogos tienen, además, la característica de mostrar las facetas interna y externa de los personajes, mediante una acertada dialéctica que yuxtapone lo que se dice para fuera y lo que se piensa por dentro.

Los protagonistas son el capitán Gadsbys, soldado británico que presta sus servicios en tierras indias, y Miss Threegan, luego convertida en Mrs. Gadsbys.

La historia nos los presenta como dos jóvenes que se enamoran perdidamente el uno del otro y que en seguida, ilusionados, deciden casarse. A medida que pasa el tiempo y acumulan años de matrimonio no pierden la sensación de felicidad, pero en el caso del capitán hay algo que no marcha bien. Él, hombre valeroso y con un historial militar excelente tras de sí, comienza a intimidarse ante sus tareas castrenses, va dejando de ser el que un día fue, se siente inseguro, atado... Se plantea a menudo: ¿y si le ocurriese algo?, ¿en qué situación dejaría a su esposa e hijo? Así, los peligros de la milicia le invaden de preocupaciones y termina por abandonar el servicio y regresar a la metrópoli junto a Mrs. Gadsbys y el hijo.

Con una visión escéptica del matrimonio, considerándolo como un hecho que limita y ata al ser humano, Rudyard Kipling deja entrever en esta obra una ligera misoginia, muy victoriana, por otra parte.

Con escritos tales, Rudyard Kipling se da a conocer en el mundo de la literatura. A lo largo del tiempo irá superándose, perfeccionando sus técnicas y madurando como persona, con lo que, entre otras cosas, hará gala de un patriotismo menos elemental y rígido, y más dotado de una comprensión universal.

CAPÍTULO SEXTO

Habíamos dejado a Rudyard entregado a una gran aventura: atravesar las tierras que separaban la India de la Gran Bretaña por la larga ruta del Este y que eran, hasta entonces, plenamente desconocidas para él.

Las impresiones de este viaje las iría describiendo paso a paso en una serie de cartas –*Letters of Marque*– remitidas al *Pioneer* para su publicación, y que más tarde serían editadas bajo el título *From Sea to Sea* (De mar a mar).

Indochina constituía la primera etapa del recorrido. A lo largo de esta región hace escalas en diversos lugares: Rangoon, Moulmein –ambos situados en suelo birmano, y donde aprende las historias de la reciente guerra[1] sentado alrededor de las mesas de oficiales–, Pennang, Singapur...

De Indochina viaja hasta la inmensa China: Hong Kong y Cantón pasan ante sus ojos... Al visitar Cantón escribe en una de sus cartas:

«Es preciso matar a esta gente porque no se parece a ningún otro pueblo de los que conozco. Mirad sus rostros. Nos desprecian. Eso se advierte a simple vista, y no nos tienen, en absoluto, ningún miedo»[2].

Los sentimientos racistas vuelven a asomar en él de una forma descontrolada y violenta.

Japón le parece otra cosa, y llega a agradarle mientras se encuentra entre su mundo y sus gentes.

---

[1] Tras la cual los poderes británicos anexionaron Birmania a su imperio de la India.

[2] Citado por Mariano Hispano en su libro *Rudyard Kipling*. Ediciones Hisma.

Luego, a bordo de un gran navío cruza el Pacífico. Son largos días de travesía hasta que, por fin, pisa tierra firme, tierra americana, desembarcando en San Francisco.

Tenía gran curiosidad por conocer Estados Unidos y, a medida que recorre la joven nación y entra en contacto con ella, hay varias cosas que le sorprenden: el ritmo precipitado de la vida, el desorden aparente, las almas a menudo atravesadas por corrientes de emoción colectiva, la inquietante inestabilidad nerviosa, cierto cinismo en el humor y, también, cierta fanfarronería, la facultad de improvisar y adaptarse a todo, el estado desarrollado de la técnica...

Asimismo, queda satisfecho al comprobar la obra tan influyente de la raza inglesa en la civilización de este gran pedazo del continente americano. Pues allí, junto a facetas y fenómenos exclusivos de la nación, descubre otros sumamente importantes y decisivos en su configuración que han sido aportados por la Madre Patria. Estos podrían resumirse en uno solo: el inconfundible sello occidental en la organización de la economía, de la política y de las ideas; en otras palabras: libre concurrencia, democracia parlamentaria, individualismo y conciencia puritana.

Es un descubrimiento que afianza en él una impresión que se ha ido alzando clara a lo largo del viaje: la grandeza de su nación, la inglesa, presente en Birmania y otras zonas de Indochina, y ahora con huellas imborrables en la realidad estadounidense.

Esta aventura por la ruta del Este, que concluye con el salto del Atlántico en dirección a Inglaterra, estimula en Rudyard la necesidad de que nazca un poeta que dé a los ingleses la verdadera canción de su tierra, la canción sobre la magna gesta de los anglosajones alrededor del globo.

En el otoño de 1889 llega al corazón del mundo inglés, a Londres, y desde ahí comenzará a desarrollarse el poeta en su interior con una fuerza e intensidad tan grandes como el orgullo y la superioridad de la Gran Bretaña de entonces.

Porque, a esas alturas, puede decirse que este país vivía disfrutando plenamente de su vasto imperio y de su poderosa influencia en el mundo. Gran Bretaña estaba en su cénit.

Rudyard ha vuelto a la patria y lo ha hecho al cabo de siete años de esfuerzo y trabajo en los que la persona desarrollada que hay en él ha comenzado a dar fruto. Lejos ya queda aquel muchacho que, recién salido de la escuela, responsable y consciente de sus actos, debía probarse a través del nuevo camino que tenía por delante. Ahora su nombre y apellidos empiezan a ser los de un escritor leído.

Pero al pisar el país ha habido algo que, por unos instantes, le ha acercado a su infancia y adolescencia inglesa: los viejos conocidos. Allí estaban sus queridos tíos y el hogar de las tres viejas damas, el hogar que le albergó, mientras era interno en el United Services College, algunas temporadas de vacaciones, y donde aún se respiraba esa sensación de tranquilidad y paz, arropada de interés cultural, que existía entonces.

En Londres tenía que buscarse aposento. Lo halló en Villiers Street, en el Strand. Era un piso que no reunía buenas condiciones, en cuanto a limpieza y amplitud se refiere, pero sin embargo poseía algo valioso: las vistas que ofrecía la ventana. Desde aquí disfrutaba de la luminosidad y colorido del «Gatti's Music Hall», deslizando sus ojos casi hasta el mismísimo escenario. Además, podía contemplar el bello panorama del vecino Támesis.

Nada más llegar, conoció las primeras ofertas de trabajo, y se sintió un hombre con suerte. Parecía que el azar estaba de su parte. Mowbray Morris, director del *Macmillan's Magazine,* le compró un cuento indio y unos versos que aparecieron en la revista; el primero, firmado con su nombre; los segundos, bajo el seudónimo de «Yussuf».

Por otro lado, el director de la *St. James Gazette,* le solicitó artículos sueltos firmados o anónimos. Petición que Rudyard satisfizo.

Mas no consiguió cobrar todos los trabajos ya realizados. Esto, en un principio, le hizo pasar apuros económicos y, ante la carencia de recursos, prefirió apretarse el cinturón que endeudarse él, a su vez, con otras personas. Porque:

«Los que piden dinero, aunque sea justificadamente, suelen dejar mal recuerdo»[1].

El régimen de comidas fue sometido a normas estrictas: dos peniques para desayuno y comida, dos peniques para la cena. En cuanto a los «vicios», la lista se reducía al gasto empleado en tabaco –otros dos peniques–, y a la entrada en el «Gatti's Music Hall» que costaba cuatro peniques, con derecho a un buen vaso de cerveza.

En este local de recreo Rudyard entraba en un mundo de música bullanguera y modismos de lenguaje, a veces groseros, de humo y color y, también, de un público en el que abundaban los soldados ingleses, a los que solía observar. Era un ambiente con algo de excitante que le facilitó la estructura de ciertas canciones suyas, y que le incitó a escribir las *Baladas del Cuartel*[2].

Por aquellos días trabó amistad con William Ernest Henley, director del *National Observer.* Les unían cosas como el feroz nacionalismo, el gran amor a las letras, el periodismo y la antipatía por los liberales... Rudyard sentía viva admiración por los versos libres de este escritor, con su hábil manejo de las cadencias, al igual que por la prosa. En concreto, le fascinaron unos comentarios suyos acerca de *Las mil y una noches,* realizados en un libro de ensayos y críticas.

Henley le abrió a Rudyard las páginas del *National Observer,* en el que pudo publicar sus versos junto a los del que fue famoso poeta irlandés: Guillermo Butler Yeats. Como vemos, cada paso dado por nuestro protagonista era para subir más alto, para llegar más lejos en su carrera literaria que de momento no había experimentado retrocesos.

Una de las ocasiones en que Henley le hizo un sitio dentro de su diario fue teniendo como telón de fondo una actuación liberal. Actuación esta, que volvió a encrespar los ánimos de Rudyard, lo mismo que en 1885, cuando estaba empleado en la *Gazette* de Lahore. Al parecer, una comisión oficial se había reunido por entonces con

[1] *Algo sobre mí mismo*

[2] Colección de versos escritos desde 1890 a 1892, y publicados en este mismo año.

objeto de considerar un grave asunto de asesinatos ocurridos entre miembros de la Liga Irlandesa. Su decisión consistió en la absolución de los acusados. Ante esto, Rudyard determinó escribir unos agresivos versos titulados *¡Ya se aclaró!* Acudió al *Times* para que se los publicasen, mas no se atrevieron a hacerlo. Idéntica respuesta obtuvo en el resto de publicaciones a las que se dirigió. Menos en una, claro. El *National Observer.* Allí estaba Henley y su repugnancia hacia todo el liberalismo para recoger los versos de Rudyard.

Lo significativo fue que tiempo después, una vez que este diario hubo dado semejante paso, el *Times,* cubiertas ya las espaldas, se decidió por fin a publicarlos.

Según puede observarse, Rudyard no dudaba en comprometerse públicamente cuando sentía que debía actuar. Actuar para alabar o para criticar. En este caso criticaba, pero tal actitud –hay que entenderlo– no se contradecía con su general defensa del *statu quo*, de lo establecido. No es lo mismo atacar a un gobierno que atacar a un sistema, y Rudyard nunca hizo lo segundo. Ya se ha señalado en otro capítulo que siempre fue un conservador.

Puede decirse que Henley supuso para Rudyard todo un primer contacto con el mundo literario de entonces. A Henley, precisamente, le mostró las iniciadas *Baladas del Cuartel,* los versos que tanta fama le darían como vate del imperialismo británico, y ambos, entrelazados en su común fervor patriota, los comentarían, hablarían acerca de ellos, recibiendo Rudyard de tales conversaciones nuevas luces e ideas con las que enriquecer su labor poética.

Junto a Henley también, formó parte, durante algún tiempo, de un grupo que solía reunirse en un pequeño restaurante cercano a Leicester Square, y en el cual se charlaba y discutía, incansable y acaloradamente, de cuestiones referentes a la literatura.

Luego se sucederían otros contactos más. Así un acontecimiento posterior vendría a introducirle entre una parte de los escritores contemporáneos: Rudyard fue elegido miembro del «Savile», antecámara del

Ateneo. Esto no era ya el grupito de aquel pequeño restaurante. El marco resultaba mucho menos espontáneo e informal y llevaba el sello de lo institucionalizado. Nuestro personaje, por ello, penetró allí guardando ciertas distancias aunque, a la vez, se sintiese pleno de orgullo por el reconocimiento que de esta manera se le hacía. Pero Rudyard no se entregaría por completo a aquel ambiente: un ambiente de élite literaria, de individuos a quienes la fama, y solo ella, había reunido.

Sin embargo, esto no fue óbice para que encontrase en el club personas con las que entablar amistad como Rider Haggard, quien en seguida le inspiró gran simpatía. O para acercarse a compañeros de oficio como Thomas Hardy, el famoso escritor inglés de notas pesimistas y fatalistas en sus creaciones, y, así mismo, Walter Besant, ¡su estimado Walter Besant!, el autor de *Todos en un lindo vergel*, la obra que tanto le gustó y le influyó en su momento.

El día de su presentación en el club comió con los dos escritores. El ánimo de Rudyard bullía de satisfacción al tenerlos junto a él. Walter Besant y él charlaron amigablemente, y en el curso de la conversación escuchó algunos consejos que no olvidaría. Entre otras cosas, aquel le recomendó que confiase sus asuntos a un agente literario, remitiéndole a A. P. Walt, el suyo propio –una vez en manos de este, Rudyard nunca tendría queja de él–; y también le habló del mundillo del «Savile», propenso a las intrigas y «riñas perrunas» entre sus miembros, advirtiéndole que lo mejor era apartarse a un lado. Rudyard pudo comprobar después que Besant estaba en lo cierto.

«Por tal razón nunca he criticado, directa ni indirectamente, la obra de ningún colega, ni he dado ánimos a ningún hombre o mujer para que lo hicieran; ni siquiera me he aproximado a ciertas personas de modo que pudieran sentirse obligadas a comentar mi producción. Desde el principio, mi trato con mis contemporáneos ha sido muy limitado»[1].

---

[1] *Algo sobre mí mismo.*

El éxito parecía ya compañero inseparable de Rudyard. Le decían que, salvo remontándose a Dickens, nada parecido había habido en su ascensión hacia la fama. Pintaban su retrato para que figurase en la Real Academia. Se demandaban sus creaciones y ganaba mucho dinero haciéndole olvidar sus apuros económicos de antes. Algunos, intentando hacer negocio, le invitaban a escribir de nuevo sobre los personajes literarios inventados por él, y ahora objeto de culto... En tal situación, algo confundido ya, Rudyard estuvo tentado de escribir un libro para aprovecharse del mercado, pero fue razonable y renunció a ello.

La verdad es que todas estas mieles terminaron agriándose un poco. Se veía a sí mismo desconcertado en cierta forma, y buscó la ayuda de sus padres. Los dos esposos acudieron prestos a la llamada de su hijo. De nuevo, el calor familiar le infundió nuevo vigor. Durante los días que permanecieron juntos, Rudyard fue dando salida a una idea que venía conformándose en su mente desde hacía tiempo.

Por entonces se hallaba trabajando en una serie de versos que más tarde se titularían *La bandera inglesa,* y estaba estancado en uno de ellos, que le resultaba algo flojo. Por ello, pidió a sus padres que le ayudaran en este trabajo.

«Como solíamos hacer entre nosotros, dirigí al azar esta pregunta:

»—¿Qué me propongo, en realidad?

»E inmediatamente contestó mi madre, con el característico aletear de sus manos:

»—Intentas decir: ¿Qué saben de Inglaterra los que solo conocen Inglaterra?

»Mi padre confirmó aquella opinión»[1].

Sin duda era lo que andaba buscando. Mrs. Kipling había dado con el *quid* de la cuestión. Entonces les explicó que su idea, lo que aspiraba a conseguir, consistía en pretender enseñar a los ingleses algo sobre el mundo exterior no de forma directa, sino implícitamente.

[1] *Algo sobre mí mismo.*

Por la zona de Villiers Street, Rudyard fue conociendo a distintos grupos de hombres y mujeres que no le gustaron nada en absoluto. Poseían tendencias políticas izquierdistas y simpatizaban con ellos multitud de liberales. En sus reuniones criticaban a Inglaterra y denunciaban los males de su imperialismo, planteándose también el modo de acabar con tal situación. Rudyard sentía despecho hacia estos grupos y «sus perniciosas variedades de sedición sin peligro» –así las llamaba–. No podía comprenderlos. Estaba en una órbita diferente y sus tiros iban por otra parte. Si llegaba la hora de criticar a su patria, criticaría, mas con tonos muy distintos. Cabe imaginar que Rudyard no registraría alabanza alguna hacia su obra de entonces entre tales grupos de personas.

Se han mencionado *Las Baladas del Cuartel*, pero él desplegó una actividad creadora mayor que incluía más polos de referencia. *The Light that Failed* y *Life's Handicap* también pertenecen a este periodo delimitado por su estancia londinense. E, igualmente, los poemas que luego se titularían «Los Siete Mares» (*The Seven Seas*) comenzaron a ser concebidos por aquel entonces[2].

Con *The Light that Failed*, Rudyard se lanza ya abiertamente al campo de la novelística. En ella nos presenta a Dick, corresponsal gráfico durante la guerra del Sudán que triunfa en Londres con sus dibujos. Pero la ceguera interrumpe de forma repentina el camino del éxito. La oscuridad se abate sobre el artista, al que se le cierran también las puertas del amor. Los hechos se hallan descritos con gran sencillez narrativa como resulta usual en Rudyard.

En Estados Unidos se publicaron en 1890 dos ediciones: la primera con desenlace desgraciado y la segunda con desenlace feliz.

La adaptación escénica de la obra alcanzó importante popularidad en 1905. Y, posteriormente, en 1940, sería llevada a la gran pantalla, interpretando el actor Ronald Colman el papel de Dick.

[1] En España se ha editado bajo el título *En tinieblas*.
[2] Fueron escritos desde 1890 a 1896.

El ritmo cotidiano de vida que llegó a soportar por aquella época, con la marea de tensiones que le envolvían, los escritos que debía terminar y los que tenía en proyecto, junto a las demandas que se le hacían y las confusiones que a veces le asaltaban en su nueva condición de escritor famoso, consiguió debilitar su salud.

En la India le había fallado ya en distintas ocasiones, y ahora un ataque de gripe fue el detonante de una situación enfermiza que derivó en la depresión y el agotamiento.

Debía descansar, se daba clara cuenta de ello, ¡y qué mejor descanso que un viaje!

De esta manera, concluida su convalecencia, se embarcó para Italia. Allí conoció casualmente a Lord Dufferin, embajador inglés en este país, que había sido Virrey de la India y llegó a tener trato con sus padres. Otra circunstancia que les unía consistía en unos versos escritos por Rudyard sobre la obra maternal realizada por Lady Dufferin en favor de las mujeres indias. Los versos se titulaban *La canción de las mujeres* y fueron muy del agrado de los dos esposos.

Lord Dufferin era un hombre de naturaleza bondadosa que no dudó en hospedarle en su propia villa, cercana a la ciudad de Nápoles. Una de las tardes que permaneció allí tuvo oportunidad de participar en una conversación llena de interés y que le abrió pistas antes ignoradas. Aquella tarde Lord Dufferin hablándole de su actuación funcionarial no solo en la India, sino también en Canadá y otros lugares, le abrió los ojos al funcionamiento de la máquina gubernamental «al más alto nivel», cosa fuera del alcance de Rudyard, que solo se había desenvuelto entre pequeños funcionarios.

«De todas sus revelaciones y recuerdos, la frase que me quedó más grabada en la memoria es esta: «De modo que ya lo ve usted, en lo que uno hace no queda espacio –¿o tal vez dijo no le dan a uno permiso– para las buenas intenciones»[1].

[1] *Algo sobre mí mismo.*

Pero Italia era poco camino para su afán viajero. Quería dejarse abandonado todavía a la inmensidad de lo desconocido: nuevas tierras, nuevos mares...

Para ello recurrió a un tal Cook, encargado, a la sazón, de una Agencia de viajes que llevaba su mismo nombre, y que había sido invitado de su padre en Lahore, cuando intentaba convencer al gobierno de la India de que le dejase organizar con bases comerciales la peregrinación anual a la Meca, cosa que no consiguió.

Cook le organizó un interesante recorrido por zonas y lugares situados más abajo del Ecuador: Ciudad El Cabo, ciudades de Australia y Nueva Zelanda... Rudyard llevó a cabo un larguísimo, placentero y provechoso recorrido que llegó a su fin en, a Lahore, donde recaló para visitar a sus padres. Aquel sería su último vistazo al querido hogar que allí había encontrado pues, al cabo de poco tiempo, sus padres abandonarían la India para instalarse definitivamente en Inglaterra.

CAPÍTULO SÉPTIMO

Dejando la India ya para siempre, Rudyard regresó a Londres. Y el hombre que al escribir La historia de Gadsbys había deslizado entre sus páginas una visión desconfiada y recelosa del matrimonio, terminó pasando por el altar cuando creyó encontrar una buena compañera en Caroline Balestier. Esto ocurrió en enero de 1892; contaba entonces veintiséis años de edad.

Había conocido a Caroline gracias a su amistad con Wolcott Balestier, hermano de ella, editor y escritor. Vivía en los Estados Unidos, su país de origen, y mientras realizaba una visita a Londres había decidido ponerse en contacto con Rudyard, quien comenzaba a ganar puntos como escritor allá en tierras norteamericanas. Este fue el preámbulo de su relación. Intimaron pronto y de tal forma, que, incluso, determinaron escribir una obra en común, *The Naulakha*[1].

Era una novela que tenía por protagonistas a dos jóvenes americanos que viajaban hasta la India con objeto de conseguir una piedra preciosa. La trama del libro comprendía un conjunto de aventuras en las que los dos miembros de la pareja fracasaban; ella como médico, él en su intento de levantar una presa que para nada servía. La novela tuvo éxito cuando se publicó en los Estados Unidos, pero la crítica consideró que era una de las peores obras de Rudyard.

Su amistad con Wolcott Balestier no se prolongaría mucho; un infortunado accidente iba a acabar pronto con sus días, mientras viajaba por Alemania.

---

[1] En España se publicó con el título *El collar sagrado*.

Pero volvamos con la boda. La ceremonia, que fue de lo más singular, tuvo lugar en la iglesia de Langham Place. Gosse. Para empezar, no fue una boda muy concurrida; Henry James y Ambrose Poynter –primo de Rudyard– fueron los únicos testigos presenciales. Pero además, en la puerta del templo, una vez finalizada, los esposos se separaron, con gran asombro del alguacil. Caroline se marchó a administrar la medicina a su madre, que se encontraba en cama víctima de la gripe, y él se dirigió con Ambrose Poynter al almuerzo de boda.

Más tarde, cuando fue a recoger a su esposa, se tropezó con una sorpresa desagradable. Cerca de sus pies, expuesto sobre el pavimento, que brillaba por la lluvia, se encontraba un cartel de periódico sujeto por unos pesos; en él se anunciaba su reciente boda. El hallazgo le sentó muy mal, como le ocurría habitualmente con todo tipo de intromisiones no deseadas en su vida privada.

En enero de 1892, la gripe había adquirido en Londres caracteres de una terrible epidemia, dejando a su paso muchos muertos. Como anécdota cabe señalar que los sepultureros habían agotado ya los caballos negros, propios de las pompas fúnebres, y tenían que recurrir a los pardos. Rudyard empezó a pensar en escapar de allí y la idea de un nuevo viaje, además, volvía a visitar y a excitar su mente. Por añadidura, disponía del dinero suficiente para hacerla realidad. Acudió de nuevo a la Agencia Cook y solicitó que le organizasen una vuelta alrededor del mundo, esta vez para dos. Días después, el viaje de bodas ya estaba dispuesto y enseguida abandonó Londres con Caroline en dirección a Canadá. Llegados allí, decidieron embarcarse en un negocio de tierras al pasar por Vancouver. Así fue como adquirieron veinte acres de unos yermos llamados North Vancouver con fines especulativos, pero con muy mala suerte. Ocurrió que, tras la compra, estuvieron pagando largo tiempo los impuestos hasta que por fin se enteraron de que habían sido estafados: el terreno pertenecía, en realidad, a otra persona. Entonces oyeron a los vecinos del lugar algo parecido a esto:

—Compraron eso a Steve, ¿no es cierto? ¡Ah!, ¡ah!, ¡Steve! A él nunca hay que comprarle...

Pero ya era demasiado tarde.

Sigamos con el viaje, que no fue parco en vicisitudes. Desde Canadá se dirigieron a Yokohama y allí conocieron a un matrimonio que les trató con infinita generosidad, les dio hospedaje en su hogar e hizo con ellos de «guía» por tierras del Japón.

Una mañana Rudyard fue a visitar la sucursal de su Banco en Yokohama para retirar algunas libras esterlinas. El Director le animó entonces a recoger una cantidad mayor, pero él lo desechó, se sabía descuidado y prefería no llevar mucho dinero encima; quizás regresase por la tarde, una vez que hubiera hecho cuentas. Así lo hizo, mas le esperaba una desagradable noticia en la puerta cerrada del Banco; según rezaba en el cartel allí colgado, la entidad se declaraba en quiebra. En aquel momento recordó al Director del Banco de Londres cuando días atrás le sugirió que invirtiese su dinero en negocios, y comprendió la actitud incitante del Director de la sucursal en Yokohama. Se le habían insinuado hasta donde su lealtad para con su empresa les permitía.

De esta manera, repentinamente, Rudyard se vio casi sin dinero, pues solo disponía de la cantidad retirada por la mañana, los resguardos de Cook no gastados todavía y sus objetos personales. Al volver junto a su esposa le contó lo sucedido. De común acuerdo decidieron interrumpir el viaje. La Agencia Cook de Yokohama les devolvió el reintegro de los resguardos no empleados y, desandando sus pasos, marcharon hacia el continente americano. Una vez allí, llegaron a los arrabales de una pequeña ciudad de Nueva Inglaterra, donde el abuelo de Caroline, de origen francés, había fundado su hogar muchos años atrás.

Tenían idea de quedarse allí y comenzaron a buscar una casa en la cual instalarse. En una pequeña alquería vieron un edificio conocido por «Bliss Cottage» que no era una maravilla pero parecía habitable. El alquiler costaba diez dólares mensuales. Decidieron alquilarlo. Lo amueblaron con estricta simplicidad y realizaron algunos arreglos caseros para alcanzar una mayor comodidad hogareña. Una vez dispuesto el edificio para acogerles, comprobaron que en Bliss Cottage podían sentirse plenamente satisfechos.

Los vecinos no les veían con muy buenos ojos. Estaban varias cosas por medio: la nacionalidad de Rudyard; el fácil dinero que, según se rumoreaba, sacaba escribiendo; el hecho de haberse instalado en el lugar donde los familiares de su esposa tenían el hogar... La «chica Balestier», por otro lado, no les hacía mucha gracia; era nieta del «viejo Balestier», un hombre que en vez de dedicarse al cultivo de la tierra como el resto de sus vecinos, se había construido una amplia casa donde comía, vestido con extraña indumentaria, y bebía vino tinto, al estilo de los franceses.

«Tardamos mucho tiempo en darnos cuenta de las cosas terribles que pensaba la gente acerca de nuestra conducta. Desde un punto de vista tenía razón. Eran, además, prácticos, como demuestra lo que relato seguidamente.

»Cierto día llegó un forastero a Bliss Cottage, en su carruaje. El coloquio empezó así:

»—Es usted Kipling, ¿verdad?

»Asentí.

»—Escribe usted, ¿no?

La cosa parecía exacta. (Larga pausa.)

»—Siendo así, usted vive divirtiendo a la gente, ¿no es eso?

»Era la pura verdad. Siguió hablando, rígidamente sentado en su calesa.

»—De modo que le es a usted preciso divertir para ganarse la vida, supongo.

»Era verdad. (...)

»—Siendo así –prosiguió–, hemos de admitir la posibilidad de que no le sea a usted posible divertir. Una enfermedad... cualquier accidente... una desgracia. Entonces... ¿qué va a ser de ustedes... de los dos?

»Empecé a ver de lo que se trataba, y él a hurgar en el bolsillo de su chaqueta.

»—Para remediar eso existen los seguros de vida. Ahora bien: yo soy representante de... etc; etc.

»Fue una magnífica actuación comercial, la compañía era solvente y contraté entonces mi primer seguro americano, pues Leuconoe y Horacio están de acuerdo en que hay que confiar lo menos posible en el futuro.»[1]

El dinero volvía a llegar a las manos del matrimonio, procedente de la venta de las obras ya escritas por Rudyard. El primer destino que le dieron consistió en recobrar la propiedad de *Cantinelas departamentales,* de *Simples cuentos...* y de los otros libros que vendió en la India antes de partir de viaje en 1899. Esta si fue una inversión rentable y Bliss Cottage la agradeció.

Durante el invierno de 1892, recluido en su gabinete de trabajo, desde el cual sosegadamente podía observar el paisaje siempre nevado, comenzó a escribir *El libro de las tierras vírgenes* que poco después tanto éxito conquistarían entre los lectores. Más adelante se hablará de ellos.

Su primera hija, Josephine, nació en la noche del 29 de diciembre. La fecha hizo sonreír a los recién estrenados padres ya que Caroline había nacido el día 31 y Rudyard el 30; era una graciosa casualidad. El nacimiento de la pequeña les puso en contacto con el Dr. Conland, que llegaría a ser su mejor amigo en Nueva Inglaterra.

Comenzaba 1893. En este año llevó al mercado una obra más *Many inventions (Muchas fantasías)*, consistente en un conjunto de relatos cortos –terreno literario tan frecuentado por Rudyard. La fecundidad del joven escritor, por entonces, no conocía límite. El torrente de actividad creadora no le abandonaba, y en él fluían un montón de ideas que parecía saber construir con éxito. La tranquilidad que le rodeaba, su sencillo modo de vida, quizás le ayudaron a concentrarse mejor en las tareas literarias y a ser más dueño de lo que producía.

Durante la primavera, el «Comité de Medios y Arbitrios» –así denominaba él a su matrimonio–, compró un terreno de treinta acres de

---

[1] *Algo sobre mí mismo.*

extensión en la falda de un monte roqueño, desde donde, a través de un amplio valle, se dominaba la sierra de Wantastiquet. Tenían intención de levantar allí una casa grande y propia, pues Bliss Cottage ya resultaba pequeña para los tres miembros de la familia.

Con la llegada del verano se iniciaron las obras de construcción. A la nueva casa la llamarían «Naulakha», en recuerdo del querido Wolcott.

Cuatro años residió Rudyard en Estados Unidos –desde 1892 a 1896–, cuatro años seguidos que le aportaron un profundo conocimiento del país y de sus habitantes. En su anterior estancia se había enfrentado a uno y a otro como turista, pero esta vez lo hizo como huésped estable por un tiempo. La experiencia era distinta y sus impresiones más certeras.

En general, le llamaba la atención la inobservancia de la ley en la mayoría de los habitantes. A nivel administrativo veía una tremenda y escrupulosa legalidad, pero el respeto a la Ley brillaba por su ausencia. Pocas de las acciones monetarias que llegó a desarrollar fueron seguras; ya hemos visto un ejemplo. Mas los americanos parecían vivir sin saberlo, al margen por completo de esta realidad propia.

Por otra parte, a Rudyard le producía escalofríos la manera en que trataban a los inmigrantes; estos penetraban en los Estados Unidos a razón de un millón anual, aportaban una fuerza de trabajo muy barata, y sus condiciones de vida y actividad laboral eran durísimas.

Los inmigrantes irlandeses, apasionados con la «política», se hallaban más alejados del mercado de trabajo. Rudyard vio en ellos a los principales instigadores del odio estadounidense hacia Inglaterra, odio que por doquier encontraba.

En un escenario político generalmente monótono solo el despecho por la nación inglesa proporcionaba unas notas picantes al asunto.

En una visita que hizo a John Hay, diplomático americano que ejerció de embajador en Inglaterra, y a quien Rudyard estimaba como hombre inteligente, tuvo oportunidad de escuchar una justificación de la política antibritánica. Parecidas a estas fueron las palabras de Hay:

«—El odio de América contra Inglaterra es el cerco que ayuda a unir las cuarenta y cuatro duelas de la Unión»[1].

Es decir, en un marco poblacional netamente heterogéneo constituía un importante factor homoageneizador. Esta teoría volvió a encontrarla más veces, en Theodore Roosevelt, por ejemplo, subsecretario de Marina de los Estados Unidos cuando, durante 1896, le visitó en Washington. Roosevelt consiguió cautivarle desde el primer momento, a pesar de que se enorgullecía delante de él de no llevar una gota de sangre inglesa. Precisamente a Roosevelt se le había encargado la tarea de dotar a su país de una Marina adecuada, pues la existente entonces resultaba ya anticuada. Rudyard le preguntó cómo pensaba conducir a buen término su misión, teniendo en cuenta la aversión del pueblo americano por los impuestos. Su respuesta fue pasmosa:

—Lo lograré de ustedes.

Y en verdad, Roosevelt no estaba equivocado. La Prensa empezó a explicar un día cómo Inglaterra andaba urdiendo ciertos planes sobre las indefensas costas estadounidenses, con la sucia intención de injerirse en ellas. La campaña se había puesto en marcha y no tardó en dar los esperados resultados: de nuevo la nación inglesa resultaba un buen anzuelo.

Volviendo la vista hacia la historia norteamericana más reciente, Rudyard se tropezaba con un gran interrogante: la aparente ineficacia, frente a la invasión extranjera, de la anterior generación de americanos «autóctonos». Y llegó a plantearse, incluso, si Abraham Lincoln no habría sacrificado en la guerra civil a demasiados americanos de estos, en beneficio de los inmigrantes nuevos que, cada vez en mayor cantidad, invadían el país. Hipótesis que también recogían otros hombres y mujeres de entonces, pese a su contenido herético.

Con el desarrollo económico, político y social, la vida y el ambiente estadounidenses se iban transformando de un modo trepidante, evolucionando hacia unas nuevas formas. Comenzaban a desaparecer sus anterio-

[1] Entonces ese era el número de estados.

res características de intimismo y localismo, y eso no gustaba a algunos; Rudyard estaba entre ellos. Fue esta actitud, precisamente, la que le impulsó a evocar e inmortalizar en una de sus obras, *Captains courageous* (*Capitanes intrépidos*), esas características en peligro de extinción.

La chispa que le había llevado a escribirla partió de una o dos visitas realizadas a Gloucester (Massachussets) durante el verano, en las que asistió al funeral que anualmente se dedicaba a la memoria de los marineros ahogados o desaparecidos, pertenecientes a la flota de goletas destinadas a la pesca del bacalao. Por entonces Gloucester era el centro clave de esta industria.

Aquel mundillo pesquero consiguió captar su atención y levantó su entusiasmo. Lo vio envuelto en dificultades y peligros cotidianos, teñido de dureza y sacrificio, pero también de belleza, y quiso dedicarle una obra.

El doctor Conland, al que mencionamos al hablar del nacimiento de Josephine, se encargó de orientar, en gran manera, esta nueva chispa. Cuando era joven había servido en la flota de goletas de Gloucester y, de tal experiencia, guardaba multitud de datos e informaciones que fue suministrando a Rudyard en la medida que los necesitaba.

De cara a un mejor conocimiento del mundo marinero, el escritor se lanzó en busca del contacto y la vivencia con él y en él; Conland le acompañó en el intento. Juntos deambularon por los muelles de Boston; se introdujeron en las posadas frecuentadas por pescadores; ayudaron a amables patronos de remolcadores a arrastrar goletas por el puerto... Conland además, se encargó de enseñarle a preparar los grandes bacalaos para guardarlos en la bodega y luego le envió mar adentro, en un pesquero de abadejo, donde le dio un desdichado mareo.

Todo esto, aparte de suministrarle rica información, le divirtió de veras.

Durante su estancia en Bliss Cottage y después en Naulakha fue objeto de algunas curiosas visitas. A la primera llegó en una ocasión Sam Maclure, que era considerado el modelo del «Pinkerton» de Stevenson en *El raquero* pero a Rudyard le pareció aún más original que el personaje literario. Había pasado por todo tipo de oficios, hasta los menos imaginables, y todavía conservaba su genio y su sencillez. Le inspiró una simpatía inmediata; además poseía un lenguaje directo y transparente, de esos que con dos palabras sustituyen toda una frase, lo cual gustaba mucho al escritor.

Sam propuso comprarle toda su producción venidera bajo unas condiciones sumamente atractivas; sin embargo, el «Comité de Medios y Arbitrios» decidió desechar la oferta: no se debía comerciar nunca con el futuro.

Otro visitante destacable fue Frank Doubleday; le enviaban los editores Scribnerts de Nueva York, con distintas proposiciones que hacerle. Fue una visita importante y con ella Rudyard conoció al que en el futuro daría la batalla más dura a los piratas americanos enriquecidos con ediciones ilegales de la producción kiplingniana. En efecto, Doubleday hizo la competencia a tales ediciones al lanzar las suyas al mercado a precios cada vez más baratos y, en consecuencia, convirtiendo progresivamente los robos en menos rentables.

Entre 1892 y 1896 los Kipling realizaron dos rápidas visitas a Inglaterra aprovechando que los padres de Rudyard ya se habían trasladado allí, instalándose en Wiltshire. En ellas el escritor pudo comprobar que la situación política en su patria iba tomando unos derroteros que merecían ser observados de cerca. Calculó que algún día, sin tardar mucho, debería regresar; y esto ocurrió, por fin, en el año 1896. Ni a él ni a su mujer les importó abandonar «Naulakha», al que no habían llegado a considerar el hogar de sus sueños.

La familia había aumentado con otra niña, Elsie; y los cuatro, ya en Inglaterra, fueron en busca de una vivienda que les sirviese de nuevo hogar.

CAPÍTULO OCTAVO

El periodo delimitado por su estancia en los Estados Unidos es, quizás, el más importante desde la óptica de la producción literaria de Kipling. En ese tiempo escribe, como hemos visto, El libro de las tierras vírgenes, obra capital según la opinión más generalizada. En ella Rudyard se revela, ciertamente, como un artista de la expresión literaria. Su estilo consigue ser más evocador y más pleno de sugerencias que en obras anteriores, y se percibe que tiene en sus manos las técnicas necesarias para realizar una obra de gran riqueza.

Algunos han llegado a decir, incluso, que aunque solo hubiese escrito *El libro de las tierras vírgenes,* su nombre resultaría, de cualquier modo, inolvidable. Inolvidable en el mundo de la literatura juvenil y de las letras en general. La realidad es que con él consiguió una fama de ámbito mundial que ha llegado hasta nuestros días.

Los libros pertenecen a su periodo de juventud, y cuando los escribió, Rudyard vivía en sí mismo un torbellino de fecundidad y de inspiración artística que otros escritores suelen abordar y experimentar a una mayor edad. Por eso puede decirse que la evolución que presenta tiene algo de novedad respecto al modelo general.

El personaje Mowgli y sus historias entre los animales de la jungla surgieron a partir de la combinación de distintos elementos. Anteriormente ya había escrito un cuento en el cual uno de los personajes era un muchacho que había sido criado por los lobos. Este relato, unido a un vago recuerdo de una narración leída en la infancia, la de los leones masónicos, y a una frase de *Nada, el Lirio,* de Rider Haggard, hicieron saltar la chispa.

La historia de Mowgli, el niño encontrado en plena selva por una familia de lobos y criado por ellos con mayor afecto incluso que a sus propios pequeños, comprende unas características con ciertos paralelos en tradiciones culturales antiguas. En efecto, en la tradición occidental es célebre la historia de Rómulo y Remo que, abandonados en el Tíber por su madre Rea, fueron hallados bajo una higuera por una loba y amamantados por ella.

En la tradición oriental nos encontramos la historia de Rama. El Ramayana, famoso poema épico atribuido a Valmiki, se refiere igualmente al abandono en la selva de un hijo de reyes –Rama– que se hace amigo de los monos y que, gracias a su colaboración, consigue recuperar el trono perdido.

En ambos casos, miembros del reino animal mantienen una función solidaria y de ayuda para con el hombre.

A otro nivel, el «bestiario» medieval contiene formas y tendencias que anticipan, en cierto modo, algunas líneas fundamentales de los cuentos de Mowgli. El numeroso repertorio animalístico de la Edad Media, con elefantes, grifos, leones y otras muchas especies que aparecen en baptisterios, columnas y rosetones de las catedrales de esa época, procedía de una antigua tradición iniciada, al parecer, en Alejandría en el siglo II después de Cristo y que se encontraba también en China. Se trataba de representar animales que, ya fuesen reales o imaginarios, intentasen expresar de forma simbólica rasgos, facetas, actitudes típicamente humanas.

En literatura, la moda de los bestiarios se extendió a múltiples países. Nacieron así obras didáctico-morales que se apoyaban en las propiedades características de cada animal para realizar una interpretación alegórica a la naturaleza humana.

En *El libro de las tierras vírgenes* Rudyard dota a los animales de palabra y los convierte en los maestros de Mowgli. Maestros en el modo de comportase en la vida y en las actitudes que deberá adoptar frente al mundo.

Estos animales representan diversas cualidades que servirán de constante guía al chico en sus incursiones por la selva.

Ahí están el oso Baloo, la pantera negra Bagheera, la serpiente Kaa y el elefante Hathi o el lobo Akela. Ningún animal deja de tener una cierta bondad y de prestar ayuda a Mowgli. Solo Shere Khan, el tigre que ya ha probado sangre humana, constituye y representa el símbolo de la maldad y de las intenciones perversas.

Las historias de *El libro de las tierras vírgenes* se hallan impregnadas de una sugestiva tensión poética que se combina con la intención didáctico-moral que subyace en el texto. Aquí, el reino animal es el marco de un conjunto de relaciones que en su configuración parecen trasplantables a la sociedad humana.

La necesidad del imperio de la Ley es una de las lecciones de estos libros. Rudyard habla de la Ley del pueblo libre, la que debe regir para que sea posible la vida en la jungla. Es la que impone Akela como jefe del clan de los lobos de Seeonee, y sin ella el comportamiento animal sucumbe en la anarquía. Así ocurre cuando, en la jungla, el Pueblo Libre desobedece las reglas, cuando los lobos vuelven la espalda a Akela y se dejan llevar por Shere Khan. Baloo, el oso, y Bagheera, la pantera, perfectos conocedores de la Ley, enseñan a Mowgli y juntos observan todas las desdichas que caen sobre el Pueblo Libre, hasta que arrepentido, acude de nuevo a Akela y la Ley es restablecida.

El principio de que la libertad, la verdadera libertad, solo es posible bajo el imperio de la Ley, enmarcado en un planteamiento netamente maniqueo de lucha entre el Bien y el Mal, constituye uno de los ejes didácticos esenciales de estas narraciones. Este principio discutible, concretamente porque la Ley nunca ha sido neutra y, asimismo, porque la normativa y la legislación poseen una historicidad que les ha otorgado un contenido cambiante según las épocas y las sociedades, no merma nada a la calidad artística que reside en *El libro de las tierras vírgenes,* y que revela claramente la capacidad imaginativa y creadora de Rudyard.

Desde el principio la narración capta con facilidad la atención del lector, la acción y su intriga consiguen tenerle pendiente de la trama y de los movimientos de los distintos protagonistas hasta el momento del desenlace. Los relatos han hecho y todavía hacen las delicias de los niños e, igualmente, de los mayores, por su carácter de aventura.

Por otro lado, la habilidad del escritor en las descripciones y su destreza en el manejo de la palabra invitan al posible lector a dejar correr su vista por una página y otra.

Apoyándose en la capacidad de convocatoria de esta obra, años más tarde fue llevada al cine. Un muchacho indio llamado Sabú protagonizó la película. Posteriormente, el equipo de técnicos que había trabajado con Walt Disney realizó una cinta de dibujos animados sobre el tema de estos relatos, que se tituló *El libro de la selva.*

Tras publicar los libros, Rudyard se tropezó con una verdadera plaga de imitadores. Pero veamos cómo lo cuenta él mismo:

«Mi *Libro de las tierras vírgenes* engendró tal cantidad que podría formarse con ellos verdaderos parques zoológicos. Pero el genio de los genios fue uno que escribió una serie titulada *Tarzán de los monos.* Lo leí, mas lamento no haberlo visto en película, donde brama con el mayor éxito. Adaptó al *jazz* el tema de *El libro de las Tierras vírgenes, y* supongo que se divirtió de veras. Según me informaron, dijo que quería ver hasta qué punto era capaz de escribir un libro malo y sacar de él el mejor provecho, lo cual es una ambición perfectamente licita»[1].

Según se señaló en el anterior capítulo, *Capitanes intrépidos* es otra obra escrita en los años de residente en Estados Unidos, pero no alcanzó un renombre tan grande como la anterior.

Capitanes íntrépidos constituye una singular y entretenida narración acaecida en medio de la vida real de los pescadores en Terranova. Un muchacho, Harvey Cheine, hijo de un multimillonario americano, cae al mar desde el trasatlántico en que viaja y, afortunadamente, es recogi-

[1] *Algo sobre mí mismo.*

do de las aguas por una barca que maneja Manuel, un pescador de origen portugués perteneciente a la tripulación del «Aquí estamos»[1]. Como los pescadores de este barco tienen el firme propósito de llegar a su destino para llevar a cabo la tarea que les procura el salario de todo un año, el muchacho se ve obligado a seguir de cerca la vida y las peripecias cotidianas de los pescadores, teniendo que aceptar a desgana las obligaciones de un grumete. Con este motivo, el lector puede observar cómo se pinta con la mayor viveza una de las más esforzadas, duras y, sin duda, interesantes actividades humanas.

En los bancos de Terranova, lo que los pescadores han buscado siempre afanosamente ha sido la carne de bacalao que, seco o salado, se exporta a todo el mundo y constituye una auténtica riqueza por su buen aprovechamiento. Todo en él es útil, hasta los despojos que se emplean como abono o para elaborar productos farmacéuticos por su riqueza en vitaminas.

Sin embargo, las condiciones geográficas y climatológicas de Terranova no ayudan en el arduo trabajo de la pesca, haciendo muy difícil la tarea de los marineros. Las costas se hallan cortadas por numerosos fiordos, bahías y penínsulas. El clima es húmedo y frío. Las corrientes heladas retrasan la llegada de la primavera y los veranos son cortos y frescos. En invierno hay constantes nevadas y el viento hace más desapacible el ambiente.

Rudyard se sintió admirado por el trabajo de los pescadores del banco de Terranova. Le atraía, vivamente, todo lo referente al esfuerzo del ser humano en su lucha frente al medio y, por eso, creó esta narración, donde hizo que Harvey Cheine se humanizara dejando su actitud desdeñosa de niño millonario malcriado y terminara reconociendo el valor de los bravos pescadores del «Aquí estamos».

La acción de *Capitanes intrépidos* parece desarrollarse en el verano de 1894, atendiendo a los datos que se manejan en la novela.

---

[1] Goleta perteneciente a la flota de Gloucester.

Esta obra fue llevada a la pantalla en 1938 por el director Victor Fleming, interpretando Spencer Tracy el papel de Manuel. Y precisamente por su actuación en la película le fue concedido el Oscar al mejor actor por la Academia de Artes y Ciencias de Hollywood.

CAPÍTULO NOVENO

En la primavera de 1896 la familia Kipling se instaló en el condado de Devon, en una pequeña ciudad llamada Torquay.

Allí alquilaron una casa que, a primera vista, les pareció muy agradable. Era muy grande y estaba invadida de luz y aparente alegría. Tenía un parque de enormes árboles, y la tierra en que estaba emplazada descendía hacia el sur, en busca de las cercanas aguas del mar. Todo les invitaba a pensar que habían tropezado con la buena suerte al encontrar aquel alojamiento. Poco después se darían cuenta de que andaban equivocados.

Por aquellos días estaba de moda en Torquay la bicicleta, y todo el mundo aprendía a montar en ella. En una pista circular, cubierta de ceniza, y, a determinadas horas, hombres y mujeres se paseaban con la mayor seriedad, dando vueltas y vueltas sobre dos ruedas.

Los Kipling decidieron participar también de aquel deporte, y se lanzaron a la aventura con una bicicleta de doble manillar que les había regalado Sam Maclure. Sin embargo, pronto descubrieron que el ejercicio no era de su gusto, aunque nada se dijeron creyendo, cada cual, que al otro le satisfacía montar en el aparato. Por eso seguían saliendo a los caminos y rutas campestres circulando sin problema alguno, hasta que, un día, se cayeron aparatosamente. Fue entonces, antes de incorporarse, cuando uno y otro confesaron su disgusto y no volvieron a montar en la bicicleta.

Pues bien, de forma parecida se produjo el desenlace que precedió a la huida de la casa de Torquay –porque se trató una huida.

Nada más comenzar a habitarla se abatió sobre los dos esposos una sensación depresiva que ninguno de ellos alcanzaba a comprender de dónde venía. Luchaban contra ella, en silencio, sin decirse el uno al otro lo que les ocurría. Era, por así decirlo, el propio espíritu del hogar, agazapado en las estancias aparentemente alegres, quien les sorprendía al entrar en la casa, lanzándoles en manos del decaimiento. Un día, a propósito de una cisterna que no funcionaba bien, empezaron a desembuchar sus pesares, justificando su anterior silencio con la intuición, común a los dos, de que al otro la vivienda le resultaba agradable. Bastó este descubrimiento para abandonar sin demora alguna la casa.

Su siguiente destino fue Rottingdean, donde los Burne-Jones tenían su casa de campo. Pero antes de introducirnos en el mundillo del nuevo ambiente y lugar, detengámonos en algunas facetas destacables del quehacer literario desarrollado por Rudyard en Torquay; donde, fiel a su ritmo continuo y estable de trabajo, dio nuevos frutos. Allí comenzó a rondarle la idea de escribir unos opúsculos sobre la educación de los jóvenes; pero el proyecto fue evolucionando y terminó plasmándose en unas narraciones, a las que tituló *Stalky y Compañía,* mencionadas ya al hablar del United Services College y de los años de escuela de Rudyard. En ellas el escritor proyectó algunas de sus experiencias personales vividas en la institución de Westward Ho, y el resto lo dejó al gobierno de su imaginación.

Con gran sorpresa para él, la obra fue tachada de irrespetuosa y brutal al ser publicada, lo cual le invitó a pensar que los adultos olvidaban pronto los estímulos y actitudes propios de la vida escolar. De todos modos, y a pesar del recibimiento, no faltó público que leyese *Stalky y Compañía* durante largos años, y Rudyard, por su parte, continuó convencido de que la obra estaba bien planteada y de que nada en ella debía constituir motivo de asombro.

Como ya se dijo en el capítulo III, Cormell Price, el Director del United Services College, fue la persona a quien Kipling dedicó este nuevo libro. Con ello no hacía más que expresar lo que le parecía toda una deuda con un hombre que se había preocupado de enderezarle y orientarle. En este mismo sentido, escribió un poema que se encuentra en las primeras páginas y en donde reconoce la labor de las autoridades que a él y a otros les habían enseñado. El poema dice así:

Alabemos a los héroes»,
los desconocidos,
pues su influencia pervive,
y su influencia pervive,
crece, aumenta, sobrevive,
y ellos escondidos.

El cierzo y el oleaje
nos llevaron en sus manos;
nos dejaron en la playa.
(¡Doce casas tras la playa!
¡Siete estíos tras la playa!)
Doscientos hermanos.

Encontramos grandes hombres
que por nosotros velaban.
Nos pegaban con las varas,
a conciencia con las varas,
incansables con sus varas,
porque nos amaban.

Desde el Egipto hasta Troya,
sobre el Himalaya,
lejos, firmes, hemos ido,
a Japón, a Babilonia,
a las selvas de Amazonia
y a los pueblos de Cathaya.

Alabamos a los héroes,
a nuestros mayores,
pues nos dieron sensatez
(lo intentaron por lo menos),
la divina sensatez
que hace a los mejores.

Y todas las latitudes
de la creación
nos vieron llegar,
seriamente obrar,
con furia luchar
por nuestra nación.

Lo aprendimos de los héroes,
su ejemplo observando,
viendo cómo trabajaban,
día a día trabajaban,
sin descanso trabajaban
la vida entregando.

Servidores de la guerra
con mechas, bombas y palos,
delante de reyes,
de pie ante los reyes
y dando a los reyes
fatales regalos.

Lo aprendimos de los héroes,
que nos enseñaron
que lo mejor era,

lo seguro era,
lo más sabio era
cumplir lo mandado.

Bajo lejanas estrellas
su carga llevar.
A las tierras que gobiernan,
con fuerte mano gobiernan,
aman a los que gobiernan,
sin premios buscar.

Lo aprendimos de los héroes
casi sin sentirlo.
Solo con los años,
al pasar los años,
años y más años,
dimos en vivirlo.

Alabamos a los héroes
por su generosidad.
A su «hoy» renunciaron,
los gozos dejaron,
se sacrificaron,
por nuestra felicidad.

«Alabemos a los héroes»,
los desconocidos,
pues su influencia pervive,
y su influencia pervive,
crece, aumenta, sobrevive,
y ellos escondidos.

La influencia del United Services College se mantenía viva en su madurez y, como puede observarse en el poema, el peso de la edad le llevaba a valorar con mayor estima a quienes se encargaron de integrarle en un determinado mundo de ideas y normas.

Pero volvamos ya a Rottingdean.

La casa de los Burne-Jones, «North End House», se encontraba enclavada en el extremo de una pradera que se extendía a sus pies. Enfrente, a otro lado de la pradera, se hallaba «Dene», la mansión de los Ridsdale. En ella residía, por entonces, Stanley Baldwin, primo de Rudyard –que más tarde llegaría a ser primer ministro conservador–, pues se había casado con la hija mayor de la familia. De esta manera, para los Kipling, la boda de Baldwin ensanchó el círculo de sus conocidos en Rottingdean, y pudieron disfrutar del grupo de jóvenes, alegre y jovial, que se encontraba en «Dene». Sus pasos les conducían alternativamente de una casa a otra, a través de la pradera.

Al poco, los Burne-Jones les entregaron «North End House» por un tiempo, hasta que naciese el próximo hijo que esperaba el matrimonio, y les dejaron allí mientras ellos viajaban buscando un cambio de aires.

El tercer retoño de los Kipling, esta vez, un niño, vino al mundo en una calurosa noche de agosto de 1897; le llamaron John. Entretanto, habían alquilado una casa cercana a la iglesia del lugar. Se erguía en una especie de islote, tras unos muros de pedernal, y se hallaba cobijada por varios acebos. No era gran cosa, pero pedían poco dinero por el alquiler y esto venía bien a su economía, que aún no se había recobrado por completo del «asuntillo» de Yokohama. La casa estaba próxima a «North End House» y «Dene» y hasta podía hacerse llegar una pelota de críquet de una a otra.

Por entonces un nuevo chispazo creador había vuelto a encender la pasión de Rudyard. La obra que luego se titularía *Kim* estaba comenzando a dibujarse en su mente cada vez con trazos más firmes. Sintió inquietud y grandes deseos de poner manos a la obra enseguida; *Kim* no debía esperar más tiempo.

Mientras vivió en «Bliss Cottage» Rudyard ya había colocado la primera piedra. En efecto, allí se le ocurrió la idea base de una posible historia: un muchacho irlandés nacido en la India y mezclado con la vida local. Le llamó «Kim, el de Rishti» –abreviatura de «irlandés». Y, por el momento, no hizo más. Con el tiempo la idea iría madurando y, una vez en Rottingdean, Rudyard sentiría la necesidad de escribirla en seguida.

Desde el principio reclamó la ayuda y la colaboración de su padre. A él le mostró sus primeras anotaciones y, a su lado, fue puliendo y retocando el proyecto literario en curso. Entre los dos poseían documentación suficiente para dar forma y vida a personajes y ambientes. Se trataba de realizar un profuso retrato de la India, y uno y otro la conocían como las palmas de sus manos. Con una ventaja así, Rudyard al parecer solo debió acudir en una ocasión a la Indian Office, cuando necesitó recoger datos sobre magia hindú.

En el ardor de su trabajo volvía a verse en la India. Al escribir acerca de sus aspectos y tradiciones, de su olor y color, de las gentes de aquellas tierras invadidas de sol, su espíritu volaba lejos de Inglaterra y atravesaba las fronteras de la India. Los recuerdos y experiencias de allí, junto a las buenas dosis de imaginación que volcaba sobre la obra, resultaban el mejor de los transportes.

Por fin, Rudyard pudo comunicar un día que había terminado *Kim*.

—¿Se paró él o tú? –le preguntó su padre.

—Fue él.

A lo que añadió:

—En ese caso, no será del todo malo.

Pues no, no lo era. En *Kim*, Rudyard muestra nuevamente su capacidad descriptiva y resulta una de sus mejores novelas. Él pareció quedar satisfecho con el resultado, al menos esto es lo que se desprende de las siguientes palabras suyas:

«Contenía mucha belleza y no poca sabiduría, y lo mejor de ambas se debía a mi padre»[1].

---

[1] *Algo sobre mí mismo.*

Mas este no se concedía mérito alguno por sus estimables contribuciones a la obra.

La novela *Kim* también fue llevada a la pantalla en 1950, casi medio siglo después de que Rudyard la publicara. El papel principal, corrió a cargo de Errol Flynn. Las grandes productoras cinematográficas, como puede observarse, no despreciaban las oportunidades que los éxitos del popular escritor ofrecían desde el punto de vista lucrativo. *Tres soldados, En tinieblas, El libro de las tierras vírgenes, Capitanes intrépidos, Kim* constituyen una lista nada despreciable de títulos que pasaron por sus manos y adaptaron según sus intereses. *Kim* conoció la fama, al igual que las anteriores obras, y los grandes del cine quisieron sacarle partido. Contratando a un actor comercial y «vendible» como Errol Flynn, el éxito de taquilla era seguro.

Pero dejemos a *Kim* a un lado para pasar a otros asuntos.

En 1897 Rudyard fue elegido miembro del Athenaeum según el artículo 2.º del Reglamento, por el cual se autorizaba la admisión de personas distinguidas sin necesidad de voto previo.

Entonces, el Athenaeum era un círculo cultural donde se daban cita los «elegidos» de las más diversas especialidades, y el escritor pronto comprendió que, si deseaba conocer cualquier disciplina por rara que fuera, en el club encontraría a la persona apropiada.

En la vida de Rudyard, este tipo de círculos, según se habrá podido ya observar, constituyeron un medio varias veces frecuentado y una forma asidua de solaz espiritual. Además del Athenaeum conocería el Carlton y el Beefsteak. Este último fue, de todos, el mejor para él. Era un sitio variopinto e informal, con una concurrencia sorprendente a cada instante y donde siempre se encontraba charla y compañía.

A esas alturas de 1897 Rudyard llegó a sentirse inquieto por el cariz que iban tomando los sucesos políticos dentro y fuera de Inglaterra. Se atisbaban problemas en África del Sur, insuficiencias en la estructura militar británica, enemistades hacia su patria,... y, mientras tanto, en el seno del país se vivía un optimismo impropio que llegó a asustarle.

Inglaterra atravesaba uno de esos periodos de orgullo y euforia nacionales. La doctrina imperialista predicada alrededor de 1875 por Disraeli –político conservador– a conservadores bastante reaccionarios, era ahora una religión nacional. El jubileo de diamante de la reina Victoria en 1897 señalaba el apogeo de su gloria imperial. Pero existían otros mundos en el plano mundial y, se preguntaba Rudyard, ¿qué sabían los ingleses acerca de ellos?

Se mantenía algo escéptico y, como producto de sus impresiones, escribió unos versos llamados *Himno* que *The Times* publicó hacia el fin de las fiestas jubilares. En ellos podía traslucirse cierta alarma.

Por entonces, y en medio de ese ambiente inconscientemente optimista, Rudyard escribió sobre la pared, en mitad de un festín, una frase reveladora: «Dios de los Ejércitos: no nos abandones, a fin de que no nos abandonemos». Era una advertencia. Apenas tres años después, en el extremo del continente africano, dos pequeñas repúblicas de campesinos, el Transvaal y Orange, tendrían en jaque al Imperio más poderoso del mundo.

Los acontecimientos en África del Sur le preocupaban de manera especial, y esta inquietud le motivó a trasladarse a Ciudad El Cabo con su familia y su padre. Era el invierno de 1897.

Allí se instalaron en una casa de huéspedes de Wynberg, al frente de la cual se hallaba una irlandesa que no mereció las simpatías de Rudyard:

»... seguía fielmente los instintos de su raza y esparcía miserias e incomodidades en torno suyo, a cambio de buenos dineros».[1]

Evidentemente, los irlandeses no eran santos de su devoción, como altivo inglés que era.

Las tierras africanas meridionales les cautivaron por completo a todos por su colorido, su luz, sus costumbres semiexóticas... y, desde entonces, serían asiduos visitantes de ellas.

En Ciudad El Cabo, Rudyard tuvo ocasión, por vez primera, de hablar con Rhodes (presidente de la British South Africa Company) y le confesó que se había trasladado hasta allí para ver cómo iban las cosas...

---

[1] *Dingley el ilustre escritor*, Jean y Jerome Tharaud.

Y las cosas estaban en un momento de tregua entre Gran Bretaña y los bóeres; solo una tregua, pues la guerra se olfateaba en el horizonte. Nada ocurrió en el tiempo de su estancia en el extremo africano y, a la espera de lo que pudiese suceder, regresó a Inglaterra.

En 1899 y por razones familiares, se vio obligado a visitar de nuevo los Estados Unidos. Fue un viaje desdichado. En Nueva York él y sus hijas cayeron muy enfermos. Rudyard estuvo al borde de la muerte, pero terminó recuperándose. No ocurrió así con su hija mayor, Josephine, que se les fue de las manos. Era un duro golpe que afrontar. Hasta entonces la suerte había estado generalmente de su lado; sin embargo, en esa ocasión le falló de forma cruel arrebatándole a su muy querida hija, todavía una niña. Pero la tristeza no le impidió seguir adelante.

La guerra en África del Sur ya había estallado y Rudyard decidió trasladarse al mismísimo escenario del conflicto. No le bastaba con atender la marcha de los hechos desde lejos. Su apasionamiento por el fenómeno en sí le exigía ser protagonista, introducirse en la acción.

J. y J. Tharaud en su novela *Dingley, el ilustre escritor,* en donde el protagonista principal no es otro que Kipling, interpretaron de la siguiente forma esta decisión suya:

«Era novelista y, además, corredor de peligros. A un *reporter* americano que cierto día le interrogaba acerca de sus gustos, le contestó que había en él 0,4 de artista por 0,6 de hombre de aventuras. Le complacía también decir que, si un hada le llegase a ofrecer un don, elegiría el poder mágico de transportarse, a cada minuto de su vida, al punto de la tierra en que se desarrollase la acción más dramática.

»¿Podían el telégrafo y los diarios servirle esos hechos menudos que le valen al novelista para reproducir la ilusión de la vida? ¿Conocería jamás la fisonomía verdadera de la campaña, si no iba a verla con sus propios ojos? Querría irse al Transvaal para sorprender las formas especiales que afectaban allí la vida y la muerte».

Lo quiso y lo hizo.

CAPÍTULO DÉCIMO

Hasta aquí se ha hablado de modo inconcreto de «problemas en África del Sur», de «tregua» y, finalmente, de «estallido bélico», pero resulta necesario introducir una idea de situación respecto a la guerra Anglo-Bóer que ofrezca al lector una imagen menos vaga de este suceso histórico.

A mediados del siglo XVII, en 1652 concretamente, el médico holandés Jan van Riebeek, por cuenta de la Compañía Holandesa de las Indias Orientales, constituyó en Table Bay –en el lugar de la actual Ciudad El Cabo– una estación de depósito y abastecimiento para las naves en ruta. Desde este momento, los holandeses iniciaron su asentamiento en ese núcleo del extremo sur africano, al tiempo que empezaban a colonizar las tierras más interiores.

En 1795 los ingleses ocuparon la colonia de El Cabo y su posesión fue confirmada por el Congreso de Viena de 1815.

Los bóeres, descendientes de los primeros colonos holandeses, se mantuvieron disconformes con el dominio inglés y comenzaron a emigrar hacia el norte, más allá de las fronteras de la colonia británica, ya en territorio bantú, fundando la colonia de Natal. Posteriormente, cuando la gran emigración de 1813 y años siguientes, colonizaron el territorio de Transvaal y la parte sur de lo que después sería el Estado Libre de Orange.

Los bóeres querían a toda costa mantener su independencia frente a los británicos, pero lo cierto era que, mientras reivindicaban derechos de libertad para sí, se los negaban a la población negra, siguiendo criterios netamente racistas. Los esclavizaban y los mataban sin el menor reparo.

A Gran Bretaña no le bastó con apoderarse de Ciudad El Cabo y, en 1843, se anexionó la colonia de Natal. Pero ahí no quedaría la cosa. Cinco años más tarde, el inglés Sir Harry Smith declaraba posesión británica el territorio comprendido entre los ríos Orange y Vaal. Tendría que pasar algún tiempo todavía para que el Estado de Orange recobrase nuevamente su independencia. En 1854, y por el convenio de Bloemfontein, Gran Bretaña terminaría, por fin, reconociéndosela.

En lo que respecta al Transvaal, los poderes británicos también lo hicieron objeto de provocaciones a tono con su incansable política de expansión. Así, a pesar de haber admitido su independencia en 1852 –Tratado de Sand River–, años después, en 1877, se volvieron atrás. Sin duda alguna, los poderes británicos se sintieron atraídos por los recientes descubrimientos de yacimientos de oro y diamantes en el Estado bóer, y convirtieron en papel mojado el anterior reconocimiento de independencia, lanzándose a la guerra. Pero los bóeres no eran fáciles de subyugar, y opusieron resistencia hasta fines de 1880.

En 1881 se restableció la paz con resultados claramente favorables para los poderes británicos, al acordarse establccer un gobierno bóer sujeto a la soberanía británica. Con posterioridad, el pueblo bóer del Transvaal iría consiguiendo de Gran Bretaña mayores parcelas de independencia, pero no se conformaba solamente con ellas; Pablo Kruger y otros hombres más de esta República aspiraban sin descanso a conquistar todos sus derechos.

Al tiempo, determinados intereses británicos de lucro y poder en las ricas tierras del Transvaal, volvieron a empuñar las armas de la provocación. Así en 1896, en intriga urdida por Cecil Rhodes, su colega Beit y Jameson, se produce el llamado «raid Jameson», una incursión de setecientos hombres en el Transvaal, en un intento de apoderarse de Pretoria, su capital.

Para defenderse, el Estado bóer organiza un ejército de voluntarios al mando del general Joubert, de origen francés. Al final Jameson termina siendo derrotado tras un sangriento combate, y hecho prisionero.

Como consecuencia de esto, se inician las negociaciones, que concluyen con la firma de un nuevo tratado de paz. La República de Transvaal alcanza determinadas ventajas, pero su inconformismo sigue en pie. Se respira un ambiente de tregua, no de sumisión; y, mientras tanto, los dos Estados bóeres se preparan y se organizan para la guerra.

En 1899, durante el mes de octubre, el conflicto ya es una realidad.

Así estaban las cosas cuando Rudyard decidió trasladarse al continente africano.

En los comienzos de la conflagración, al ver que los bóeres no se dejaban amilanar fácilmente por las tropas británicas y que, incluso, les infligían algunas derrotas, sentíase preocupado y aturdido, máxime si tenemos en cuenta que, para él, el enemigo era totalmente desdeñable: el ejército del mayor imperio del mundo, con generales experimentados en muchas campañas, ¿cómo podía retroceder ante unos miles de hombres incultos, mandados por jefes de fortuna? ¿Acaso los brutos de Joubert y de Cronje iban a aventajar a los soldados de la Reina, en lo que a habilidad militar se refiere? ¿Se quebraría la superioridad inglesa ante el heroísmo de unos simples bóeres?...

Rudyard era hijo del imperio. Para él una derrota británica significaba algo muy difícil de asimilar: estaba demasiado acostumbrado a las victorias... Además su particular interpretación de la guerra sudafricana le planteaba la necesidad histórica de vencer. Veía la raíz del conflicto en lo que había sido la tiranía de la minoría holandesa en las tierras del sur africano. Tiranía hacia los indígenas y los *uitlanders*[1]; y pensaba que los ingleses debían rebelarse ante ello, como habían hecho siempre con todas las formas de tiranía[2] –curiosamente, el escritor inglés era especialista en indignarse y protestar ante cualquier síntoma de supuesta opresión impuesta a los ingleses en sus relaciones con otros pueblos, mas se volvía ciego y mudo del todo cuando ocurría lo contrario, algo muy frecuente, por cierto, en aquel tiempo.

---

[1] Los ingleses afincados en El Cabo, Natal, Orange y, más tarde, Transvaal.

[2] *Sobre mí mismo.*

Contrastando con concepciones del asunto como la presente, en Gran Bretaña, los liberales fieles a la tradición de Gladstone y progresistas protestaron ante lo que consideraban una ofensiva colonial injustificada, y algunos de ellos no dudaron en denunciar «las iniquidades imperialistas de Kipling». Pero tales críticas no consiguieron debilitar su prestigio: todavía muchos ingleses pensaban igual que él.

Durante la guerra pudo observar el gran respeto y estima que infundía a los soldados. En el tren los «British Bayonets» en mangas de camisa guardaban su asiento; los soldados coloniales se disputaban su equipaje de mano y lo acarreaban con gran docilidad; en Intendencia era objeto de favores especiales, en concreto estaba autorizado para llevarse toda la picadura de tabaco que se le antojase; y los sudorosos sargentos de cualquier suerte de atestados almacenes daban preferencia a sus telegramas... La verdad es que desde su juventud había sabido ganarse a pulso las simpatías de los soldados de la Reina. En él siempre tuvieron a uno de sus mayores admiradores, a un hombre que exaltaba su labor y entrega y que la hacía merecedora de todos los honores. Sabían además que servía a la misma causa que ellos desde su oficio de escritor y que, por tanto, era casi un compañero.

En la guerra sudafricana demostró, una vez más, su voluntad de servicio al son de las armas que en la vida había ido adquiriendo: capacidad de convocatoria y destreza en el empleo de la palabra.

Aprovechando la primera de ellas, el *Daily Mail* abrió una suscripción pública a su nombre con el objeto de recaudar fondos destinados a los soldados del frente. A tal efecto, él escribió unos versos con notas suplicantes y Arthur Sullivan les puso música. La gente podía hacer lo que quisiera con ellos: recitarlos, cantarlos, reimprimirlos, etc., pero, con una condición: que todos los derechos se abonasen en la cuenta general, llamada «Fondo del mendigo distraído». Los resultados fueron espléndidos pues la cuenta se cerró con un cuarto de millón de libras aproximadamente.

Tras la caída de Bloemfontein en manos británicas se personó en el lugar por orden de Lord Roberts. Debía escribir informaciones, siguiendo las instrucciones que, oportunamente, le indicarían. En la estación del ferrocarril dos hombres le estaban esperando. Eran H. A. Gwynne, corresponsal jefe de la agencia Reuter, y Perceval Landon, de *The Times.* Ellos le dijeron ya lo que tenía que hacer. Se trataba de que colaborase en la dirección de un periódico destinado a los soldados.

El trabajo comenzó sin pérdida de tiempo. El centro de operaciones se hallaba en una oficina que tenía a su personal cautivo y a las órdenes de los británicos desde la caída de Bloemfontein. En cuanto encontraron al primer cajista, le mandaron componer la proclama oficial de Lord Roberts al enemigo. Asimismo utilizaron todas las antiguas planchas de estereotipia para anunciar artículos que llevaban ya mucho tiempo agotados: comestibles de primera necesidad, carbón y ultramarinos. Luego brotaron los trabajos y colaboraciones netamente periodísticos que intentaban ser animosos para los soldados que los leían. También participaron en el periódico algunos desconocidos que entraban en la oficina y entregaban originales a publicar, la mayoría de contenido difamatorio, según dice Kipling en su autobiografía.

De esta manera, y nuevamente metido en el oficio de periodista, Rudyard dejó correr sus días en Bloemfontein.

La ciudad, por entonces, al igual que sus alrededores, era pasto del tifus y otras enfermedades. Muchas muertes habrían podido evitarse, pero no fue así por desidia.

«En cierta ocasión vi llegar una batería de montaña, todos sus componentes a punto de caerse muertos de cansancio y calados por la lluvia, y algún idiota, deseoso de evitarse molestias, les señaló como alojamiento un hospital del que acababan de evacuarse numerosos enfermos de fiebre tifoidea. Resultado: treinta casos al cabo de un mes. También vi a los soldados beber agua del río Modder, sin previa depuración, pocas yardas más abajo del sitio donde se pudrían las mulas; y la organización y distribución de las letrinas se consideraba como trabajo propio de negros»[1].

[1] *Algo sobre mí mismo.*

En opinión del escritor, comportamientos así costaron muy caros a las tropas británicas:

«Es posible, aunque lo dudo, que, desde el principio hasta el fin, matáramos a 4.000 bóeres. Nuestras bajas, principalmente debidas a enfermedades evitables, ascenderían a una cifra seis veces superior».

Durante aquel periodo, Rudyard llegó a presenciar alguna batalla, por ejemplo la que se llamó de «Karl Siding». Había sido preciso librarla ante la supuesta amenaza de una ofensiva bóer hacia Bloemfontein. Debió significar una experiencia interesante para el escritor.

Él se instaló, junto con otros más, en un carro procedente de la Ciudad El Cabo, cuyo arriero era indígena; transportaban la mayor parte de las bebidas. El enorme paisaje pálido se tragó más de siete mil soldados sin que se notase nada en él, a lo largo de un frente de siete millas, y ellos en el carro fueron avanzando hasta las proximidades de la línea de fuego. Por fin llegaron a una alquería, situada en un valle, que les mostró nada menos que cinco banderas blancas; la habitaban dos hombres y dos mujeres que les recibieron con la mayor indiferencia. Desde allí se escuchó entonces una salva de mosquetería que estalló detrás de la sierra y un tronar de cañón de montaña que irrumpía de cuando en cuando. El guía del grupo decidió que debían desprenderse por el momento del carro, y lo dejaron al cargo del arriero en las proximidades de la alquería. Salieron luego hacia un mundo que parecía desierto, lleno de sol y de grandes distancias. Por el camino, alguna bala que otra silbaba en el silencio; era como estar expuestos a un fuego deliberado, como si ellos fuesen justamente un blanco.

—¿Por qué hacen esto? –preguntó Rudyard.

Uno de sus compañeros aventuró una respuesta:

—Porque se figuran que somos el Regimiento X de caballería ligera. Debe de estar precisamente en el fondo de aquel declive.

Así era, en efecto, y en cuanto el Regimiento en cuestión se trasladó de lugar, amainó el fuego que les dirigían. Al poco llegó un soldado colonial con aire fastidiado y les trajo noticias de un flanco muy lejano.

—No; no ocurre nada ni se ve a nadie.

Después volvieron a escucharse nuevos estampidos, y cuando llegó la hora de comer hubo una tregua prudencial por ambas partes, interrumpida, algunas veces, por fuego graneado y, luego, por una granada que cayó cerca de ellos.

—¡Knupp! De cuatro o seis libras, a la distancia máxima –dijo un experto–. Todavía se figuran que somos esa caballería ligera. Puede que desde este momento los disparos se sucedan con cierta regularidad.

No andaba equivocado. Cada veinte minutos –aproximadamente– una granada se lanzaba por los aires en su busca, tanteando el terreno que les rodeaba. No les quedaba más remedio que esperar. Sin embargo aquella situación no se prolongó mucho tiempo. Los cañones del Ejército británico habían comenzado a tronar, y con ellos las cosas cambiaron. La carga se dirigía hacia una pequeña extensión del bosque, que quedó envuelta en humo durante varios minutos. Después, silencio; y, un poco más tarde, vieron desde su sitio cómo los bóeres, montados en sus típicas jacas, emprendían la retirada.

—Los hemos desviado –dijo alguien.

No tenían nada que hacer allí y volvieron a la alquería. Cuando ya estaban acomodados en el carro, alguien, apostado en una cercana «donga», comenzó a dispararles. Rápidamente el arriero azotó a las mulas y echaron a correr por el suelo roqueño, con no poco peligro para sus preciosas botellas, pero poniendo a salvo el pellejo.

Llegados a Bloemfontein, Gwynne les informó del número de bajas: ciento veinticinco. Era una cifra importante.

Algunos meses después de la batalla, Rudyard recibió un recorte de un periódico norteamericano conteniendo una información de Ginebra. En ella se describía un suceso en el cual había participado él junto a algunos oficiales. Se daban todos los nombres, y la fecha exacta de lo ocurrido. Concretamente decía que llegaron a penetrar en una alquería, donde encontraron a dos hombres y tres mujeres, que arrastraron a estas, pues se habían refugiado debajo de la cama, y que permitiéndoles cien yardas de ventaja, las mataron a tiros mientras huían.

Inmediatamente sospechó, al leer aquello, que algún huno[1] había intervenido en el asunto. De cualquier modo, la información apenas le afectó: la brutalidad de la historieta resultaba más cómica que significativa.

En lo que se refiere al transcurso de la guerra hay que decir que, si bien es cierto que los bóeres combatían con gran arrojo y valentía, llegando a oponer, en algunos momentos, un duro frente al Ejército británico, mostraban, al tiempo, claras insuficiencias; había una desigualdad de recursos, a favor de los británicos, que terminó por imponerse en el desenvolvimiento de los hechos.

A medida que las tropas británicas iban arrancando terreno a los bóeres, los costes económicos comenzaron a ser de importancia para el bolsillo de los vencedores, por el incremento de la población vencida a su cargo. Cabe decir que Rudyard parecía tener muy a gala el esfuerzo económico y «civilizador» desarrollado entonces por los británicos en las zonas conquistadas. Así, en su autobiografía, destaca cómo fueron introduciendo artículos de primera necesidad, junto a otros más accesorios, que, anteriormente, eran inalcanzables; y cómo pusieron en marcha diversos servicios sociales que intentaron abordar problemas relativos al alojamiento y a la protección de la maternidad, entre otros. Al recordar aquello se encuentran sus palabras teñidas de cierto resentimiento. En su opinión, el pueblo bóer subestimó todas estas atenciones de que fue objeto; el pueblo bóer, además de otras cosas, era desagradecido.

Por fin llegó un momento en que la guerra menguó hasta convertirse en una actividad de carácter política, y la derrota terminó por ser un hecho más o menos evidente para los bóeres. En mayo de 1902 concluyó el conflicto, con la plena victoria británica. De esta manera, Transvaal y Orange fueron declarados colonias, pero obtuvieron el autogobierno y una indemnización por los daños sufridos en la guerra.

---

[1] Apelativo que se daba a los alemanes muy en boga por esa época.

En lo que concierne a Rudyard, el término de la confrontación anglo-bóer fue visto así por él:

«En fin de cuentas, nos quedamos presentando excusas a un pueblo profundamente indignado, al cual habíamos cuidado, con enfermeras y médicos, por espacio de uno o dos años, y que esperaba, y recibía, toda suerte de donativos y aperos de labranza para un cultivo que no había practicado hasta entonces. Lo dejamos en una situación que le permitía sostener y expansionar su primitivo afán de dominio racial, y dimos gracias a Dios porque nos habíamos librado de un bellaco».

Y con estas palabras suyas como colofón, dirijamos la vista hacia la vida de Rudyard y su familia en Inglaterra, en los comienzos del nuevo siglo.

CAPÍTULO UNDÉCIMO

El «Comité de Medios y Arbitrios» todavía seguía danzando de sitio en sitio, de una casa a otra, en busca del hogar soñado. Esperaba que algún día tropezaría, al fin, con un lugar que le invitase a vivir en él como si fuese el mejor del mundo.

Sus diligencias para encontrarlo les había hecho correr numerosas aventuras, desagradables a veces –pensemos en Torquay–, y siempre con resultados infructuosos. Pero la suerte terminaría por cambiar de signo, como veremos más adelante.

A principios del siglo XX, el automóvil ya comenzaba a dar los primeros pasos en la carrera del consumo. Fue por entonces, precisamente, cuando Rudyard se convirtió en uno de sus usuarios. Descubrió su pasión por los modernos cacharros un día de verano en que un amigo irrumpió en el umbral de su casa gritando algo así:

—Mr. Harmsworth ha traído uno de esos trastos que andan con motor. ¡Venid a probarlo!

El viaje duró veinte minutos, y al descender del coche estaba cubierto de polvo y mareado de tanto ruido pero, pese a ello, un gusanillo interno le decía que los «trastos» en cuestión merecían la pena. Y, poco después, en Brighton, cuando tuvo oportunidad, terminó alquilando un automóvil rudimentario, con capota de victoria, muelles y frenos de calesa, un solo cilindro, correa de transmisión y combustión fija, que, en determinadas ocasiones, lograba alcanzar las ocho millas por hora. Con chófer incluido, el precio de su alquiler semanal era de tres guineas y media.

De momento destinaron el vehículo a un objetivo primordial: la caza del hogar. Tía Georgy, que no se intimidaba por casi nada, se unió a Caroline y Rudyard en la empresa. Con la intrepidez de los novatos corrieron no pocos riesgos que, años después, estremecerían al escritor de solo pensar en ellos. Pero consiguieron hacer un viaje de ida y vuelta a Arandel –sesenta millas en total– y regresaron el mismo día, empleando diez horas nada más. En aquellos tiempos, récords así tenían el gustillo de la aventura.

Sin embargo, los pioneros del automóvil como ellos no fueron bien mirados por todos en un primer momento. Rudyard vio desde condes hasta gitanos lanzando improperios hacia la nueva máquina y conoció también las protestas de *The Times,* cuyos artículos de fondo acerca de los automóviles le parecieron propios de una mentalidad paleolítica.

Su siguiente vehículo fue un «Locomobile» que se movía a vapor, y que les hizo pasar más de una contrariedad cuando, de repente, y sin motivo alguno que aparentemente lo explicase, se quedaba parado en el camino. Después vino el primitivo «Lanchester», cuya suspensión, por entonces, ya era muy buena. Sin embargo, si se obstinaba en no funcionar, no había nadie en el mundo –incluyendo a inventores y fabricantes– que pudiera saber lo que le ocurría.

Con el primero de estos dos coches, con el «Locomobile», llegaron un día a una finca llamada «Bateman's». Habían leído un anuncio, y la hallaron al término de un corto camino. Nada más verla, el «Comité de Medios y Arbitrios» exclamó:

—¡Esta es! ¡La única!

Recorrieron todas sus estancias y se convencieron de que albergaba espíritus benignos, a pesar de la antigüedad que ya tenía –el ala moderna alcanzaba entonces los trescientos años–. Sin ningún tipo de dudas decidieron adquirirla en ese mismo momento, y se llevaron una gran decepción cuando el propietario les dijo que la acaba de alquilar por un año.

Continuaron mirando otras cosas, pero como «Bateman's» no encontraron ninguna. Por eso, un año después, al verla anunciada nuevamente, acudieron prestos a adquirirla.

Cuando todos los trámites de la compra estuvieron cumplidos, dijo el vendedor algo parecido a esto:

—¿Y cómo van a arreglárselas para ir y venir de la estación? Está casi a cuatro millas de distancia y, luego, para subir esa loma, he tenido que utilizar un par de caballos.

Rudyard le contestó que pensaba valerse del automóvil. A lo cual, el otro replicó escéptico que esos cacharros no iban a durar mucho.

Años después volvieron a encontrarse y, entonces, el antiguo propietario de «Bateman's» le confió que, si hubiese sospechado la utilidad del automóvil en el momento de venderle la casa, le hubiera pedido el doble.

Nada más tenerla en sus manos, comenzaron las reformas. La instalación de electricidad fue una de ellas y, en 1902, el asunto era serio. William Wilicocks, autor del proyecto de la presa de Assuán, y a quien conocieron por esa época, les facilitó las cosas con algunos consejos.

Para iniciar la obra en cuestión, Rudyard contrató a un grupo de personas que habitaban en la pequeña aldea de un monte cercano. La tarea fundamental consistió en construir una presa y, luego, se tendió también el cable encargado de transportar la corriente eléctrica.

Mientras se trabajaba en la presa, sufrieron una cierta impresión al practicar una pequeña abertura bajo los cimientos del viejo molino que allí había, para colocar la turbina, y descubrir que el edificio se asentaba en una almadía hecha de troncos de olmo de dos pies cuadrados. El trozo que sacaron salió aparentemente intacto, igual que si lo acabaran de meter en el agua. No obstante, una hora después, la enorme viga se convirtió en un montón de polvo plateado que todos contemplaron llenos de asombro.

Otra obra más consistió en cavar un pozo, y cuando se llegó a los veinticinco pies de profundidad, hicieron el siguiente balance de cosas descubiertas en medio de su tarea: una pipa del tiempo del rey Jacobo, una maltrecha cuchara de latón de la época de Cromwell y un trozo de bronce que formó parte de un bocado de freno romano. Pero aun había más.

Cuando limpiaron un viejo estanque, que tal vez había sido una antigua cantera o el nacimiento de una mina, recogieron dos cuartos sellados de la época isabelina, en perfecto estado todavía, y una hoja de hacha neolítica muy bien pulimentada.

En medio de todos estos contactos con el pasado y la historia, hasta la más remota, del terreno que rodeaba a «Bateman's», el primo de Rudyard, Ambrose Poynter, le comentó:

—Podrías escribir un largo cuento sobre la época romana en esta región... Presenta a un viejo centurión, del tiempo en que el país estaba ocupado, contando a los niños sus aventuras.

Rudyard respondió solicitándole un nombre para el centurión.

—Parnesius –indicó el primo.

Y al escritor la idea se le quedó bien grabada.

Durante un tiempo, continuó ocupándose de los quehaceres y arreglos hogareños, a los que se entregaba no sin cierto interés, pero, cuando las circunstancias fueron propicias, volvió a dar vueltas al asunto del centurión. Una nueva chispa parecía encenderse. Aquel rincón de Inglaterra se ocupó de avivarla hasta convertirla en un verdadero fuego. Cada palmo de tierra tenía sus duendes y sombras... Un descubrimiento más: en un pequeño valle que se extendía al oeste de la finca se encontraba, vestido de vegetación, el escorial de una fundición antiquísima en la cual debían haber trabajado fenicios y romanos, y que fue utilizada, sin interrupción, hasta mediado el siglo XVIII El terreno ocultaba todavía lingotes de hierro, y si se escarbaba en la hierba, aparecían caminos de herradura pavimentados en la época de la reina Isabel.

Luego estaba el paisaje en sí mismo, con sus pastos, su aire, sus riachuelos. Todo aquello se ofrecía a los ojos de Rudyard sin cesar y acariciaba su imaginación, cada vez más dispuesta a emprender un nuevo vuelo fantástico.

Enseguida puso manos a la obra.

Más no evocó a Parnesius, sino la historia de un pequeño pirata del Báltico que, conduciendo su galera a Pevensey, se cruzó, frente a Beachy Head, con la flota romana que dejaba Gran Bretaña abandonada a la suerte de la historia. Sin embargo, a medida que iba construyéndola, se dio cuenta de que no le servía, de que aquel cuento no respondía ni satisfacía sus aspiraciones.

En busca de consejo y conversación, hizo una visita a Wiltshire, a la casa de sus padres. Allí, mientras fumaban sin parar, estuvieron charlando sobre el nuevo proyecto que Rudyard tenía en mente. Su padre entonces volvió a recordarle una cosa:

—La mayoría de los asuntos llegan a buen fin si primero se les abandona prudentemente.

En su opinión, este principio solía ser olvidado por los artistas, lo cual obraba en detrimento de sus creaciones.

Otras palabras del padre, que, igualmente, retuvo en la memoria fueron las siguientes:

—Y tendrás que comprobar las referencias con mucho cuidado, ¿verdad?

Volvió a escribir, pero desembocó de nuevo en un falso camino. Se le ocurrió una historia, referida por Daniel Defoe en una adobería, donde explicaba cómo había sido enviado para ahuyentar al rey Jacobo II. Era un trabajo que contenía variadas referencias muy bien comprobadas, mas carecía de algo importante para Rudyard: emoción. Lo dejó, por tanto, y siguió buscando. El siguiente intento apareció, por fin, con buena marcha. Había dado con lo que quería. De esta manera, fueron naciendo las distintas narraciones de *Puck of Pook's Hill,* encontrando una historieta para el centurión Parnesius, y otras más para nuevos personajes.

De todos los cuentos, el que le dejó algo insatisfecho fue *El tesoro y la ley,* pues siempre le pareció muy pesado para el género literario de que se trataba. Aun así, con él obtuvo una pequeña victoria. Se había imaginado en la historia un pozo que situó en la muralla del castillo de

Pevensey, porque lo exigía el argumento. Mucho tiempo después de publicarlo, en 1935 exactamente, a causa de unas exploraciones arqueológicas, se supo que el pozo en cuestión era toda una realidad.

En su momento, Rudyard se había planteado que los castillos amurallados debían contener agua en su recinto. Se trataba de un puro juego de lógica, y la comprobación práctica vino después.

Un proceso similar se repitió en las narraciones romanas, al alojar en la muralla a la Séptima Cohorte de la Legión Treinta, y afirmar que desde allí utilizaron flechas contra los pictos[1]. Lo primero era fruto de escrupulosas investigaciones, lo segundo se trataba solamente de una mera deducción. Pues bien, ambas cosas tendrían también su comprobación práctica años después. Así, un día, recibió algunas pesadas flechas romanas encontradas en la muralla, y el calco de una lápida conmemorativa de la Séptima Cohorte de la Legión Treinta. Se las enviaba un grupo que, a la sazón, se dedicaba a excavar en esa construcción histórica y, al parecer, no había dudas de su autenticidad.

La inspiración creadora, por lo visto, no se decidía a abandonarle y, de esta manera, se embarcó en un nuevo tomo: *Recompensas y Hadas.* Sin embargo, sentía cierta inquietud. En su mente se agolpaban ideas e historias que pugnaban por salir a la luz, pero se preguntaba: ¿cuántas de ellas serán auténticas y cuántas debidas a simple inducción? Le tentaba, además, el impulso de superarse a sí mismo, aprovechando la energía que le visitaba... Una vez que hubo concluido el primer cuento, *Hierro frío,* decidió sustituir la inquietud por un mayor conformismo, y se dijo interiormente: ¿qué otra cosa hubiera podido hacer? Fue así como siguió adelante.

«Sin embargo, puesto que los cuentos debían ser leídos por los niños antes de que la gente advirtiera que se escribieron para mayores, y que tenían que ser una especie de contrapeso y de sello final para ciertos aspectos de mi producción "imperialista" del pasado, trabajé el

[1] Pueblo de la Caledonia o Escocia, en la antigua Britania.

material con tres o cuatro tintas y texturas superpuestas, que podían o no revelarse, según fuera la móvil luz del sexo, la juventud y la experiencia. Era como incrustar laca o nácar, combinación natural, en el mismo objeto donde se ponía niel o *grisaille*, procurando que no se vieran los puntos de unión.

»Cargué, pues, el libro de alegorías y alusiones, y comprobé las referencias hasta tal punto que mi antiguo jefe se hubiera sentido satisfecho de mí; incluí tres o cuatro series de versos realmente buenos; el esqueleto de una novela histórica, por si alguien quería revestirlo de carne; y hasta me permití deslizar cierto sentido cifrado, cuya clave siento haber olvidado enteramente. Era divertidísimo; y comprendí que la obra sería muy buena o muy mala, pues los volúmenes se despacharon con la misma presteza que *Kim*»[1].

Entre los versos de *Recompensas y Hadas* se encontraba una serie titulados *If*... *–Si...–*, que lograron hacerse muy famosos y que dicen así:

Si puedes mantener la cabeza en su sitio cuando todos a tu alrededor
la pierdan y te culpen a ti.
Si puedes seguir creyendo en ti mismo cuando todos dudan de ti,
pero también aceptas que tengan dudas.
Si puedes esperar y no cansarte de la espera;
o si, siendo engañado, no respondes con engaños,
o si, siendo odiado, no incurres en el odio.
Y aun así no te las das de bueno ni de sabio.

Si puedes soñar sin que los sueños te dominen,
Si puedes pensar y no hacer de tus pensamientos
tu único objetivo;
Si puedes encontrarte con el triunfo y el fracaso,
y tratar a esos dos impostores de la misma manera.

---

[1] *Algo sobre mí mismo.*

Si puedes soportar oír la verdad que has dicho,
tergiversada por villanos para engañar a los necios.
O ver cómo se destruye todo aquello por lo que has dado la vida,
y remangarte para reconstruirlo con herramientas desgastadas.

Si puedes apilar todas tus ganancias
y arriesgarlas a una sola jugada;
y perder, y empezar de nuevo desde el principio
y nunca decir ni una palabra sobre tu pérdida.
Si puedes forzar tu corazón, y tus nervios y tendones,
a cumplir con tus objetivos mucho después de que estén agotados,
y así resistir cuando ya no te queda nada
salvo la Voluntad, que les dice: "¡Resistid!".

Si puedes hablar a las masas y conservar tu virtud.
O caminar junto a reyes, sin menospreciar por ello a la gente común.
Si ni amigos ni enemigos pueden herirte.
Si todos pueden contar contigo, pero ninguno demasiado.
Si puedes llenar el implacable minuto,
con sesenta segundos de diligente labor
Tuya es la Tierra y todo lo que hay en ella,
y –lo que es más–: ¡serás un Hombre, hijo mío!

Estos versos se inspiraban en el carácter de Jameson y, una vez entresacados del libro, se les dio diversos destinos: en algunas escuelas se los hicieron aprender a los estudiantes; fueron impresos en tarjetas postales para colgarlos en oficinas y dormitorios, se incluyeron en antologías sin fin; veintisiete naciones los tradujeron a sus respectivos idiomas...

«Bateman's» se convirtió en el lugar de cita de infinidad de amigos y conocidos. Henry Rider Haggard, el escritor, era uno de los asiduos visitantes de la finca. Su llegada producía siempre entusiasmo en mayores y pequeños. Los niños le perseguían sin cesar intentando arrancar de sus labios, tan hábiles con la palabra, más y más cuentos e historias de África del Sur, donde vivió largos años. Rudyard se entendía bien con él y gustaba de cultivar su amistad que, a esas alturas, gozaba ya de un dilatado pasado. Casualmente habían descubierto que podían trabajar muy a gusto en mutua compañía y, por eso, solían visitarse con el trabajo entre manos. Su comunicación llegó a ser tan estrecha que, incluso, imaginaron cuentos en colaboración, lo que Rudyard hubiera sido incapaz de hacer con cualquiera.

Otro amigo que también frecuentó por entonces fue el coronel Wemyss Feilden, hombre de fantástico pasado para el escritor. Feilden había iniciado su carrera militar en la Guardia Negra, la que recibió tal nombre por estar de servicio en la India durante la rebelión de los cipayos, y cuando esta fue sofocada, dejó el Ejército, trasladándose, seguidamente, a Natal (África del Sur). Allí tenía algunos intereses y, de momento, se quedó a vivir cierto tiempo en la zona. Luego, burló el bloqueo durante la guerra civil americana y se casó en Richmond con una mujer del sur.

El coronel Wemyss Feilden llegó a ser uno de los ayudantes de campo del general Lee y de esta experiencia personal podía contar alguna que otra anécdota más o menos curiosa.

A medida que Rudyard le fue conociendo, descubrió igualmente que era viajero notable y explorador ártico, y que había sido condecorado con la banda polar blanca; también era botánico y naturalista de fama.

Cuando Rider Haggard se enteró de todo esto, no descansó hasta ser presentado a Feilden.

Luego resultó que ambos ya se conocían de otra ocasión. Uno de los hijos de Haggard había nacido en África del Sur, en la frontera del territorio zulú, y fue el primer niño blanco que nació en aquellas regiones. El coronel cabalgó cerca de veintisiete millas solo para verle; hacía tiempo que sus ojos no se cruzaban con un niño de su misma raza y, al parecer, el hecho le ilusionaba. Feilden debía pertenecer a esa especie de hombres blancos que tienen en gran estima el color de su piel.

Aparte de amistades como estas, pertenecientes al círculo de los más íntimos, los Kipling mantenían paralelamente muchas otras, algunas, repartidas en distintos lugares del mundo, sobre todo en la India, Ciudad El Cabo, Australia, Rhodesia o Canadá, y que, tarde o temprano, les iban a visitar a «Bateman's».

Desde 1900 a 1907, durante la estación de invierno, la familia entera abandonaba Inglaterra un año tras otro, en busca de las tierras del sur africano que tanto querían.

En la época bélica habían mandado edificar una pequeña casa, «Woolsack», que hacía las delicias de todos ellos. Para Rudyard aquel lugar era una forma de paraíso, debido a la sugestiva penetración de naturaleza que rebosaba intacta por doquier. A «Woolsack» le rodeaban árboles muy copudos de diversas especies: pinos, olmos, eucaliptos y plantas crasas variadísimas... Todo crecía exuberante en aquel clima privilegiado. Luego, en el horizonte, la vista se tropezaba con una de las estribaciones de la Table Mountain y sus sotos plateados.

No muy lejos de «Woolsack» se hallaba la finca de Cecil Rhodes, llamada «Groote Schuur», que era visitaba por Rudyard con cierta frecuencia. El que fuera fundador de la colonia de Rhodesia llevaba allí un orden de vida muy tranquilo, tan solo alterado un poco por los asiduos visitantes que acudían en su busca. Por «Groote Schuur» pasaba mucha gente, a veces interesante y curiosa, y esto, unido a la personalidad de Rhodes, llenaba de atractivo la finca a los ojos de Rudyard. Las conversaciones siempre resultaban interesantes, versando la mayoría de ellas sobre los días de la fundación de Rhodesia; según cabe imaginar, el escritor inglés se apasionaría con temas de este género.

Otro de los alicientes de África del Sur era el continuo contacto con los animales salvajes. Cerca de «Woolsack» vivían dos leones que se encargaban de despertarles todas las mañanas con sus rugidos y, justo detrás de la casa, se hallaba la dehesa de las cebras, las cuales se pasaban el día entero retozando. A Rudyard le asombraba la técnica de estos animales para quitarse cercas de en medio; ninguna les detenía cuando querían cambiar de ambiente. En cierta ocasión, él y Jameson vieron una familia de tres cebras que volvían de una excursión. Les cerraba el paso una sólida valla construida con postes de madera y alambres muy tirantes, salvo en la parte donde la cerca cruzaba una pequeña acequia. Fue aquel, precisamente, el punto en el cual las cebras se detuvieron; entonces una de ellas se arrodilló, hurgó con su hocico debajo del alambre inferior hasta que, cediendo a la presión del animal, pudo ser alzado permitiendo así la huida. Las otras dos cebras repitieron el mismo proceso. Al verlas, un viejo caballo que por allí andaba quiso también escapar, mas lo único que hizo fue apoyar su rechoncho trasero contra uno de los postes, no sirviendo su esfuerzo para nada. Jameson comentó entonces que aquello era una exacta alegoría del británico y el bóer.

CAPÍTULO DUODÉCIMO

Muy entrado el verano de 1906, se embarcaron rumbo al Canadá. Hacía ya bastante tiempo que Rudyard deseaba realizar este viaje, porque no se le había presentado la ocasión de visitar el país de una forma detenida.

Como ahora veremos, fue un viaje rodeado de publicidad y atenciones hacia su persona; algo explicable, por otra parte. Rudyard gozaba, en aquellos momentos, de una fama mundial gracias a sus escritos y a los mecanismos de exportación cultural e ideológica de Gran Bretaña, especialmente eficaces en sus dominios. Canadá era uno de ellos[1], y allí la edición de obras de Kipling, al igual que la de otros escritores británicos, había pasado a ser cosa propia. A Rudyard se le trató como a un escritor nativo de altura o a un hijo «predilecto» de la tierra. En medio de un ambiente cultural de dependencia, su obra literaria, junto a la de más europeos, llenaba el espacio reservado en otros países a los escritores nacionales.

Al pasar por Quebec, encontraron a Sir William Van Horne, jefe de los Ferrocarriles Canadienses, quien, quince años antes, cuando hicieron su viaje de bodas, era Inspector regional. En aquella ocasión había tenido la mala suerte de extraviar uno de los baúles de Caroline, y se había vuelto loco buscándolo. Al verles de nuevo, decidió desquitarse. Así, y sorprendiendo a los Kipling, puso a su disposición un vagón

[1] Desde el año 1867, fecha en que fue promulgada la «British North América Act» (Ley para Norteamérica Británica), hasta 1931, año en que alcanzó su plena independencia, Canadá fue un *Dominion* de la Corona británica.

Pullman completo donde no faltaba ni el portero negro; tenían, durante el tiempo que quisieran, autorización para enganchar o separar el vehículo de cualquier tren, siempre que les apeteciese hacerlo, y para dirigirse al destino que eligiesen a su entera voluntad. Aceptaron el vagón y se beneficiaron de tales ventajas en el viaje de ida a Vancouver y en el regreso. Cuando deseaban descansar o dormir sin molestias, deslizaban el vehículo hacia alguna tranquila y oculta vía muerta, y allí permanecían hasta la mañana siguiente. Si querían comer, los cocineros de los grandes trenes-correo, que se sentían muy honrados con la compañía del vagón ocupado por los Kipling, les preguntaban qué era lo que más apetecían, y sus deseos se veían satisfechos algunas millas después, en la línea del ferrocarril, en el lugar elegido por los cocineros para que el menú estuviese dispuesto.

En medio de todas estas comodidades fueron consumiendo el trayecto. Durante las paradas mucha gente acudía a visitarles, y al pasar por las ciudades Rudyard se vio obligado a pronunciar discursos. Dondequiera que estuvo le trataron amistosamente y le colmaron de atenciones y obsequios. Aquello supuso la exhibición personal constante, lo cual tuvo algo de incómodo y algo, también, de gratificante. Por entonces fue cuando recibió su primer título honorario, de manos de la «Universidad McGill», de Montreal.

Esta visita le dejó un recuerdo maravilloso del que intentó dejar las impresiones y experiencias vividas en una reseña del viaje, titulada *Cartas a mi familia,* que fue publicada en periódicos y que, posteriormente, se recogieron en volumen, editado en Toronto en 1908. Entre otras cosas, en ellas quiso dar cuenta de lo que para él constituía un fenómeno asombroso por completo: que, a un lado de una imaginaria frontera, estuviesen la Seguridad, la Ley, el Honor y la Obediencia, y al otro lado reinase la barbarie más absoluta –ya se vieron en el capítulo VII sus juicios sobre la nación estadounidense–, y que, pese a esto, el Canadá se sintiese impresionado por los Estados Unidos, en todos sus aspectos.

Unas semanas después de este viaje, le notificaron que le había sido concedido el Premio Nobel de Literatura de 1907. Realmente no esperaba recibir tal galardón y lo acogió con sorpresa. A la vez, se sintió inmensamente halagado, pensando que, entre la gran floración de escritores geniales del momento, haber sido elegido significada un grandísimo honor.

En efecto, aquel año la comisión del Nobel se había encontrado con un nutrido grupo de nombres de gran prestigio entre los que hacer su selección. Entre otros, aparecían como candidatos, junto a Rudyard Kipling, el poeta inglés Swinburne, los daneses Holger Drachmann y Georg Brandes –crítico y filólogo descubridor de la figura de Nietzsche–; el inglés John Morley, maestro de toda una escuela en el periodismo británico; Selma Lagerlof, novelista sueca, que obtendría el premio dos años más tarde; el poeta neorromántico italiano Fogazzaro y el francés Paul Bourget.

El escritor inglés contaba entonces cuarenta y un años, edad considerablemente baja respecto a la media general de los premiados con este galardón; edad también inferior a la de todos sus rivales en la académica liza.

Se ha llegado a decir que la elección de Rudyard se debió, en gran parte, al equilibrio existente entre los grupos que, en el seno de la Academia, apoyaban a los diversos candidatos, los cuales optaron por él como solución de compromiso. Sin embargo, su designación no fue considerada, en general, como injusta o inmerecida.

En el diploma que se le concedió se destacaban las siguientes virtudes literarias del escritor, dignas de ser premiadas: poder de observación, originalidad de la fantasía, virilidad de las ideas y notable talento narrativo.

Rudyard hubo de viajar hasta Estocolmo para estar presente en la entrega de los premios. En medio del camino, cuando cruzaba el mar, conoció la noticia de la muerte del viejo rey de Suecia. Al llegar a la ciudad la encontró sumida en la desolación del luto nacional. Por la tarde tuvo lagar una entrevista de los galardonados con el nuevo rey. Dejemos que el mismo Rudyard nos la cuente:

«La oscuridad invernal empieza a las tres de la tarde en aquellas latitudes, y estaba nevando. La mitad de los vastos edificios del Palacio aparecían envueltos en sombras, pues allí yacía el cadáver del Rey. Nos guiaron por interminables pasadizos, que daban a unos negros patios cuadrados, donde la nieve blanqueaba los abrigos de los centinelas, la recámara de los cañones de antaño y los montones de balas que había junto a ellos. Al fin, llegamos a un mundo donde se agitaba la vida, con nuevos corredores y estancias iluminadas, pero envuelto en aquella quietud de la Corte que no se parece a ningún silencio de la Tierra. Luego, en una espaciosa sala llena de luz, el nuevo rey, de ojos cansados, fatigadísimo, dijo a cada cual las palabras que la ocasión requería. Después, la Reina, con un maravilloso atuendo de luto, como el de María Estuardo, unas breves palabras más, y el regreso, guiados por oficiales de la Corte, de sigilosos pies, entre un silencio tan profundo que se ola el tintineo de las condecoraciones sobre sus uniformes. Dijeron que las últimas palabras del viejo Rey habían sido estas: «Que no se cierren los teatros por mí». Así, pues, Estocolmo fue aquella noche a disfrutar de sus placeres con moderación, y todo aparecía muy callado bajo la nieve»[1].

Al día siguiente, pudo disfrutar de la oportunidad de observar, con cierto detenimiento, el transcurrir de la vida sueca, desconocida para él. Le pareció que seguía unas pautas de ordenación razonables, meditadas, y muy cómodas para todas las clases sociales en aspectos de importancia como las comidas o el alojamiento, y en otros de naturaleza más secundaria.

Hasta ese momento Rudyard solamente había conocido al sueco en la faceta de inmigrante de primera clase en distintas partes del globo. Al contemplar su tierra, se explicó la fuerza y la rectitud que, en su opinión, le eran características: la nieve y el hielo que allí por doquier se encontraban constituían unos forjadores, nada despreciables, de esa personalidad.

---

[1] *Algo sobre mí mismo.*

Tras el triunfo que para él pudo suponer la entrega del Premio Nobel en la capital sueca, Rudyard regresó a «Bateman's», a continuar su diaria labor. Sin embargo, el esfuerzo que realizó en los años más inmediatos tuvo mayor sosiego y menos dosis de fecundidad que en los periodos anteriores de su vida. El ritmo y naturaleza de los trabajos que alumbró por entonces no obedecieron ya a las mismas pautas creativas. ¿Situación definitiva e invariable?; los acontecimientos posteriores vinieron a demostrar que no.

CAPÍTULO DECIMOTERCERO

En el primer capítulo ya se indicó que Rudyard Kipling llegó a ser espectador y partícipe de un fenómeno histórico claramente perturbador y crítico en la sociedad mundial de principios del XX: la guerra entre imperios de 1914-1918.

Estamos ante un conflicto que, por sus caracteres, produjo importantísimas consecuencias en las naciones y las sociedades occidentales. En el caso de la Gran Bretaña, la primera guerra mundial fue el punto de partida de una nueva etapa para el país, caracterizada por la creciente pérdida de sus posiciones hegemónicas en el marco internacional. La transformación que comenzó a operarse en la situación nacional británica incidió, como es natural, en la forma de vida de los ciudadanos.

Hacía ya tiempo que las llamadas «grandes potencias» explotaban y oprimían a muchas nacionalidades pequeñas y débiles, y se disputaban la posesión de determinadas «zonas de influencia». Esta primera gran guerra del siglo XX fue, precisamente, una guerra por el reparto y redistribución de este botín. Si ella irrumpió en el panorama de la sociedad internacional se debió a móviles de este tipo. Concretamente, entre los poderes británicos y alemán existía una rivalidad derivada de los intentos expansionistas de este último y de sus choques con las posiciones mundiales adquiridas por el primero. Rivalidad que Alemania mantenía también de forma parecida con la nación francesa. Al mismo tiempo, determinados sectores sociales en Francia manifestaban deseos de revancha después de la derrota de 1870 y afán por recobrar las provincias de Alsacia y Lorena que, en aquella ocasión, le fueron arrebatadas por Alemania.

Otro factor más de conflicto se hallaba en la disputa entre Rusia y el imperio austro-húngaro por el predominio en el territorio de los Balcanes.

Tras un periodo de tensión y momentos de graves crisis, el 28 de junio de 1914 se produjo el chispazo que desencadenó el conflicto: aquel día fueron asesinados en Sarajevo, por un estudiante serbio, los príncipes herederos de Austria-Hungría. En consecuencia, el gobierno austro-húngaro dirigió una dura nota a Serbia haciéndola responsable del asesinato y, al no considerar suficientes las explicaciones recibidas, el 27 de julio Austria declaró la guerra a Serbia. Después los acontecimientos se sucedieron vertiginosamente: Rusia, defensora de los pueblos eslavos, movilizó su ejército el 31 de julio en apoyo de Serbia; Alemania, fiel a su alianza con Austria, declaró el 1 de agosto la guerra a Rusia; Francia respondió ese mismo día decretando la movilización general, y esto motivó que Alemania le declarase también la guerra. El gobierno alemán exigió entonces al belga el paso libre de su ejército para invadir Francia; la respuesta fue negativa y las tropas germanas invadieron Bélgica. Inmediatamente, Gran Bretaña, defensora de la neutralidad belga, declaró la guerra a Alemania el 4 de agosto, arrastrando a la lucha al Japón, que el 23 de agosto entró en ella enfrentándose también a Alemania, con el propósito de quedarse con sus bases de China y de las islas del Pacífico.

En esta guerra imperialista era la ambición, y solo la ambición, de los gobernantes de los distintos países, las rencillas acumuladas entre ellos, lo que, en esencia, lanzó a una multitud de seres humanos, que nada tenía que ver con los poderosos, a enfrentarse entre sí.

Esta guerra, por otro lado, habla de una situación potencial de crisis revolucionarias en las sociedades que se ven involucradas en ella y, de hecho, las convierte en más vulnerables ante las alternativas sociales progresistas. En primer lugar, divide el mundo capitalista en dos bandos opuestos, y al dividirlo, lo debilita. En segundo, los sacrificios humanos y los costos sociales que exige abonan el terreno a los interrogantes: ¿qué objeto tiene esta guerra?, ¿qué puede justificarla?, ¿a quién favorece realmente?... y, algunos, aciertan a descubrir la farsa que envuelve a la guerra y a sus verdaderos móviles; otros, cansados y asqueados, exigen con impaciencia que se acabe. La indignación popular crece de manera peligrosa. Por todo ello, no es casualidad, que en 1917, tres años después del comienzo de la guerra, termine triunfando en suelo ruso la primera revolución socialista de la historia. No olvidemos que se ya había producido un intento fallido en 1905, que se había saldado con 15.000 muertos y más de 70.000 detenidos.

Para Kipling, la posibilidad de un grave conflicto entre naciones era un sentimiento largamente temido por esperado. Sus viejos temores demostraron ser fundados, mas ¡cuánto le hubiera gustado equivocarse!

Desde 1890 hablaba de la gran prueba donde se decidiría el destino de los ingleses, y esta inquietud le había llevado a predicar en el imperio la urgencia de ponerse en guardia ante los posibles enemigos, de prepararse ante la amenaza, a predicar, también, la necesidad de la alianza entre los pueblos hermanos «a fin de que el día de Armaggedon, la última de todas las grandes guerras, la Casa se tenga en pie y no crujan los pilares»[1].

Si, desde 1890 la sombra de Armaggedon le ha envuelto en temores, y podemos preguntarnos: al intuirla por entonces ¿pensaba ya en Alemania?... Es cierto que en un poema del mismo año señalaba su desconfianza hacia el joven Káiser, pero es más probable que estuviese pensando en Rusia, la cual pasaba en 1890 por amenazar a la India y, luego, al occidente de Europa. De cualquier modo, también, él sabía que las jóvenes naciones se iban desarrollando y que la vieja Inglaterra, dueña de tantas riquezas y dominios adquiridos en tiempos más fáciles, probablemente sería desafiada por ellas.

Sin embargo, ese «probablemente» ya no dejaba lugar a dudas para él doce años después. En 1902, apuntaba decididamente hacia los alemanes como inveterados rivales que eran de Inglaterra. El transcurso histórico le había aportado datos y signos que despejaban cualquier duda. La voluntad expansionista alemana era cada vez más fuerte y los choques con las posi-

[1] Citado por André Chevrillon en *Trois études de Litterature anglaise, Rudyard Kipling, John Galsworthy y William Shakespeare.*

ciones de Inglaterra sobre el globo inevitables. Por otra parte, las actitudes provocadoras del pueblo germano le resultaban descaradas: en 1898, durante su estancia en Sudáfrica, había visto a los soldados del Káiser dirigir el montaje de gruesos cañones Krupp sobre los fuertes de Pretoria: los alemanes estaban prestando apoyo y colaboración a los bóeres en la inminente guerra con Gran Bretaña... ¿No era aquello una pista definitiva para identificar las intenciones de Alemania?, pensaba Rudyard. Esa pista y otras más le hicieron hablar claro a partir de 1902; entonces veía todas las cartas en sus manos y sentía que podía atacar y juzgar sin error alguno.

Tras adivinar «el peligro alemán», las advertencias a sus compatriotas no cesaron de repetirse y, sin embargo, sus argumentos no fueron escuchados. A medida que fue pasando el tiempo se afirmó en la idea de que los insulares, los ingleses, son un pueblo cuya vista no va más allá de los límites de su isla, que viven en la ilusión. Eso le llevó a acusarles a todos, a todas las clases, a todos los partidos: a la burguesía, a la aristocracia, al pueblo obrero. A los tories y a los liberales, a los laboristas, pues, tanto derecha como izquierda parecían ignorar, desde su punto de vista, la dimensión fundamental que a él le preocupaba: salvar a Inglaterra.

Pero desde 1906 atacó de forma especial a un sector definido de ingleses: a los radicales. Su comportamiento político le llevaba a desatar las críticas sobre ellos con mayor intensidad que sobre los demás. Para él, los radicales, al subir al poder en ese año, supusieron uno de los principales obstáculos en el proceso de concienciación bélica de la patria: no se esforzaron lo más mínimo por preparar el país para el peligro. Según Rudyard, el país debería haberse organizado militarmente con eficacia, los ingleses tendrían que haber marginado la guerra de clases entre sí para unirse en la voluntad de parar los pies a Alemania; pero, desde el gobierno, nada se hacía por fomentar una cosa y otra, y eso le indignaba. Los radicales negaban la amenaza: «invención de los tories» –decían–, «argumento inventado para alterar el proceso democrático», y, mientras tanto, reducían los armamentos. Craso error, pensaba él: Alemania hacía todo lo contrario.

Desde 1906 el radicalismo se ha aparecido ante el escritor como el enemigo interior que preparaba el camino al enemigo de fuera, dividiendo a Inglaterra por la guerra de clases, cegando al pueblo ante la gran evidencia del peligro, paralizando sus reacciones, atrofiando sus órganos de defensa. Y, guiado por su patriotismo, ha terminado enfrentándose y denunciando la democracia inglesa. En esos momentos, para él, el espíritu democrático ha favorecido la actitud de suicidio colectivo.

Rudyard ha sido el apóstol de la defensa nacional ante Alemania y el apóstol también de la alianza anglofrancesa. En su opinión, el peligro germánico ha ido poniendo en una situación similar a los dos vecinos países; Francia estaba igualmente amenazada que Inglaterra. Por ello –pensaba–, ambas tendrían que unirse en una misma voluntad solidaria por encima de sus diferencias. El peligro exige soluciones de urgencia, soluciones rápidas; el peligro exige la alianza: ha dicho él, lo ha dicho Lord Roberts también. Y los dos han viajado a Francia con esa idea como norte de sus pasos. El viejo mariscal iba a preparar la cooperación militar anglofrancesa y Rudyard quería ser su acompañante. La alianza a la que su voz no ha cesado de llamar hasta las vísperas de la guerra.

Después de profeta de Armaggedon –tantos años de profeta–, ha pasado a observador. No, no se había equivocado: Armaggedon ha llegado: han llegado las incesantes muertes, los ininterrumpidos combates de tantas naciones: Alemania, Austria-Hungría, Bulgaria y Turquía, en un frente; Servia, Rusia, Francia, Bélgica, Inglaterra, Montenegro, Japón, Italia, San Marino, Portugal, Rumanía, Estados Unidos, Cuba, Costa Rica, Panamá, Grecia, Siam, China, Liberia, República Dominicana, Honduras, Brasil, Guatemala y Nicaragua, en el otro frente.

Armaggedon ha llegado, y lo ha hecho de la mano de un enemigo sin ley: Alemania. El severo moralista de estirpe victoriana que era Kipling no podía dejar la idea de la Ley, la idea-eje de su moral. Alemania, se puso fuera de la ley al fomentar las discordias, al estimular el conflicto. Mas, cabe preguntarse, ¿cuál es la ley violada por la nación centroeuropea?, ¿la del orden internacional de las naciones en el periodo de preguerra? Es lo más probable; pero en ese caso la moralidad de Rudyard pone al descubierto sus contradicciones de patriota. Le asusta, le indigna que Alemania haya quebrado la paz de las naciones para defender sus intereses expansionistas; sin embargo, no le asustó ni le indignó, en su momento, que Gran Bretaña llevara a la guerra –en el pasado– a otros países en defensa de intereses del mismo género. ¿Por qué lo uno le sensibiliza y lo otro no? Claro está, en un caso es su patria la que actuaba, la que se intentaba engrandecer; en el otro es un país extraño el que busca expansionarse a costa de empequeñecer a la patria. La reacción de Rudyard es evidentemente la del patriota.

Armaggedon ha llegado, ya no tiene remedio, pero ¿y si Inglaterra se hubiese preparado con tiempo ante la amenaza germana? Por su cabeza ronda la sospecha de que si la patria no hubiera estado ciega quizás la guerra no se habría producido, no existirían tantas muertes, tantas muertes jóvenes, la de John Kipling entre ellas. No habría existido la batalla de Loos, la que se llevó a su hijo.

Primero Josephine, después John: son duros golpes para un padre. En su poesía de guerra hay algunas partes que se refieren a esta nueva ausencia forzada, a esta nueva muerte:

—¿Tienes noticias de mi hijo Jack?
No con esta marea.
—¿Cuándo crees que regresará?
Ni con este viento ni con esta marea.

—¿Has tenido alguna otra novedad?
No con esta marea.
Porque lo hundido difícilmente puede nadar,
No con este viento ni con esta marea.

En las estrofas de *A Recantation* se dirige a Lyde, cantante de music-halls, cuyo arte él había juzgado demasiado trompeteado y atrevido, pero que fue durante guerra un consuelo para John. El muchacho había tenido discos de gramófono de las canciones de Lyde, y en su chabola del frente tenía clavado un retrato suyo. Cuando los jóvenes regresaban con permiso a Inglaterra, acudían a la sala donde actuaba la cantante.

Dice así el poeta:

Me uno por eso, humilde, al coro
que, leal, por reina te aclama
de la canción... Me uno a los muertos,
porque ahora recuerdo que es fama
que nunca se alzó más rugiente
la sala, al ver tu línea y brío,
que al enterarse de que en Francia
tu hijo había seguido... al mío.

Lo callaste, y al escenario,
para lanzar pícaro chiste
que correría por los frentes,
con una cabriola saliste...

Le rinde homenaje porque piensa que ha prescindido de su dolor de madre, sabiendo que el don que ella posee le ha sido otorgado no para su beneficio y lucimiento, sino para la Causa.

En el desenvolvimiento de la guerra se habían ido sucediendo la ocupación de casi toda Bélgica, de varios departamentos del nordeste de Francia, de varias provincias del nordeste de Italia, de Serbia, de Montenegro, de la Polonia rusa y parte de la Rusia occidental y de Rumania, por los ejércitos de los imperios centrales; la ocupación de todas las colonias alemanas y parte del territorio turco de Siria y Asia Menor, por los ejércitos del grupo de los aliados; y la derrota y consiguiente paz de Rumania. Los hechos más sobresalientes pueden reducirse a la victoria francesa del Marne en los primeros tiempos de la invasión alemana (1914), la fracasada expedición a los Dardanelos por parte de los aliados (1915) y el combate naval del Skagerrak, entre ingleses y alemanes (1916).

Descartadas de la lucha Rusia –a causa del armisticio firmado tras la revolución bolchevique– y Rumanía, la guerra prosiguió con igual encarnizamiento que al principio hasta el otoño de 1918, en que, a consecuencia de una vigorosa ofensiva emprendida por los aliados a finales de verano en todos los frentes, y de la crítica situación de los imperios centrales y sus países amigos, la resistencia de estos comenzó a flaquear, y de tal modo se precipitaron los sucesos, que, después de una proposición hecha por Austria el 15 de septiembre, y rechazada por Francia, Inglaterra, Italia y los Estados Unidos, para celebrar una Conferencia secreta de la paz, Bulgaria, acosada por los ejércitos franco-serbio y anglo-griego, capituló el 29 de septiembre, y una semana después (5 de octubre), Alemania, Austria y Turquía pidieron también la paz, mediante una nota dirigida por la primera a los Estados Unidos. Se cruzaron con este motivo varias notas entre Wilson y el canciller alemán, sobre la aceptación de los principios proclamados por el primero como base para establecer una paz justa y duradera y, entretanto, Turquía primero y Austria después, decidieron firmar separadamente la rendición. Entonces Alemania, sola ya, aceptó cuantas condiciones le impusieron sus adversarios, y el 10 de noviembre se firmó el último armisticio, con lo que la guerra quedó virtualmente terminada.

La paz iba a ser una paz en difícil equilibrio. El mismo tratado de Versalles (1919) llevaba en sí el fermento de una nueva guerra, pues dejaba en pie el rencor de los vencidos, que estallaría 20 años después en la II Guerra Mundial, que ya no pudo ver Rudyard Kipling.

Sin embargo, sí le dio tiempo a observar cómo su querida patria empezaba a dejar de tener la hegemonía en el mundo. En efecto, el periodo llamado «de entreguerras» (1918-1939) señala el inicio de la decadencia de Gran Bretaña y su imperio y, al mismo tiempo, de la influencia europea. A partir de 1945 hay un nuevo sustituto en el puesto de predominio privilegiado: los Estados Unidos de América.

Tras la «Gran Guerra», entre los años 1920 y 1930, llega para Rudyard la época del olvido. Él escribe, escribe sin parar, fecundamente, poesía y prosa, pero ha variado la acogida hacia sus obras: se le considera ya un escritor decadente, ¿por qué?

En Gran Bretaña, como en toda Europa, se va abriendo una etapa distinta. La era victoriana pertenece cada vez más al pasado, y con ella las ideologías que la sustentaron. La gente exige respuestas nuevas para nuevos interrogantes. En el caso de Rudyard Kipling ocurre que sus palabras, sus argumentos, ya no satisfacen como antes y su puesto, igual que el de otros, pasa a ser ocupado por escritores e ideólogos más modernos.

Progresivamente, y desbordando los límites de los años 30, yendo más allá de su muerte, su obra se ha ido considerando cada vez más como un testimonio del pasado, testimonio de una época, en la cual fue tremendamente importante por representar las aspiraciones y sentimientos de miles de seres; pero cuyo testimonio es incapaz de provocar el mismo apasionamiento en el escenario de realidades nuevas.

Indudablemente, lo que permanece vigente sobre todo en su obra es el caudal artístico que atraviesa una parte de ella, y que muestra las dotes literarias del escritor. Quedan en pie *El libro de las tierras vírgenes* y *Kim*, por ejemplo.

Y, para algunos, su concepción heroica de la vida también resulta un elemento inmortal. Es esa concepción no exclusivamente británica ni imperial, en la cual se destaca, por encima de todas, la labor del hombre que, domeñando la pereza, la envidia, el miedo y el deseo, o al menos, ahogándolos con la mordaza del silencio, vence el desorden –la ausencia de Ley– que si él, junto a otros hombres, no lo impide, reduce la sociedad y la vida a la impotencia y a la infelicidad. Es esa concepción de servir por el honor de servir, en medio de una absoluta sujeción a la Ley, la base de la verdadera libertad.

Ernest Miller Hemingway

PRÓLOGO

Ernest Miller Hemingway recibió en 1954 el premio Nobel de Literatura. El escritor apostó por el riesgo y fue cerrando ciclos e inaugurando nuevos retos con decisión y valentía.

Se casó en cuatro ocasiones (pues era muy enamoradizo), viajó por medio mundo (en parte por trabajo –ya que cubrió como reportero las dos Guerras Mundiales y la Guerra Civil española– y en parte por placer) e incluso llegó a instalarse en países diferentes (España, Italia, Estados Unidos, Cuba...), decantándose siempre por la diversión combinada con la actividad plena. Le encantaba la fiesta y en España quedó sublimado por ese espíritu alegre y risueño que nos caracteriza. Su novela *Fiesta* «bebió» de los Sanfermines como fuente de inspiración. El autor viajó por primera vez a Pamplona en 1923 junto con su entonces esposa, Hadley, y volvería muchas otras veces, consiguiendo así una gran proyección internacional de este acontecimiento festivo tan particular.

A Ernest le gustaba mucho la fiesta nacional y veía en las corridas de toros algo casi místico que intentó reflejar en algunas de sus obras, como en la citada novela *Fiesta* o *Muerte en la tarde*, inspirada en el torero Niño de la Palma, gran amigo suyo. Anteriormente ya se había centrado en el tema taurino en *Tarde de toros* y, después en *Verano sangriento*, donde hablaba de la competencia entre Luis Miguel y Antonio Ordóñez. Cada vez que venía a España, no perdía la ocasión de acudir a los ruedos, como lo demuestran las diferentes instantáneas suyas que hoy se conservan, bien en los burladeros bien en el tendido, o junto a toreros de renombre. Su presencia en nuestro país se prolongó a lo largo de los años y es fácil encontrar su rastro en muchos rincones, puesto que aquí disfrutó de nuestra gastronomía, se integró en el ambiente alegre y participó de nuestras tradiciones y fiestas. Estas palabras suyas sobre la capital corroboran la estrecha vinculación que unía a Hemingway con España: «Cuando se conoce Madrid es la ciudad más española de todas, la más agradable para vivir, la de la gente más simpática, y, un mes con otro, la de mejor clima del mundo». Y todo esto a pesar de que tuvo que vivir uno de los momentos más dolorosos de nuestra historia reciente: la Guerra Civil, que el escritor cubrió como reportero para la *North American Newspaper Alliance*.

Su reporterismo se prolongó en la II Guerra Mundial, y el escritor fue así acumulando andanzas, imágenes, sensaciones y experiencias que luego volcará en sus obras. Del periodismo conservó Hemingway un estilo directo, con frases cortas y diálogos ágiles. Si la I Guerra Mundial le inspiró la obra *Adiós a las armas*, publicada en 1929, la Guerra Civil española se refleja en las páginas de *Por quién doblan las campanas*, publicada en 1940 con gran éxito de ventas y de taquilla, pues se llevó a la gran pantalla.

Además de los toros, el escritor tenía otras aficiones heredadas de su padre y cultivadas con ahínco, como la pesca, el boxeo y la caza; esta última lo llevó a realizar diferentes safaris por África. Su intensa vida quedó truncada cuando él mismo apretó el gatillo de su escopeta de caza preferida, en la madrugada del domingo 2 de julio de 1961. El deterioro físico (con un hígado destrozado a causa de sus excesos con el alcohol) y mental (con brotes depresivos y manías persecutorias) había comenzado meses antes y los electrochoques que le practicaban en la clínica Mayo, de Sun Valley, posiblemente aceleraron su decrepitud, a la que él mismo puso fin, tal y como había sucedido con otros siete integrantes de su familia, entre los que figuraban su propio padre, dos hermanos (Ursula y Leicester) y su nieta Margaux. Pero antes de este fatídico instante hubo una trayectoria vital que el lector merece conocer. ¡¡Adelante!!

CAPÍTULO PRIMERO

En las primeras horas de la mañana de un domingo de verano del año 1909, soñoliento aún, un muchacho de mirada taciturna contemplaba la salida del sol desde su cama. Finos hilos de luz inundaban su pequeña habitación en la finca de verano de la familia en Horton's Bay. Los árboles, alrededor del lago Wallons, amanecían cuajados de pájaros alborotadores.

De un salto, el chiquillo puso los desnudos pies en el suelo de madera. Los tablones, quejumbrosos, le recibieron tibios y ásperos.

Tenía que darse prisa, papá Clarence podía llegar en cualquier momento y no le gustaría nada encontrarle aún sin vestir y lavar, como un «niño pequeño», pensó inquieto.

Se fue derecho hacia el lavabo. En el espejo, un rapaz de rebelde flequillo le miró amodorrado. El agua estaba fría, casi helada, y corría a borbotones, con estrépito y gorgoteo, por la escuálida cañería adosada al muro.

Ya despabilado, se sentó al borde del camastro y se puso unos pantalones de tupida tela verdosa; después se calzó las botazas de campo. Papá Clarence le había comentado por la noche que juntos «patearían» los cerros que bordeaban la orilla del lago, y tenía que ir bien pertrechado. La verdad es que la camisa de cuadros rojos necesitaba algún que otro zurcido, pero mamá Grace no quería saber nada de sus andanzas por los montes de Michigan...

—¡Oh, maldita sea! Me había olvidado completamente de mamá –masculló entre dientes el pequeño.

No podía dejar de sentir cierta manía por los domingos. Siempre el mismo problema, las mismas discusiones... El día del Señor, la iglesia, el coro de niños cursis, la señora gorda del órgano...

—Con un poco de suerte no se habrá levantado todavía –dijo mirando obsesivo al panzudo violonchelo que, satisfecho, dormitaba en un rincón.

Ya era bastante martirio soportar las aburridas clases de música diarias, y la catequesis musical de mamá Grace a la hora de las comidas, pero tener que cantar en el coro dominical era demasiado. Aquella puritana y dominante mujer se había «emperrado» en convertir a su primogénito en un melómano, en un Mozart pequeñito, en ¡un artista!, y le hacía la vida imposible.

—Mamá... mamá... –suspiró con paciencia.

No podía quererla. Lo deseaba, ansiaba poder amarla con todo su corazón, y hubiera dado cualquier cosa por sentirlo, pero era superior a sus fuerzas. Sufría mucho... Tal vez demasiado para los sentimientos de un niño de diez años.

—¿Por qué trataba a papá de aquella manera? –se preguntó en un susurro. Por el cristal amarillento de la ventana se filtraba el nuevo día a través del ramaje–. Constantemente le manda, le ordena, le dirige a su antojo... y esto es lo que no le puedo perdonar.

Con lágrimas en los ojos, el muchacho abrió con rabia la puerta de un viejo y destartalado armarito de pino. ¿Qué buscaba? Al fondo, en un oscuro esquinazo, escondida y tímida, estaba su primera caña de pescar. Hoy no la sacaría... Además, papá Clarence le había prometido otra mejor. Era una preciosa caña de lanzado, pero el mango y la puntera estaban muy gastados. Solo tenía tres años cuando se la regalaron y entonces eran tan alta que no podía casi con ella. Su primer pez había sido como él: diminuto, vivo, luchador...

—¡Ernest, Ernest! ¿Estás listo? –tronó una voz ronca y gangosa tras la puerta–. ¡Es muy tarde y los faisanes no esperan! ¡Abre la puerta!

Clarence Edmond Hemingway irrumpió a grandes zancadas en la estancia. Sus duras botas claveteadas hicieron crujir el piso. Delgado y nervudo se irguió con las piernas separadas y los brazos en jarras frente a su hijo mayor, y, tomándole fuertemente por los hombros, le dijo orgulloso:

—Así me gusta. Pareces todo un cazador. Solo te falta la escopeta, muchacho.

Dicho esto, Clarence Hemingway volvió sobre sus pasos. En el quicio de la puerta esperaba una pequeña joya de la armería, fabricada expresamente para Ernest: su primera escopeta de caza. El frío y brillante cañón del arma lanzaba sus destellos en todas direcciones.

El muchacho, temblando de emoción, recogió como un presente precioso aquel delicado juguete de manos de su padre. Sus brazos delgados se cerraron apresuradamente, como si se le fuera a escapar, sobre la madera y el metal de aquel fascinante instrumento de fuego. Una extraña sensación de alegría y de temor invadió su cuerpo al sentir el peso.

—¡Quiero hacer de ti un verdadero hombre! –bramó entre carcajadas el padre–. Vamos, rápido, tienes que aprender a utilizar ese arma perfectamente. Tú puedes, debes hacerlo todo perfectamente. ¡Eres mi hijo! ¡Mi hombrecito!

Al cruzar el umbral del porche, una región salvaje, de bajas colinas tapizadas de lagos, *drumlins,* morrenas y bosques, se ofreció ante los ojos de Ernest. ¡Era el mundo de su padre! Mundo de ensueños, de aventuras, de libertad...

Aquellos días del verano de 1909, cazando y pescando con el padre amado y admirado, despreciado y odiado a la vez, fueron días de luz, de felicidad, de íntimo contacto con la naturaleza. Los días más inolvidables de la infancia burguesa y acomodada de Ernest Hemingway.

Lejos, muy lejos de aquellos primitivos parajes al norte de Michigan, quedaba el ambiente encorsetado y puritano en su Oak Park natal. Menos lejos, lo suficiente sin embargo, quedaban las presiones, las tiranías y los enfrentamientos entre sus padres, ávidos de modelar a su antojo al mayor de sus hijos. En Horton's Bay, mamá Grace no podía encadenarle con sus torturantes lecciones de violonchelo y sus sermones de religión, porque allí, a orillas de Wallons, la naturaleza, con sus melodías, sus colores, sus olores, empujaba a Ernest a los bosques, a los riachuelos, a las montañas, alejándole del halo protector, asfixiante, del hogar materno. Allí también, Ernest niño sentirá explotar en su alma su feroz individualidad, su personalidad irreductible, su espíritu aventurero, su amor por el riesgo...

Sentados, junto al fuego de la chimenea, extenuados por la marcha, Clarence y su hijo descansan en silencio. El día ha sido largo, pleno de sudor, de risas. El bulto de las aves recién muertas se revela en la ajada mochila. Por un ventanuco se filtra una luz lechosa y tenue. Comienza a anochecer.

Ernest, acurrucado en un sillón, espía de reojo a su padre, La nariz prominente y recta y la barba espesa y muy cuidada dan a su rostro un aire egregio, severo –piensa el crío–. Era el médico más cotizado, con la clientela más acomodada y engolada, del más puritano barrio residencial de Chicago: Oak Park. ¡Qué más se podía esperar de él! ¡Era un triunfador!

En realidad, papá Hemingway «estaba más orgulloso de los faisanes y ciervos que cobraba que de los pacientes a los que libraba de la muerte». La caza y la pesca, sus aficiones, constituían su manera de escapar al hastío, a la monotonía soterrada que le ahogaba en aquel mezquino mundo dominado por su mujer. Hacía mucho tiempo, demasiado quizá, que había dejado de ser rebelde y exigente consigo mismo... todo lo contrario de lo que ahora, día tras día, exigía escrupulosamente a su hijo.

En situaciones como aquella, tras las violentas demostraciones de orgullo paterno, de machismo exasperado, toda la impotencia de aquel hombre vencido, vacío, entregado, se hacía repugnantemente palpable a los ojos de Ernest. Sin embargo, no podía dejar de admirar el «símbolo» en que se había convertido su padre para él, aunque fuera desde un desprecio alimentado día a día, hora a hora, minuto a minuto.

«Nunca olvidaré lo miserable que me pareció la primera vez que me di cuenta de que era un cobarde».

CAPÍTULO SEGUNDO

La High School de Oak Park estaba situada en un sobrio edificio de ladrillo de tres pisos, y tenía ese aire clásico de escuela norteamericana, que quiere ser funcional y moderna sin dejar de parecer señorial y artificialmente antigua. Sus aulas solo albergaban a lo más escogido y aristocrático de la sociedad de Chicago, en un ambiente muy competitivo.

Un joven de fuerte sensibilidad, pero práctico y, sobre todo, muy ambicioso, cruzó sus puertas un día de 1913. Contaba catorce años y pertenecía a una de las familias más selectas y de alto copete del barrio: los Hemingway.

Ernest es por entonces un producto humano típicamente norteamericano: alto, fornido, atractivo, con un juguetón mechón de pelo que le cae sobre la frente; estudiante aplicado y voluntarioso; atleta admirado y completo –natación, atletismo, rugby, boxeo–; el delegado de curso preferido; el camarada popular con el que siempre se puede contar; «el más juicioso de la clase», como rezaba orgulloso el anuario del colegio. En una palabra: la ambición personificada; siempre intentando sobresalir en todos los campos, ser el mejor, el número uno.

Ernest quiere ser el campeón, el triunfador, el «verdadero hombre» que no ha sabido ser su padre...

Las luces del gimnasio están encendidas. Un murmullo de aprobación sale de las gargantas de los estudiantes concentrados alrededor del cuadrilátero. La primera lección de boxeo del curso está a punto de comenzar. Un muchachote de largas y velludas piernas separa las cuerdas y salta a la lona.

—¡Duro con él, Ernest!

—¡Enséñale lo que es bueno!

—¡A ver ese juego de piernas!

Tímido y sonriente, el popular Hemingway saluda distraídamente a sus escandalosos compañeros. Los guantes de seis onzas le pesan como mazas y las rodillas se le doblan: la verdad es que se siente como un flan. Pero hay que aguantar el tipo.

El instructor, un viejo profesional del pugilato, hace las veces de árbitro, médico y cuidador. ¡Un gran tipo!

—¿Llevas el protector? No quiero que te rompan los dientes... Esos vendajes están flojos, hay que tenerlos bien ajustados a la mano... –dijo sosteniendo los brazos de Ernest.

—¡Eh, *sparring!* ¡Sé suave y no te pases con el chico! Ahora a empezar. Y tú tranquilo, chaval.

Sonó el gong del comienzo del asalto. Todos chillaban y palmoteaban como focas. Las luces de la sala tomaron un brillo distinto, cegador. Súbitamente se hizo el silencio. Ernest no oía nada. Los oídos le zumbaban. Sintió un escalofrío de pies a cabeza. Y oyó el seco ¡crak! Después, el nervudo brazo del entrenador le condujo hasta el rincón...

A las primeras de cambio, nada más cruzar el saludo con los guantes, todo había terminado. Ernest, con la guardia alta, a la inglesa, había arremetido como un toro contra el *sparring*. Este, tras la sorpresa del primer momento, había conectado una «contraderecha» que había dado con nuestro protagonista en el mismísimo tapiz. Un accidente, un golpe mal medido, y un huesecillo de la nariz –el vómer– roto.

Años después, un antiguo conocido diría a Gertrude Stein, su futura descubridora y «Ninfa Egeria» literaria:

—Siempre que Ernest se iniciaba en algún deporte se rompía algo: un brazo, una pierna o la cabeza. ¡Qué muchacho!

Otra persona, quizá, habría tenido bastante y hubiera desistido después de semejante golpe, pero no un Hemingway.

Pocas semanas después, aquel tozudo y fuerte adolescente se calzaba de nuevo los guantes de boxeo. Esta vez su energía y apasionamiento le iba a valer otra peligrosa contusión en el ojo izquierdo. Sin embargo, no pararía hasta terminar su curso de pugilato.

¿Y todo esto, por qué, y para qué? ¿No hay algo de desesperación en sus actos? ¿Qué quiere demostrar? ¿Y a quién? ¿Un afán de conquista, de superación personal?

Golpe a golpe, herida a herida, toda su moral de hombre de acción, incluso su literatura, se va forjando durante aquellos años: la superación es su tema, su objetivo vital.

También por entonces las dotes literarias de Ernest son intuidas y espoleadas por dos de sus profesoras.

—Lo que más me maravilla –comentaba una de sus maestras– es que un muchacho que ha sido educado en un ambiente cristiano y puritano sepa tanto acerca del demonio y del infierno y pueda escribir tan bien sobre todo ello.

Ambicioso y dinámico, Ernest se convierte en el alma, en el redactor jefe del periódico de la escuela, el pequeño *Trapecio*. A lo largo de sus páginas, el literato en ciernes hace sus primeros pinitos, ejercita sus primeras armas literarias.

Imaginativo, sensible, observador innato, Ernest escribe desde el principio con una personal economía de medios, lejos del barroquismo, lleno de artificiales lirismos y exacerbados subjetivismos, que caracterizan al escritor juvenil y novato. Llevado de un objetivo sentido de la realidad, prefiere buscar los temas de sus cuentos y poesías en los mundos que conoce personalmente –la escuela, la vida familiar– o en los que ejercen sobre él una gran atracción –los boxeadores profesionales del Sportclub de Chicago.

Ernest es ya un rebelde, un descontento, un luchador que añora la aventura, el riesgo, las correrías. Necesita escapar de la monótona manera de vivir de Oak Park, de la lucha latente y constante con sus padres, para defender su individualidad, su libertad...

—Ernest, no debes abandonar el violonchelo y descuidar tus valores artísticos...

—Ernest, prepara todo para el fin de semana, nos vamos a pescar... ¿Que tienes una cita? ¿Que prefieres quedarte para escribir un artículo? ¡Déjate de tonterías! Para eso tendrás tiempo...

—¿No querrás ser toda tu vida como el patán de tu padre? ¡Siempre haraganeando por los montes! ¡Trayendo a casa esas porquerías, que no hay quien se las coma! ¡Sin pizca de sensibilidad para la gran música!

—¿Qué te pasa? ¿No tienes suficientes agallas? ¡Y yo que quería hacer de ti un verdadero hombre! ¡Bah! ¡Eres un afeminado, eso es lo que eres!

Coincidiendo con los exámenes finales de Ernest en la High School, Norteamérica decide intervenir en 1917 en la primera guerra mundial. Ernest se siente insatisfecho. Su carácter libre sencillo, casi primitivo, choca con el futuro trazado para él por los convencionalismos sociales y familiares. La Universidad, con toda su carga elitista y su forzado intelectualismo, no le llama la atención. Quiere vivir su vida, demostrarse a sí mismo que puede salir adelante con sus propias fuerzas. El halo castrador de la burguesía familiar le revienta. Se le ha repetido tantas veces que tiene que ser «un verdadero hombre», que ha decidido que ya es hora de demostrarlo. ¡Quiere ir a la guerra!

Aquella era la primera decisión importante de su vida. ¡Tal vez la más importante! Sin embargo, el consejo familiar, por boca de su padre, no lo entendió así:

—Ernest es demasiado joven –dijo lacónico—. Es una chiquillada. Ya se le pasará.

Ernest había perdido la primera batalla por su independencia. Pero sus padres parecían desconocer la tenacidad y tozudez del muchacho: había dicho que no a los estudios universitarios y nadie iba a cambiar su opinión.

Al ver su resistencia, decidieron mandarle –como mal menor– con un hermano del doctor residente en Kansas City. Su tío conocedor de las buenas maneras de Ernest con la pluma, utilizaría su influencia en la ciudad para recomendarle en el *Star*. ¡Uno de los mejores periódicos de los Estados Unidos! Además, para un joven de sus características la profesión de periodista parecía tener futuro...

CAPÍTULO TERCERO

El estrépito es ensordecedor. Una algarabía de copistas, informadores, reporteros, articulistas y redactores zumban alrededor de mesas y escritorios como abejas en un panal. El triquitraque infatigable de las máquinas de escribir obliga a hablar a gritos, a gesticular con las manos, con todo el cuerpo. Rugidos, silbidos, ronquidos, chasquidos, palmoteos, pataleos... Desmedrados «botones» y aprendices pasan despavoridos, como almas que lleva el diablo, de un despacho a otro, buscando noticias, recogiendo escritos con la tinta fresca aún, llevando órdenes, amenazas o súplicas. Las puertas chirrían lastimeramente, las sillas crujen...

—Emplea frases cortas; la primera frase debe ser corta –fueron las primeras palabras que Ernest escuchó al traspasar el umbral de las puertas acristaladas de la redacción–. Esfuérzate en adoptar un lenguaje sin paja; sé positivo, nunca negativo.

C. G. Wellington, su jefe en la sección local, era un tipo que sabía bien su oficio. Un periodista al estilo *Star.*

—Aquí no queremos estrellas invitadas, ni premios Pulitzer. Es preciso trabajar duro y valer para esto. La experiencia ya la conseguirás, no te preocupes... Y no se te ocurra poner memeces como «alguien ha sido gravemente herido». Las heridas o son leves o son peligrosas, pero graves lo son todas. Evita las florituras y no inundes los textos de ampulosos objetivos. Ve siempre al grano. Ahora, a la calle, a patear la ciudad. ¿No querías trabajar? Pues, bien, te acabas de convertir en el reportero local de la ciudad de Kansas.

La vida de un reportero es dura, hostil a veces. Siempre a la caza de la noticia, sin descanso. Es necesario estar en el mismo lugar de los hechos, al pie del cañón. No valen los ejercicios circenses de la fantasía y la ficción, los malabarismos de despacho.

Su lugar de trabajo, Kansas City, es además una urbe cruel, inexorable. Núcleo de comunicaciones, lugar de paso, posada de caminantes y vagabundos. La vida fluye embriagada, tambaleante, por sus muelles de río, sus largos andenes, sus mataderos ensangrentados, sus fábricas grises y humeantes...

Son siete meses martirizantes, agotadores. Cada día una lección nueva, una experiencia distinta. Su joven e inexperto estilo literario se va formando a golpes de máquina de escribir, a despiadadas correcciones de lápiz rojo, poco a poco, lentamente.

Más algo en su interior seguía agitándose con fuerza. No ha olvidado Europa, la aventura, la magia de la guerra. El espíritu del Gran Vagabundo, del Judío Errante, se va apoderando de su ser.

A pesar de la férrea oposición familiar y del brillante porvenir como periodista, Ernest se presenta en dos ocasiones al servicio militar como voluntario. Sin embargo, una y otra vez, le rechazarán aduciendo su vieja lesión ocular. Sí, la herida del boxeo, esa que le obliga a guiñar espontáneamente el ojo izquierdo, dando a su rostro un aire risueño, pensativo, melancólico, y un poco de miope.

Por fin, en abril de 1918, surge la oportunidad esperada: la Cruz Roja solicita voluntarios para conducir ambulancias en el frente italiano.

Su amigo y colega en el *Star,* Ted Brumback, describe entonces a Ernest su apasionante experiencia como conductor de ambulancias en Francia. Ted tenía en aquella época una lesión ocular más grave que la suya y no le rechazaron. ¡Había, pues, una posibilidad!

Al otro lado del Atlántico, la vieja Europa aguardaba maltrecha a los dos jóvenes aventureros...

El horizonte se desplegaba ahora ante Ernest con nuevos y brillantes colores. Sin embargo, muy pronto, se iba a teñir de sangre, como un mal presagio. Los hados conducían a nuestro protagonista hacia la aventura, hacia la gloria, pero también hacia el dolor.

La primera visión del Viejo Mundo parece como sacada de los infiernos de Dante. Es el cielo tachonado de estrellas de París que recibe a los viajeros iluminado por miles de explosiones e incendios. El monstruoso cañón «Bertha» está castigando inmisericorde a la Ciudad de la Luz. La destrucción del fuego es impresionante, fascinadora, cruel. Ese algo de pirómano que todo hombre lleva dentro hace sentir a Ernest un estremecimiento de placer, de miedo, ante tal espectáculo. Todo parece fugaz, perecedero, mortal... en el final del trayecto: la muerte.

La primera aventura bélica en Italia tiene también tintes macabros. Nada más poner el pie en suelo milanés, Ernest se ve obligado a recorrer, impotente, las ruinas calcinadas, plagadas de cuerpos descuartizados, de una fábrica de municiones que ha sido bombardeada. Ante tal horror, su idea romántica de la guerra se tambalea como un castillo de naipes. ¡Dios mío, por aquella atrocidad había estado suspirando durante tanto tiempo!

Y después la quietud, la espera, la ociosidad de la retaguardia. Su ambulancia ha sido destinada a la segunda línea del frente, a orillas del Piave, Allí no ocurre nunca nada. ¿Dónde está la guerra?

En el desvencijado molino, que es su residencia paradisíaca, jugando al béisbol con los compañeros de las ambulancias o tomando baños del sol, junto al río, todo lo que ocurre kilómetros más allá, en primera línea, resulta irreal, demasiado lejano.

—Mi comandante, quisiera cambiar de sección –comunica un día a su superior–. He sabido que hay una vacante de servicio en una de las cantinas del frente. El anterior encargado también era americano y he pensado que...

—Muy bien, Hemingway –contestó el oficial–, no me diga más. Quiere usted acción y me parece que la va a tener muy pronto.

Días después, el mando italiano decidía tomar la iniciativa y emprender una contraofensiva general en todos los sectores. ¡Una auténtica carnicería!

Ernest va a convertirse por entonces en una especie de Papá Noel de las trincheras, un personaje conocido y cotidiano. Cargado de cigarrillos, chicle y chocolatinas, con la sonrisa siempre en los labios, es la viva imagen estereotipada del soldado *made in USA*. Sin embargo, para los combatientes enfangados hasta la cintura, ateridos por el frío, su sola presencia servirá de estímulo, de ayuda, de consuelo.

—¡Eh, ya viene el americano! ¡Cubridle, cubridle!

—¡Ernest! ¿Traes algún cigarro?

—¡Bien por el yanqui!

Semanas más tarde, Ernest está sirviendo un cuenco de café caliente a un soldado extenuado. Una granada de mortero explota a pocos metros y la onda expansiva los lanza a ambos por los aires. La oscuridad lo invade todo. Al volver en sí, Ernest contempla aturdido un espectáculo aterrador: junto a él yace muerto el soldado del café; los restos mutilados, desmembrados, de otro compañero se funden con las afiladas rocas del camino; a lo lejos, en un recodo, un tercero gime, lloriquea convulsivamente.

Tambaleándose aún, turbado por el olor de la sangre, Ernest echa sobre sus hombros al superviviente y camina durante unos minutos, con los ojos casi cerrados, medio inconsciente. El repiqueteo atronador de una ametralladora sacude sus oídos. Instintivamente, intenta correr, escapar. Pero tropieza, y cae a tierra, pesado, como un fardo...

«Los pies –escribiría más adelante– me producían la impresión de tener las botas de caucho llenas de agua, de agua caliente, y mi rótula se comportaba de extraña manera. En los primeros momentos me pareció como si una bola de nieve me hubiera dado en la pierna».

Aviejado, demacrado y pálido, con los labios lívidos y los ojos hundidos por el sufrimiento, Ernest despertó en una desvencijada tienda iluminada por una bombilla mortecina.

—¿Dónde está el camarada herido en Fossalta? –preguntó.

Un ligero movimiento con la cabeza y un encogimiento de hombros fue la respuesta del enfermero del hospital de campaña.

Ernest suspiró. Sentía palpitar dolorosamente la masa que formaban las mantas y los vendajes. Su mirada interrogante no necesitó palabras.

—Has tenido suerte amigo –le dijo sonriente el cruz roja–, tienes la pierna llena de metralla, pero vivirás. Ayer te extrajeron una buena cantidad de esquirlas y he oído que te trasladarán a Milán muy pronto. ¡Para ti acabó la guerra!

Tres meses después, de aquella conversación, Ernest era dado de alta en el Hospital Militar de Milán. Su cuerpo estaba cubierto de cicatrices. Solo de su pierna derecha los cirujanos han extraído más de doscientos fragmentos de metralla. Doce veces ha tenido que atravesar en camilla las puertas del quirófano.

Los horrores de la guerra han dejado huellas penetrantes y sangrantes en su interior. Asqueado, deprimido y sin ilusiones, Ernest siente que un abismo sin fondo se abre a sus pies. No puede, no quiere regresar al hogar paterno. Se siente vacío, hueco. Pero no puede abandonarse, rendirse a la autocompasión, como hacen tantos soldados al volver «vivos» de la guerra.

Como hombre, debo saber lo que es verdadero y lo que es falso. Debo tomar una resolución y obrar conforme a ella –se repite una y otra vez a sí mismo.

Una forma de no hacer frente al futuro es volver la mirada atrás. Regresar al pasado. Seguir en la guerra...

Ernest, desesperado y confundido, decide enrolarse de nuevo, esta vez en la infantería italiana. Va a vivir momentos terribles, espeluznantes y sangrientos. Conocerá a los héroes, a los cobardes, a los que solo luchan por sobrevivir, a los traidores, a los suicidas, a los patriotas, a los muertos.

Al sonar el último disparo de la contienda, Ernest llevará prendido en su guerrera un galón de teniente y dos condecoraciones italianas: la medalla de Plata del Valor Militar y la Cruz del Mérito de Guerra. Y en su espíritu, el recuerdo doloroso y palpitante de sus experiencias de guerra.

«El hombre no está hecho para la derrota. Un hombre puede ser destruido pero no vencido».

CAPÍTULO CUARTO

El reencuentro con Oak Park, la casa paterna, los recuerdos de la infancia, la buhardilla de los secretos adolescentes, los amigos ahora extraños, es violento, patético. A los veinte años, Ernest ha visto la muerte muy cerca, a su lado, en el hospital, caminando entre los montículos de las trincheras, deslizándose junto a los heridos en la ambulancia, recogiendo los restos mutilados de tantos y tantos... Su mente está atormentada, sus nervios destrozados. Como cuando era niño, no puede resistir la oscuridad, la luz de una lamparita tiene que estar siempre encendida en su cuarto. Pesadillas, escalofríos, gritos, angustia, insomnio. Durante meses enteros, Hemingway busca refugio entre las apretadas páginas de los libros y en el fondo de una botella...

Embrutecido por el alcohol, la falta de sueño y la lectura desesperada, Ernest encuentra al fin la paz, la tranquilidad, la soledad ansiada, en la residencia familiar de Petoskey. El color del otoño, la caída de las hojas, la belleza salvaje de los bosques y lagos de Michigan, dan a su espíritu convaleciente un momento de tregua, de descanso. Ahora puede mirar hacia delante y preguntarse sobre el futuro, sobre sus metas, sin sentirse coaccionado por el ambiente tenso y familiar que no significa ya nada para él.

Recostado sobre un árbol torcido, Ernest contempla pensativo las sinuosas ondas que el anzuelo produce en la superficie del riachuelo. A su lado yace la última y arrugada página de un cuento recién manuscrito. Es una historia de amor y de muerte...

Ernest sabe que quiere ser escritor. En aquellos apacibles días de Petoskey sueña con escribir «las grandes novelas americanas» y poder vivir de sus futuros libros. Mark Twain, Henry James, William Bittler Teats... quisiera parecerse a ellos, tener lo mejor de cada uno.

Mas, no todo es tan fácil como en la imaginación. Necesita ganarse el pan sin recurrir a sus padres. ¡Eso se acabó! Quizá en algún periódico pueda... Durante el tiempo libre escribiría sus narraciones, sus ejercicios literarios, seguiría su más íntima vocación.

En esta tesitura de sueños, deseos e inexorable realidad, surgió de nuevo la mano protectora de su familia. Un viejo conocido de los veranos en Michigan, sabedor del interés de la guerra, movió todos los hilos a su alcance para que el *Toronto Star Weekly* aceptara al prometedor escritor. La influencia del aval y la experiencia de Ernest como reportero en Kansas le abrirían las puertas sin mayores reticencias.

Muy pronto, su estilo gusta y su nombre se compone letra a letra en las linotipias.

—¡Es buen periodismo! –comentan de sus artículos los experimentados redactores–. ¡Tiene chispa, ironía y garra! Este sirve, sabe escribir.

Ernest ha entrado con buen pie en el periodismo «diferente» del *Toronto.* Aquí, lo importante no es la noticia directa y fulgurante que tiene que leerse de un golpe de vista, como en el *Star,* sino la narrativa fácil, amena y fluida, los reportajes exóticos, el interés humano, el cuento suave, pero con gancho, que entra en el lector sin darse cuenta. El *Toronto* es un semanario de buena y agradable literatura periodística, sin pretensiones. Un lugar inmejorable para un escritor que empieza.

Ocho meses después, Ernest ha publicado nada menos que quince artículos, pero el éxito literario no se ha visto compensado con el económico. Su vida en Canadá es dura, sin alegrías de ningún tipo. ¡A diez dólares por artículo no se va a ninguna parte! Además, su ansia de aventura, de cambio, le aguijonea siempre en las entrañas. En su destino se vislumbraba ya el espíritu del Gran Vagabundo que había de ser.

Un otoño gris y soñoliento, Hemingway llega a Chicago. 1920 está dando sus últimas bocanadas. La «proletaria, inmoral y corrompida» jungla de asfalto –calificativos al uso entre sus puritanos conciudadanos de Oak Park–, recibe a nuestro protagonista no solo con los brazos cerrados, sino también con los puños crispados y con la guardia en alto. La tupida maraña de la Sodoma y Gomorra de Illinois resulta impenetrable para un joven de veintiún años.

Hambre, frío, desaliento, una destartalada habitación compartida con otro ex combatiente amigo, la ropa arrugada y sucia, la barba crecida, y ¡ni un maldito centavo en el bolsillo! ¿Qué pasa aquí? Ernest, infatigable y confiado, envía sus artículos y narraciones a periódicos y revistas que, inevitablemente, se los devuelven o rechazan sin explicación alguna. ¿Por qué?

Miles de escritorzuelos, tan famélicos e ilusionados como Ernest, abarrotan con sus balbucientes e inexpertas líneas las siempre ocupadas mesas de los editores y redactores de Chicago. ¡No hay nada que hacer! ¿Cómo salir de la sima de los desconocidos, cuando los mejores escritos acaban en un cesto de papeles sin ni siquiera leerse? Siempre, en todo momento, a todas horas, hay que ser el mejor, el *number one,* si no la competencia te devora, te ahoga inmisericorde. ¡América, América! falsa tierra prometida, cruel tierra de promisión, ¿dónde están tu leche y tu miel?

Al fondo, entre retortijones y escalofríos de hambre, Oak Park: la tentación de un hogar burgués, el fin de las aventuras, la monotonía, el sopor de las sobremesas, la angustia de una existencia sin objeto ni fin, el aburrimiento provinciano y bien pensante de un mundo que nunca ha sido el suyo, pero que ahí está con su mesa siempre rebosante de manjares.

—¡Maldita sea! ¡Puerca vida! ¡Esto es un asco! –broncos exabruptos que no sabe a quién dirigir, dichos en momentos de desasosiego, como una pataleta infantil.

Vuelta a las calles, al dolor de pies, a los zapatos con la suela corroída por el calor del asfalto. El *Chicago Tribune* busca un novato con la suficiente necesidad y agallas para sobrevivir como reportero de sucesos. ¡Dios, otra vez la sangre, la locura humana, la muerte, cada día, cada hora, cada minuto!

A veces, alguna revista necesitada de artículos publica uno suyo. Falsa nube de humo, todo sigue igual...

Un sucio trabajo de comparsa en la revista de un no menos sucio arribista, financiero y especulador *made in* USA. Hemingway tiene que hacer de tripas corazón y aguantar a aquel energúmeno de bolsillos siempre a rebosar y cabeza hueca. ¡Son cincuenta dólares a la semana! Y todo el tiempo del mundo para escribir lo que quiere, lo que siente.

Al salir de la redacción, Ernest se encamina a grandes zancadas, como escapando de un mal sueño, hacia su refugio: un hogar literario y bohemio en el Chicago de la ley seca, de los gangsteres, y de la hipocresía puritana. Entre aquellas cuatro paredes, junto a su querida «tribu» de camaradas en las letras y en las artes, encontrará el caldeado y tranquilo ambiente para crear. Allí también, sus principios artísticos –naturalidad, honradez y sencillez– se apuntalarán seguros, frente a la berborrea pseudointelectual, teorizante y pretenciosa de sus jóvenes colegas.

—Lo que un escritor pretende explicar, el lector debe poderlo ver, sentir y oler –decía convencido, como un creyente de una nueva religión literaria–. ¿Teorías artísticas? Lo que a mí me interesa es que me entiendan, que me lean, que compren lo que escribo.

Un día, Ernest tomó de la librería del salón un grueso volumen de narraciones cortas. La casa estaba invadida por amigos y conocidos del clan literario y él, como de costumbre, quería pasar desapercibido e irse a escribir a su habitación. Todos hablaban a la vez, formando pequeños e íntimos grupos en donde se discutía acaloradamente. Intercambios de opiniones literarias, secretos personales, recetas para el éxito...

Un hombre maduro, de escasa cabellera blanca y lentes redondos en una nariz aguileña, se colocó a su espalda y miró por encima de su hombro.

—¿Es usted Hemingway, verdad? –preguntó risueño el extraño–. He leído varias cosas suyas. ¿Qué le parece mi libro *Winesberg (Ohio)?*

Ernest no supo qué responder. En realidad, aquella era una de tantas preguntas insustanciales, pero seguras, que dos desconocidos podían hacerse para romper el hielo cuando ambos tenían una cosa en común: la afición por la literatura. Mas, no siempre el interlocutor era el padre de toda una generación de escritores contemporáneos, conocida por la «escuela de Chicago». Sherwood Anderson, afable y paternal, comprendió enseguida la causa de la súbita turbación del joven colega y desvió la conversación hacia temas menos comprometidos:

—¿De dónde es usted? –dijo sentándose junto a Ernest.

—Eh... bueno... ¡Al diablo! Nací en Oak Park –contestó este ya más tranquilo.

Más tarde, arropado por la intimidad y el aire confidencial que desprendía Anderson, Hemingway le confesó las dificultades que encontraba en Chicago. La atmósfera materialista, absurda y nada artística de aquella ciudad gris le ahogaba, se sentía fuera de lugar entre tanto provinciano tontorrón y con aires de nuevo rico. Los editores le rechazaban una y otra vez todos sus cuentos y relatos. De nada servían los exagerados elogios de los amigos del círculo literario. La verdad es que a todos les ocurría tres cuartos de lo mismo...

—Hemingway –dijo Anderson– permítame que le dé un consejo. En mis manos he tenido algún escrito suyo. Es usted joven y, por tanto, inexperto, pero tiene dotes propias, originales, y eso es difícil de encontrar en cualquier sitio... Acabo de regresar de París. ¡Sí, Europa! Un escritor bisoño, con el alma abierta a estímulos renovadores y capaz de saborear el refinado ambiente artístico que allí se respira, puede encontrar en sus callejuelas, en sus plazas, en sus hombres y mujeres tan dispares la libertad de crear, el misterio, el pasado que a nosotros los norteamericanos nos falta, y que nunca tendremos... Me confiesa que está hastiado de América, ¡razón de más para buscar otro horizonte! La guerra le ha desarraigado, ha hecho saltar sus entrañas, sus raíces. Lo comprendo. Pero usted tiene talento Hemingway, no se deje arrastrar por la corriente. ¿Quiere escribir? ¡Pues, escriba! Aproveche creativamente su desengaño. No lo ahogue en el alcohol, en el sexo... como hacen tantos.

Ernest duda. La tentación es muy grande: ¡París! Pero, entraña sus riesgos. Es cierto que puede volver sus bolsillos del revés con la seguridad de que no caerá ni un níquel, pero... Además, está Hadley. ¡Hadley, se había olvidado completamente de ella!... Hadley Richardson, la muchacha que tocaba el piano deliciosamente durante las reuniones en Petoskey y que, una noche, apareció en su refugio de Chicago como caída del cielo.

CAPÍTULO QUINTO

París, Montmartre, Montparnasse, el Café de la Paix, el Café de la Rotonde, constituían desde hacía años el Viejo Mundo perdido y añorado por los norteamericanos. La Meca artística, literaria y bohemia de una juventud que no sabía dónde estaba su sitio ni cuál era su papel en un mundo capaz de sacrificar a más de ocho millones de seres humanos en una guerra inútil y atroz. Aquella oleada de voluntarios expatriados –la «generación perdida» de que hablaba la escritora Gertrude Stein– era una casta sin brújula y con un horizonte incierto, cubierto por espesos nubarrones.

El escritor Ford Madox Ford describía, entonces, aquella desesperada hégira moderna con estas palabras:

«La juventud americana se lanzaba sobre París, desde las praderas del Oeste, como manada de potros a derribar barreras que separan los prados verdes de los secos. El ruido del galopar ahogaba todos los demás ruidos. Había tantos que apenas podían verse los árboles de los bulevares. Su eterna agitación producía mareo».

El reciente matrimonio Hemingway, entusiasmado con la idea de iniciar su vida en Europa, emprendía el camino hacia Toronto, la primera escala de su largo viaje, a finales de 1921. Ernest necesitaba dinero para la aventura parisina. Una vez más, su oficio como periodista podía y tenía que ser la tabla de salvación. Y nadie mejor para ello que sus viejos conocidos del *Toronto Star Weekley.*

La verdad es que no sabemos cómo lo hizo. Quizá podamos imaginarnos la silueta ancha y desbordante de Ernest entrando a saco en el circunspecto despacho del director del *Toronto,* armando mucho ruido, despilfarrando buen humor a manos llenas y diciendo con una sonrisa de oreja a oreja:

—Ponte en guardia jefe, vengo a hacerte una proposición deshonesta.

Poco después, Ernest y Hadley embarcaban en el puerto de Nueva York rumbo a Europa. En sus maletas llevaba unas credenciales que le acreditaban como corresponsal volante del *Star Weekly,* con residencia en París. Y en el bolsillo interior de su chaqueta, cuidadosamente dobladas, varias cartas de presentación de Sherwood Anderson, que le iban a abrir de par en par el París literario de la época.

Mientras contemplaba alejarse, empequeñecerse, la Estatua de la Libertad, un cierto sabor agridulce le vino a los labios. ¿Desconfianza en el porvenir? ¿Nostalgia por lo que quedaba atrás? ¡Quién sabe, quizá un poco de todo! El futuro de Hemingway, sin embargo, era halagüeño en principio. A su libre albedrío quedaba elegir los asuntos de sus artículos. Podía vivir donde quisiera, allí donde la noticia pudiera brotar. Europa era suya. ¡El periódico corría con todos los gastos!

Señores con *canotier* y bigote, turistas americanos, gigolós, bohemios, vagabundos, charlatanes, genios de pacotilla, homosexuales, artistas de verdad... formaban la amalgamada y cosmopolita fauna del París de la *Belle époque* que recibió alborozado, a ritmo de can-can y charleston, de drogas y sexo, a la joven pareja.

«Es una banda curiosa –escribía Hemingway en uno de sus primeros artículos para el *Star*–. Una banda curiosa en su comportamiento y en su aspecto es la que forman esa sociedad que se sienta alrededor de las mesas del Café de la Rotonde. En el Rotonde se puede encontrar cuanto se busque, excepto artistas serios. Son todos unos vagabundos que, solo para contarle a uno lo que llegarán a hacer algún día y criticar los trabajos de todos los artistas reconocidos, disipan hablando las energías que un artista emplea en la realización de su obra».

Sin embargo, Ernest, merced al aval de Anderson, se ve introducido desde un principio en un ambiente de élite literaria. No tendrá que desbrozar la espiga de la cizaña. En las reuniones de su hada madrina parisina, la escritora y mecenas norteamericana Gertrude Stein, solo tienen cabida los más aventajados poetas y artistas. Y nuestro protagonista se codea con la flor y nata de la intelectualidad expatriada, auténtica legión extranjera de las artes en Francia: James Joyce, Picasso, Ezra Pound, Scott Fitzgerald, Archibald McLeish, Alice B. Toklas, J. Peale Bishop, John Dos Passos...

Hemingway era cauto, muy huidizo, con una innata vocación de solitario. Intimar con él, abrir la coraza de la que se había ido revistiendo poco a poco no era empresa fácil para nadie. Sin embargo, Gertrude Stein –con su oronda figura de matrona y su crítica constructiva, no desprovista de cierta mordacidad– y Ezra Pound –con su infatigable altruismo para con los escritores jóvenes– atravesaron esa barrera y se convirtieron en sus mentores y amigos predilectos.

«Solo emplea la quinta parte de sus energías en su propia obra –escribió Ernest con respecto a ese generoso amigo, siempre al quite, que era Pound–. El resto de su tiempo lo emplea en favorecer la suerte de sus amigos, lo mismo su suerte material, como la artística. Los defiende cuando son atacados y los saca de la cárcel. Les presta dinero y les organiza conciertos. Les presenta mujeres ricas. Convence a los editores para que publiquen sus libros. Cuando ve a alguno en trance de muerte se pasa la noche a la cabecera de su lecho y le sirve de testigo para su testamento. Les presta dinero para el hospital y los disuade del suicidio. Y finalmente, hay algunos de ellos que no vacilan en hundirle el cuchillo en la espalda a la primera ocasión».

Como prueba de amistad y de confianza, Ernest descubre su secreto mundo literario a Gertrude. Esta, interesada, lee la poesía y la prosa del joven autor. Es una prueba de fuego: nadie hasta entonces había puesto sus ojos sobre aquellas hojas garabateadas, rebosantes de escondidos sentimientos, de desnudeces.

—Debes empezar por el principio Ernest –comentaba Gertrude, apoltronada en el floreado sillón de su *atelier*–, y concentrarte totalmente en tu trabajo. Eso del periodismo está muy bien. Y, sin lugar a dudas, da experiencia para el oficio, pero te quita mucho tiempo, muchas energías que te son necesarias.

«Gertrude tenía siempre razón», reconocía Hemingway en sus memorias de aquella época. Pero la escritora, desde la atalaya de su buena posición, de su mecenazgo, no podía ver con claridad las tribulaciones económicas de la joven pareja. Ernest sabía a lo que se exponía cuando aceptó las reglas del *Star*: no cobraría un sueldo fijo, se le pagaría todo artículo que le fuera aceptado. Ahora, ya en París, los dólares que recibía por su trabajo valían mucho menos de lo que, optimista, había pensado. Apenas llegaba todo para cubrir las necesidades más urgentes. No tenía, pues, más remedio que trabajar de firme.

Sin embargo, desarrollar al unísono las tareas periodísticas y la actividad creadora literaria exigía un tiempo y una concentración mental que Ernest no tenía entonces. Europa era un hervidero de tensiones, de turbulentas pasiones políticas y sociales. La noticia, el reportaje, podía saltar en cualquier frente. Y como corresponsal volante era preciso viajar a todas horas, a todas partes.

En Italia, el fascismo, de la mano de un demagogo feroz, Mussolini, aprovechaba la división de la clase obrera y el apoyo benevolente del gran capital industrial y agrario, para marchar triunfante sobre Roma.

—Este hombre es el «máximo *bluff* de Europa» –dirá Hemingway tras una entrevista con el Duce–. Es un grave error considerarle como un gran hombre y estúpido compararle con Napoleón. Bajo su patrioterismo fanático se esconde un ser sin escrúpulos que maquina en su provecho.

La vorágine nacionalista y las bastardas especulaciones sobre las minas de carbón de la región del Ruhr hacían estallar el enfrentamiento entre Alemania y Francia: las tropas francesas ocupaban la zona del conflicto a punta de bayoneta. Hemingway, siempre al pie del cañón, describe entonces una espeluznante escena de reacción popular a la invasión francesa:

«Unas turbas de Colonia intentaban derribar la estatua ecuestre de Guillermo de Hohenzollern. Fue una pelea que empezó como preludio de una revolución y acabó en pequeño motín. Durante el asalto al monumento se presentó un oficial de policía. La chusma arrojó al agente al río. Este, arrastrado por la rápida y fría corriente del Rin, pudo agarrarse a un pilar del puente, y desde allí gritó a sus atacantes que conocía a los que habían intervenido en el incidente y que cuidaría de que todos fuesen castigados. Entonces la chusma se precipitó al río e intentó empujar al policía hacia la corriente. Este se habría ahogado de haberse soltado de su apoyo; por esto no aflojaba. Entonces la multitud le cortó los dedos contra el pilar con la misma hacha con que había atacado al monumento» (*Star,* septiembre, 1922).

Con la mochila al hombro y el cuaderno de notas en el bolsillo Hemingway recorre los polvorientos caminos del Asia Menor... Turquía, Grecia. El ejército de Kemal Ataturk expulsa y persigue salvajemente a la población civil griega. Hombro con hombro, Ernest acompaña y corre la misma suerte de los refugiados. El éxodo da lugar a escenas de cruel patetismo. ¡Una vez más, la guerra! ¡Una vez más, la muerte caminando junto a él!

«En una marcha tambaleante que nunca se acaba, la población cristiana de Tracia taponó los caminos que conducían a Macedonia. La columna principal que cruza el río Maritza, en Adrianópolis, tiene una longitud de veinte millas. Veinte millas de carros, tirados por vacas, bueyes y búfalos salpicados de lodo, con hombres tambaleantes y agotados, mujeres y niños con mantas en la cabeza, caminando ciegamente bajo la lluvia junto a sus bienes terrenos.

»La corriente principal recibe afluentes de toda la zona interior del país. No sabe adónde van. Cuando tuvieron noticia de que llegaba el turco abandonaron sus haciendas, sus pueblos, sus ricos campos, y fueron a sumarse al torrente principal de los fugitivos. Ahora solo les resta mantenerse en sus puestos en el seno del horrendo desfile, mientras la caballería griega, salpicada de barro, les empuja hacia delante, como los vaqueros a su rebaño.

»Es un desfile silencioso. Nadie discute. Todo lo que les es dado hacer es seguir moviéndose. Sus descoloridas ropas de campesinos están mojadas y se pegan a los cuerpos. Las gallinas cuelgan de las varas de los carros. Los terneros buscan las flácidas ubres de las vacas cada vez que la corriente se detiene. Un anciano camina encorvado, cargado con un cerdo joven, una guadaña y un fusil, en la guadaña lleva atada una gallina. En un carro un hombre extiende una manta encima de una mujer aquejada de dolores de parto para protegerla de la lluvia. Aquella mujer es la única persona que se hace oír. Su hijita la contempla llena de espanto y rompe a llorar. Y el desfile sigue avanzando» (*Star,* octubre, 1922).

Los artículos del andariego corresponsal americano eran recibidos con agrado por los lectores del *Toronto Star*, y su nombre como periodista ya sonaba en todos los círculos. ¡Era un éxito! Su relato objetivo, su manera de narrar de forma sencilla, veraz y directa, había calado pronto muy hondo en el lector americano, habituado y demandante de un material de lectura que no exigiera demasiado tiempo.

«Ahora exigimos la artillería ligera del intelecto: necesitamos lo breve, lo conciso, lo directo, la difusión rápida, en lugar de lo verboso, la minucia, la extensión, lo inaccesible» –había escrito un gran maestro de la narración corta, Edgar Allan Poe. Y Hemingway, que opinaba lo mismo, llevaba esta idea hasta sus últimas consecuencias.

Entre viaje y viaje, en París, Ernest seguía llevando una vida de escritor, bohemia y pobretona.

«Cuando volvimos nuevamente a París los días eran claros, fríos y maravillosos. La ciudad se había puesto en armonía con el invierno, vendían leña buena en la carbonería de enfrente, y muchos cafés buenos habían puesto braseros fuera, de modo que podíamos sentarnos al calor de las terrazas. Teníamos el piso caliente y alegre. En la chimenea quemábamos *boulets,* que eran polvo de carbón comprimido en forma de huevo, y por las calles era hermosa la luz de invierno. Ya nos habíamos acostumbrado a los árboles desnudos rayando el cielo y paseábamos por la gravilla rociada de las sendas del Luxemburgo bajo el viento vivo y claro. Si nos conformábamos con los árboles sin hojas podíamos mirarlos como esculturas, y los vientos de invierno se veían soplar en los estanques y estaba su soplo en los surtidores a la luz límpida...

»...y era un gusto subir hasta el último piso del hotel donde me encerraba a trabajar, en un cuarto con vistas a todos los tejados y chimeneas de aquel barrio en pendiente. La chimenea del cuarto tenía buen tiro y se estaba caliente y se trabajaba a gusto. Me subía mandarinas y castañas asadas en bolsas de papel, y comía las mandarinas menudas y arrojaba mondas y escupía las pipas al fuego, y cuando tenía hambre comía también castañas tostadas. Siempre tenía hambre, de tanto andar frío y de trabajo. En el cuarto guardaba una botella de kirsch que trajimos de la montaña, y echaba un trago de kirsch cuando se acercaba el fin de un cuento o el fin de una jornada de trabajo. Cuando daba por concluido el trabajo de un día, guardaba el cuaderno o los papeles en el cajón de la mesa y si quedaban mandarinas me las metía en el bolsillo. Se hubieran helado por la noche en aquel cuarto» (*París era una fiesta*).

A pesar de su intensa dedicación al trabajo, Hemingway siempre encontraba tiempo para callejear por todo París, sus *boulevards,* sus jardines, sus museos, Cézanne, Manet, Monet... a la búsqueda de lugares y personas para sus cuentos y narraciones. Aficionado a los deportes, tampoco era raro encontrarle en los gimnasios de boxeo o asistiendo como espectador a las veladas nocturnas y a las carreras ciclistas de seis días. Al finalizar la jornada, encaminaba sus pasos hacia el *atelier* de Ezra Pound o hacia la librería «Shakespeare and Co.» para reunirse con los íntimos amigos de la colonia de expatriados, en las cercanías del teatro Odeón. Si alguna idea bullía aún en su cabeza, echaba a andar bajo la lluvia hasta llegar a un café que ya conociera, por ejemplo, en la place Saint-Michel.

«Era un café simpático, caliente, limpio y agradable, y colgué mi vieja gabardina a secar en la percha y puse el fatigado sombrero en la rejilla de encima de la banqueta, y pedí un café con leche. El camarero me lo trajo, me saqué del bolsillo de la chaqueta una libreta y un lápiz y me puse a escribir... En mi cuento los amigos bebían unas copas y me entró sed y pedí un ron Saint James. Sabía a maravilla con aquel frío y seguía escribiendo sintiéndome muy bien y sintiendo que el buen ron de la Martinica me corría, cálido, por el cuerpo y por el espíritu... Una chica entró en el café... La miré y me turbó y me puse muy caliente. Ojalá pudiera meterla en mi cuento, o meterla en alguna parte... seguí escribiendo... El cuento se estaba escribiendo solo y trabajo me daba seguirle el paso. Pedí otro ron Saint James...» (*Un buen café en la Place Saint-Michel*).

Al terminar de escribir, Ernest siempre se sentía vacío, triste y a la vez contento, ¡estaba seguro de que era un buen cuento! Entonces era una sensación maravillosa pasear por los jardines de Luxemburgo a la caída de la tarde, mientras dirigía sus pasos hacia el apartamento de Gertrude Stein, en la rue de Fleurus. Entrar allí era como entrar en un museo cómodo y calentito, las paredes atiborradas de cuadros de firma, en la mesa baja un té humeante y dulce, porcelanas y cachivaches exóticos cuidadosamente colocados sobre repisas y muebles, y en el centro de la estancia, adosada al muro, imponente, la gran chimenea presidiendo todo el conjunto.

Gertrude Stein, la dueña de la casa, hacía su aparición envuelta en uno de sus estrafalarios atuendos de siempre. Hemingway la recuerda así:

«Miss Stein era muy voluminosa, pero no alta, de arquitectura maciza como una labriega. Tenía unos ojos hermosos y unas facciones rudas, que eran de judía alemana, pero hubieran podido muy bien ser friulanos, y yo tenía la impresión de ver a una campesina del norte de Italia cuando la miraba con sus ropas y su cara expresiva y su fascinador, copioso y vívido cabello de inmigrante, peinado en un moño alto que seguramente no había cambiado desde que era una muchacha. Miss Stein hablaba sin parar...» (*Miss Stein da clase*).

Fue, precisamente en una conversación con Gertrude cuando Hemingway concibió la idea de venir a España. La charla solía ser muy buena: pintura moderna, literatura, París, acompañada de pastelitos, licores y aguardientes, y Ernest se acostumbró a dejarse caer por el estudio. Gertrude comentaba los cuadros y le enseñaba sus manuscritos y álbumes de recuerdos y fotos.

—Ves esta foto –le dijo un día a Hemingway–. Me la hice en España. Creo que en la Plaza de Valencia. Y estos dos que están a mi lado eran dos toreros muy famosos, Joselito y El Gallo. Extraño país España, deberías visitarlo...

Transcurre el verano de 1922, Hemingway tiene la oportunidad de viajar a España. Le han hablado mucho de la *bull fighting,* del combate entre el hombre y el toro, y de las fiestas de los Sanfermines en Pamplona, y ha pensado en la posibilidad de escribir unos artículos sobre toros. La idea ha gustado en la redacción del *Toronto.*

Es la España ancestral y eterna, chulona y mística, bárbara y humanísima la que atrae al joven reportero.

CAPÍTULO SEXTO

Uno de enero, dos de febrero, tres de marzo...

Ernest Hemingway había llegado a Pamplona hacía días con una mochila de pescador de río, un lapicero, un cuaderno y algún libro. Allí era un periodista desconocido, uno más de los muchos que caían sobre la ciudad en los Sanfermines a la búsqueda de la noticia y del artículo exótico que les hiciera saltar a la fama o ganar unas perras para ir tirando.

Ernest se despertó hambriento y con dolor de cabeza, sudando y mojado como una sopa. Tuvo que levantarse a apagar la luz que se había dejado encendida. La cabeza le dolía atrozmente. Tomó la descascarillada jarra de encima de la mesilla y bebió un sorbo de agua con alguna pastilla. Comenzaba a despuntar el alba. Ya no podía dormir. Tenía la sensación acuciante de algo que debía recordar y que no recordaba. Abrió la ventana de par en par y se puso a pasear por la terraza. Era esa hora entre tinieblas, turbia y bella del amanecer. Salía el sol.

La habitación era amplia, con las paredes encaladas y sin adornos, la mesa de madera estaba limpia, el suelo olía a lejía. Al volver, le entró un gran desasosiego. No podía permanecer sentado ni era capaz de fijar su atención en nada. Tomó de una silla el libro abandonado la noche anterior, e iba de un lado para otro, pasando hojas, murmurando palabras inconexas, dando manotazos. Dejó el libro y puso al alcance de su mano un cuaderno de notas. Pero no llegó a trazar ni una letra. ¡Una copa de pernod en la taberna!; esa era la solución.

Los escalones carcomidos y lamentosos de la escalera crujieron tristemente. La barandilla también chirriaba al agarrarse. Todo era allí viejo, cochambroso y maloliente. Por las mesas corría el vino a caño suelto. Los parroquianos del bar discutían en voz alta, a gritos, sobre los toros como Dios manda y los toros afeitados, sobre las fiestas, sobre política, sobre fútbol...

Hemingway se dirigió despacio, silencioso, a un rincón, escrutándolo todo, con los oídos muy atentos, con los ojos al acecho, siempre en guardia. Desde su llegada, andaba perplejo por todas partes, de un lado para otro, al principio receloso, después confiado, al final ya familiar, como en su casa.

—Un pernod, por favor –pidió nervioso en un balbuceante castellano.

—¿Lo quiere en un vaso pequeño o grande? –le contestó calmoso el del mandil.

Ante la cara de no entender de Ernest, el sonrosado y rubicundo posadero se fue a buscar la botella. Después de un buen rato, volvió con un vaso mediano y una botellita cubierta de polvo que puso en la mesa. Durante un instante el tipejo no se movió. Quería ver cómo se tomaba «aquello» el extranjero. El agua se tiñó al fin blanquecina con las gotas de la botella y su curiosidad quedó satisfecha. Al fondo sonaban los chistes, el acordeón y una guitarra.

Antes de iniciar aquel disipado jolgorio, aquella salvaje borrachera de veinticuatro horas de varios días con sus noches, de cantar el «riau riau», de correr ante los toros, de bailar y bailar, los mozos, con camisas blancas, desabrochadas por el calor hasta el ombligo, pañuelos rojos y alpargatas, tomaban un pantagruélico almuerzo, rociado con litros de buen tinto.

—¡Os esperamos en la Plaza del Castillo! –gritó uno de ellos con ojos ya achispados.

—Acordaros que tenemos que confesar y comulgar. Es el primer día –recordó otro con aires frailunos.

—Yo prefiero correr en la calle de la Estafeta. La subida es más sinuosa y empinada, y los toros pasan rozando con las puntas de los cuernos... ¿Lleváis el periódico?

Y ese mismo «suicida» le tendió la bota de vino a Hemingway al pasar a su lado.

Una graciosa pamplonica se acercó a él y le ató al cuello un pañuelo rojo.

—¿Cómo vas sin pañuelo, despistado? ¡Trae mala suerte! –le dijo sonriendo.

Ernest, extasiado con aquel frenesí de fiesta, se fue detrás de los mozos saltarines con su cuaderno escolar, su camisa a cuadros y el pañuelo rojo de pamplonica atado al cuello.

Qué extraña gente –pensó, mientras caminaba apretujado entre la riada que iba hacia la plaza–. Qué forma de entregarse con el cuerpo y con el alma, sin trampas, con pasión y ansiedad, con sentido del drama, con estilo... ¡Han fundido paganismo y cristianismo en una orgía! Y despilfarran, ofrecen su salud, su vida, a manos llenas...

Suena el cohete. En el cielo azul quedaba una nubecilla cenicienta y todos los campanarios de la villa repicaban con alegría. Un clamor de sangre joven estalló en las calles. Ya sale la manada de toros camino del redondel. En dos minutos escasos recorrerán los dos kilómetros desde la Puerta Rochapea a la Plaza de Toros. Los mozos se atan los fajines y enrollan sus periódicos. ¡Ha comenzado la Fiesta!

Hemingway escribiría en su cuaderno sobre aquella primera impresión por las calles de Pamplona:

«Me despertó la explosión del cohete que anunciaba la largada de los toros de los corrales que están en el límite de la ciudad... La calle angosta estaba vacía. Todos los balcones estaban llenos de gente. De pronto una multitud apareció en la calle. Todos corrían, muy cerca uno del otro. Pasaron y siguieron por la calle hacia el ruedo, y detrás de ellos venían más hombres que corrían más rápido, y después algunos rezagados que realmente corrían. Detrás de ellos había un pequeño espacio libre, y después los toros, al galope, agitando sus cabezas hacia arriba y hacia abajo. Todo se perdía de vista al doblar en la esquina. Un hombre se cayó, rodó hacia el otro extremo de la calzada y se quedó quieto. Pero los toros siguieron adelante y no lo notaron. Todos corrían juntos» (*Fiesta*).

La plaza ovalada palpita de vida. Los tendidos, las barreras, el callejón, allí están también las mujeres, con sudor de plaza de toros, con vino de corrida, con palabrotas de burdel, las majas. La arena amarillenta, el ruedo devorador, un monosabio con una manguera está rociando el ruedo. Apreturas, gritos, imprecaciones. La corte de los toreros, medio principesca, medio picaresca, gente ramplona y vulgar, pillastres y farsantes, pululan por los callejones. Gordos apoderados, cuadrillas, fotógrafos, periodistas, ¿un cortejo?, ¿un rebaño? Corre el vino, el anís, el coñac, «matar da mucha sed». Burlas, cachondeo, obscenidades, la borrachera de la chusma... palmas, pañuelos blancos, pañuelos rojos.

—Que salga el toro, que salga el toro.

—¿Cuándo va a salir?

—¡Que comience de una vez!

—¡Ahí viene!

El clarín lanza su sonido agudo. El toril se abre inesperadamente.

«...resbalando y frenando alternativamente, alta la cabeza, dilatadas las aletas de la nariz, costrosa del polvo la lustrosa piel negra, manchados de barro los flancos, altos y fuertes los cuernos...».

El torero, quieto, aguanta la ciega embestida de la bestia. El toro suelta una cornada y deja tiritando con el frío de la muerte al muchacho de la capa rosa. El torero, pequeño, moreno, de rostro cetrino, mejillas hundidas, con ojos tristes y apagados, presiente de nuevo...

«...la llegada de aquel momento en que, al salir el toro a la plaza, se le mira a los ojos mientras él decide a quién va a atacar, bajo el testuz, lista la cornamenta, en ese galope corto cuya iniciación detiene el corazón». El toro acierta al caballo, este respira hondo. Los cuernos levantan en vilo una y otra vez el cuerpo del famélico Rocinante condenado. Luego, le persiguen en el suelo hasta que suelta el resto de vida que le quedaba. Un monosabio saca al picador del apuro. Se echa encima una lona piadosa y arena sobre la sangre.

Molinetes, verónicas, manoletinas, estatuarias, faroles. El torero estaba entre los cuernos del animal. El toro con la cabeza gacha miraba la franela roja, manchada de sangre. Se niega a embestir más. Ya ha recibido suficiente castigo. El matador cogió la espada de acero.

Hemingway contemplaba al torero sin pestañear, absorto, fascinado, con algo de éxtasis artístico y adoración estética. Permanecía fijo. En sus ojos había pasión, una pasión que se agudizaba en la escena dramática del ruedo.

«Lo veía claramente mientras arrollaba el pesado paño de franela alrededor del acero, paño que colgaba pesadamente por la sangre que recogiera en los pases, al rozar la testuz del toro y acariciarlo desde el lomo hasta las ancas, mientras el animal se alzaba en el aire, agitando las banderillas... Veía al torero, de perfil, a cinco pasos del toro quieto y pesado, mientras elevaba lentamente la espada hasta ponerla a nivel del hombro, apuntando a un sitio que todavía no podía ver, porque la cabeza del toro estaba a mayor altura que sus ojos. Con un paso de la mano izquierda le haría bajar la testuz, pero antes se afirmaba entre los talones a lo largo de la hoja, perfilando ahí frente a los cuernos quebrados, al mismo tiempo que se movía agitadamente el pecho del animal, cuyos ojos no se apartaban de la capa».

La sangre deslizándose por el lomo, la agonía lenta, los mugidos lastimeros del animal. El toro malherido se arrinconó en las tablas, dispuesto a recibir la puntilla. Al caer en tierra, en sus pupilas desmesuradas, abismales, enormes, quedó cristalizado el batir de los pañuelos, la agitación espasmódica de la plaza. Las mulillas arrastraron los restos del bicho, dejando un reguero de muerte a su paso. El pueblo, el público, la chusma sañuda, vitoreaba al superviviente. La lidia había concluido.

Al principio, Hemingway no pudo levantarse de su asiento. Miró en derredor. Gesticulantes y saltarines hasta desternillarse, sus vecinos marcharon enlazados por hombros y cintura. Al pasar le decían cosas y reían. Él no oía nada. Despertaba como de un sueño. Salió lento, terriblemente triste, pero con una sensación de plenitud. Caminó solo entre la algarabía hasta el Hotel Quintana.

Iba y venía, se acostaba a altas horas de la madrugada, se levantaba con el alba, bebía como un cosaco, comía a destajo, sin tasa, trataba de escribir en las horas muertas, suprimía, tachaba, escribía de nuevo, corregía, rompía las cuartillas...

En el ruedo, Ernest había visto algo profundamente estremecedor y dramático, había presenciado en un momento la tragedia del hombre y su destino sobre la tierra. Toro y torero eran los símbolos vivientes y encarnados de la disputa trascendental. El toro representaba la fuerza ciega, mortal, el imperio de la naturaleza, la muerte. El torero era la inteligencia, el valor, la voluntad, el arte supremo, el afán de superación, el dominio de la muerte.

«El torero realiza una obra de arte y juega con la muerte, atrayéndola cerca de sí, más cerca, más cerca aún, una muerte cuya presencia uno la ve en los cuernos, porque uno ha visto los cuerpos de los caballos, cubiertos con una tela sobre la arena. El torero da entonces la sensación de su inmortalidad, y, cuando uno lo mira, este sentimiento se hace propio» (*Muerte en la tarde*).

El torero es un héroe –piensa Hemingway–, tal vez el único héroe que queda sobre la tierra. Un héroe que tiene los atributos de un dios, porque no solo puede recibir la muerte sino que puede darla. En el momento de la verdad, en el abrazo de la muerte entre el hombre y el toro, en ese viaje que el torero hace hacia la muerte en nombre de todos, ese público, ese pueblo, que asiste como espectador, de algún modo participa física y espiritualmente de esa muerte, de ese poder del torero de dar la muerte.

«La esencia de la gran seducción emotiva de la corrida de toros es el sentimiento de inmortalidad que el torero experimenta en medio de una gran faena y que comunica a los espectadores».

Existe algo de reminiscencia sacra, de rito pagano y sacro en la corrida. Y Ernest Hemingway lo intuyó, lo descubrió, desde el conflicto cruel, violento y frustrante que día a día contemplaba en su vida y que atormentaba su espíritu como una herida sangrante... «¡mundo bastardo!». ¿Fascinación por la muerte? Quizá. La muerte la lleva dentro, muy dentro.

«Las corridas de toros no son un deporte ni un espectáculo –escribiría en su primer artículo taurino para el *Toronto,* tiempo después–. Son una tragedia, la única tragedia, de origen ritual, que queda en el mundo, representada a lo vivo».

Un espectáculo-tragedia que termina necesariamente en la muerte, casi siempre la del toro, a veces la de ambos.

Profundamente impresionado por la experiencia taurina, Hemingway se dedicará a tomar notas, a ver corridas y a estudiar todo lo referente a los toros y los toreros. El dueño del hotel donde se hospeda, Juanito Quintana, se convierte en aquellos días en un gran amigo de Ernest y, sobre todo, en su guía y confidente taurino. De la mano de aquel español «feo, católico y sentimental», el joven *reporter* entrará en la habitación del torero, lo verá vestirse de luces y hacerse la coletilla, escuchará sus rezos entre Vírgenes de cera, hablará con él antes de entrar en la plaza, en el callejón en los descansos entre toro y toro, después de la corrida. Y conocerá, también, el planeta taurino, la corte de los toreros y sus campeones de la coba y la adulación, histriones hipócritas que no hablaban claro ni miraban de frente, sus gacetilleros y periodistas de tres al cuarto, chulos y golfantes, rebaño de fantasmones y petulantes...

Y Hemingway se fue detrás de los toreros con su cuaderno escolar, tras el maletón de los capotes y el estuche de las espadas, y comenzó su primera novela.

«Era una fiesta y duró siete días».

CAPÍTULO SÉPTIMO

En noviembre de 1922, el Toronto Star le envió a Lausana: se requería su presencia para informar sobre la conferencia internacional organizada para tratar de resolver el conflicto greco-turco.

¡Un fastidio! Pero, por el momento, tenía que continuar con su corresponsalía por motivos económicos.

«Y para colmo, el mal tiempo... Toda la tristeza de la ciudad se nos vino encima de pronto con las primeras lluvias frías de invierno, y al pasear no se les veía remate a los caserones blancos, solo el negro húmedo de la calle y las puertas cerradas de los tenduchos, los herbolarios, las tiendas de papelería y periódicos, la comadrona (de segunda clase), y el hotel donde Verlaine murió y yo tenía alquilado un cuarto en el último piso y allí trabajaba.

»Calculé que eran seis u ocho tramos hasta el último piso y que hacía mucho frío y me sabía cuánto valían unas cuantas ramitas de pino más tres haces de teas atadas con alambre y largas como medio lápiz, y cuando el fuego de las ramitas prende en las teas hay que tener uno de aquellos haces de leña medio húmeda, y con menos no se enciende la chimenea como para calentar el cuarto. De modo que pasé a la otra acera y miré al tejado aguantado lluvia, para ver si había chimeneas con humo y qué tal salía el humo. Pero no se veía ningún humo y pensé que la chimenea estaría fría y el tiro iba a ser un problema, y a lo mejor el cuarto se me llenaba de humo y desperdiciaba la leña y el dinero se me iba en nada, y eché a andar bajo la lluvia...» (*París era una fiesta*).

Una espesa humareda de vapor y carbonilla se levantó alrededor de la fila de vagones. La negra locomotora lanzó al aire su aguda llamada de atención y los últimos viajeros presurosos se agolparon frente a las portezuelas de cada coche.

—Tren con destino Ginebra, Lausana, Friburgo y Berna tiene su salida a las... –atronó una voz gutural en los altavoces de la estación parisina de Lyon– en la vía central.

—Hadley, ¿hemos facturado todas las maletas? –preguntó Ernest a gritos por el bullicio de los andenes.

—Creo que sí –contestó su mujer–. ¿Llevas la maleta pequeña?

—La maleta... ¿no la tenías con el bolso negro hace un momento? –dijo preocupado.

Hadley revolvió nerviosa todos los bultos que llevaban, y no encontró la maletita de los manuscritos.

Ernest, a su lado, registró pálido las otras maletas... ¡Puerca vida! No poseía ninguna copia de los originales. Tenía la maldita manía de escribir sobre la marcha y... Las narraciones, una novela medio terminada, el trabajo de los últimos años, todo perdido.

—No te preocupes, Ernest –dijo Hadley con lágrimas en los ojos–. La hallaremos. ¡Dios mío!, si esos manuscritos no le pueden servir a nadie...

Su marido no contestó. Con la mirada perdida, se levantó el cuello del abrigo y subió al vagón. No tenía fuerzas, ni aliento para decir o hacer nada. Todo lo que había escrito desde su estancia en Michigan, los poemas, los cuentos... Fue un viaje largo y silencioso.

Una semana después, Hemingway hacía de nuevo las maletas. Sus honorarios no aguantaban el tren de vida suizo. ¡Ni siquiera podía pagar el hotel! Y sus escasos e incompletos conocimientos históricos, socio-económicos y políticos de Europa le colocaban en una difícil posición a la hora de comprender los asuntos europeos que en la conferencia se trataban. ¡Demasiadas cuartillas inservibles en el cesto de los papeles!

Ya decidido a regresar al París de «las primeras lluvias frías de invierno», Ernest tuvo la suerte de conocer a dos colegas americanos que le echaron una mano.

Una gélida tarde, gris y plomiza, los corresponsales, y periodistas yanquis tomaban unas copas en el bar del hotel para hacer tiempo. En uno de los grupos formados se hablaba de gastos extras y de salarios de hambre...

—No me vendría mal ganar un sueldo adicional. La verdad es que siempre estoy con el agua al cuello –confesó el corresponsal del *Toronto Star*–. ¡Esto es un asco!

—Hemingway, la agencia de noticias Hearst tiene una vacante para Europa –apostilló uno de los presentes–. Quizá le interesaría. No pagan mal.

Allí, también, conoció Ernest al que sería un buen amigo y maestro: William Bolitho. Corresponsal del *Manchester Guardian,* este perro viejo del periodismo era un magnífico reportero especializado en asuntos políticos. Dándose cuenta de las lagunas culturales de su joven colega y de su bisoñez en terrenos tan resbaladizos como las conferencias internacionales de paz, Bolitho ayudó a Hemingway a entender los enrevesados mecanismos de estas y a perfeccionar su periodismo político.

Concluida su misión en Lausana y de regreso a París, el joven matrimonio Hemingway decidió visitar la Riviera italiana, en concreto Rapallo, en donde había fijado su residencia su amigo Ezra Pound. Alrededor de Ezra se había formado un interesante grupo de escritores y artistas europeos y americanos, que habían encontrado en aquella bella ciudad de la Liguria, en su balneario al fondo del golfo de Rapallo, la tranquilidad y el descanso inexistente ya en París.

Coincidiendo con la llegada de Hemingway, arribó al salón literario de Pound un joven editor americano, Robert McAlmon, que había empezado un pequeño negocio editorial en París. La Contact Publishing Co. publicaba por entonces obritas de autores desconocidos y de vanguardia. ¡Un negocio ruinoso!, pero de gran valor literario para los entendidos.

Robert, con su cara de chico bueno, su pelo a cepillo y una inefable pajarita, fue una víctima propiciatoria para ese gran Maquiavelo del altruismo literario que fue Ezra Pound.

—McAlmon, tengo un amigo escritor muy prometedor que se llama Ernest Hemingway –le comentó durante una tertulia en su casa–. Hace unos meses, recibió un duro revés al extraviar el trabajo de años, y no ha podido aún reponerse de él. Únicamente pudo salvar unos pocos poemas y dos historias cortas, *Arriba en Michigan* y *Mi viejo,* pero en Suiza ha escrito otra narración, titulada *Fuera de temporada.* Sería una gran idea publicar un tomito con estas obras y...

—Querido maestro, perdone que le interrumpa, pero las cosas no marchan bien allí en París –adujo triste el editor–. La situación es difícil y lo más probable es que no pueda...

—Si es por cuestiones crematísticas no me hable usted más. Arrimaré el hombro todo lo que pueda. Hable con él y pídale que le deje leer los originales. ¡Estoy seguro de que le gustará su estilo!

En agosto de 1923 apareció *Tres historias y diez poemas,* Ernest iba a cumplir veinticuatro años y fue un inesperado regalo. La tirada de trescientos ejemplares resultó un claro fracaso comercial, pero su estreno literario no cayó en saco roto en los círculos artísticos. ¡Era su primer libro!

La crítica especializada vio en los dos primeros cuentos, *Arriba en Michigan* y *Mi viejo,* la huella inconfundible del maestro Sherwood Anderson y la influencia del estilo narrativo, corto y preciso, de Gertrude Stein. Sin embargo, si Ernest coincide con Anderson en su interés por el sexo como motor básico de la conducta humana en *Arriba...,* es totalmente original su tratamiento de la desilusión en *Mi viejo,* y de la incomunicación de un matrimonio en *Fuera de temporada,* así como su manera de utilizar el diálogo, técnica personalísima ya.

Ese mismo año, la crisis del Ruhr volvió a reclamar sus comentarios políticos. En sus artículos desde la Alemania ocupada, Ernest

Hemingway empezó a utilizar una técnica narrativa breve y dramática, en la que tenía un papel clave la reproducción verídica de conversaciones en las que afloraba pincelada a pincelada la situación política.

Ernest describía su encuentro con cuatro soldados franceses en Kehl, en un artículo periodístico, con esta nueva técnica:

«Uno de ellos me dijo que a las 11:15 llegaría un tren para Offenburg, un tranvía: pero aquel ridículo tren no iba a llegar hasta las dos. El soldado sonrió mostrando los dientes. ¿*Monsieur* era de París? ¿Qué opinaba *monsieur* del combate Criqui-Zjawanny Kilbane? ¡Ah! Él opinaba exactamente lo mismo. Siempre había tenido la impresión de que aquel Kilbane no era tonto. ¿El servicio militar? Pues en todas partes lo mismo. No había ninguna diferencia, se hiciera donde se hiciera. A los dos meses le licenciaban. Era vergonzoso que no estuviera ya libre; entonces quizá podríamos charlar un poco. ¿*Monsieur* había visto el *match* Kilbane? El vino del restaurante no estaba mal, pero él estaba siempre de servicio. ¿El restaurante? No había más que seguir al gerente, en línea recta. Si *monsieur* deja aquí su equipaje, puede irse tranquilo.

»En el restaurante solo había un triste camarero, con una camisa sucia y larga barba. Dos tenientes franceses de unos cuarenta años se sentaban en una mesa del rincón. Al entrar me incliné y ambos me saludaron.

»—No –dijo el camarero–, no hay leche. Puede beber café negro, pero es un sustituto de café. La cerveza está bien.

»El camarero se sentó a la mesa.

»—No –dijo ahora–, no hay nadie aquí. Toda la gente que, como usted dice, vino aquí en julio, ahora no puede venir. Los franceses no les dan pasaporte para Alemania.

»—¿Cómo se las componen ustedes con los franceses aquí en la ciudad?

»—No hay dificultades. Son personas razonables. Exactamente como nosotros. Algunos de ellos se muestran a veces irritables, pero son gente razonable. Nadie siente odio, a excepción de los especuladores que tenían algo que perder. Aquí, desde 1914, no ha pasado nada. El dinero que se gana se desvaloriza rápidamente y hay que gastarlo. Y esto es lo que hacemos. Algún día se acabará. No sé cómo. El año pasado tenía ahorros suficientes para comprarme un hotel en Herrnberg: ahora, con ese dinero, no puedo adquirir ni cuatro botellas de champán.

»Llegó desde fuera el agudo sonar de un silbido. Pagué, estreché la mano del camarero, saludé a los dos tenientes de cuarenta años, que ahora estaban jugando una partida de ajedrez, y salí para tomar el tren militar de Offenburg».

Suministrar material a los periódicos constantemente era una servidumbre que minaba el ánimo de Hemingway. Su determinación de dejar el periodismo lo antes posible era cada vez más firme. ¡Estaba harto de caminar de un lado para otro, de relatar inmediatamente sobre la marcha, de no tener tiempo para escribir sus propias obras! Quería quedarse a solas con su papel, su lápiz y su ingenio para lograr todo lo que estaba en su mano. Estaba aprendiendo, y era consciente de ello. En su profesión siempre se estaba aprendiendo. La lectura, sobre todo, le ayudaba a incrementar sus recursos técnicos y a formar sus propias ideas.

En la frialdad del cuartucho de alquiler donde escribía en sus intervalos parisinos, cerradas las ventanas por la lluvia y el viento, y con el espíritu impresionista y maldito del poeta Verlaine pululando en las sombras, Ernest leía sus libros preferidos. Esos libros manoseados por mil manos y tomados de las abarrotadas estanterías de la «Shakespeare and Co.» de Sylvia Beach: *Guerra y Paz, Ana Karenina, Los hermanos Karamazov, Relatos de un cazador, Padres e hijos, Huckleberry Finn, Ulysses, Dubliners, Rojo y Negro, Madame Bovary, Los Bubdenbrooks...*

Una mañana de verano, como otras veces, Ernest pasó ante el Lycée Henri IV y la antigua iglesia de Saint-Étienne-du-Mont, siguió hasta la Place du Panthéon y torció a la derecha por el Boulevard

Saint-Michel, dejó a un lado el café Cluny en la esquina del Boulevard Saint-Michel y llegó a la place Saint-Michel, al café «simpático, limpio y agradable» que describió en *París era una fiesta*. Sin embargo, esta vez no entró. No entró a escribir junto a un café con leche humeante, ni a anegar su melancolía con buen ron de la Martinica, ni a suspirar por una guapa muchacha que no conocía. No, algo martilleaba en su cabeza, algo verdaderamente importante... Echó a andar hacia los jardines de Luxemburgo. Tenía que decírselo a alguien y no sabía a quién.

En el 27 de la rue de Fleurus, Ernest Hemingway detuvo su paso. Las casas de la vecindad eran viejas, tiznadas de humo grisáceo. Miró hacia arriba. Solo tenía que cruzar el húmedo umbral de la puerta y desfogarse con Gertrude Stein, su vieja amiga.

Gertrude no abrió la puerta. Era temprano y aún no se había levantado. Su compañera y secretaria particular, Alice B. Toklas, condujo al amigo escritor a la sala de los cuadros, su preferida.

—Espera aquí un momento, Ernest –susurró con su agradable voz Alice–. Gertrude estuvo anoche hasta muy tarde escribiendo y no he querido molestarla. ¿Has desayunado?

Ernest no había tomado un bocado desde la madrugada y estaba hambriento. Aceptó la amistosa invitación de Alice. La amiga de Gertrude asustaba un poco –pensó divertido–. Tan menuda, tan morena, con ese peinado a lo Juana de Arco y su ganchuda nariz, resultaba enigmática, un personaje de novela de misterio.

Los cuadros de aquella especie de museo en miniatura le entusiasmaban. Nunca tendré dinero suficiente para comprarme los Picassos o los Cézannes que quisiera –dijo para sí–. Y siguió saboreando cada trazo, cada pincelada de las telas y dibujos colgados.

Alice apareció cargada con una suculenta bandeja repleta de bollos calientes y pastelitos de hojaldre. Vestía los estrafalarios trajes floreados, muy grandes y holgados, llenos de encajes y perifollos, que tanto gustaban a Gertrude, y un coquetón delantal de cocina. En un momento, la pequeña mesa del *atelier* estuvo abarrotada por las tazas de té, las jarritas de cristal de los aguardientes y las copitas minúsculas de licor: una auténtica exposición de cachivaches.

Mientras le atendía solícita, Alice continuó con un bordado. No era muy simpática, pero daba conversación. En eso apareció Gertrude con la cara recién lavada y con una amplia bata. Por la mañana parecía más voluminosa que de costumbre. Maternal y cariñosa desayunó con Ernest. La charla subió de interés, aunque aquel día nuestro protagonista era hombre de pocas palabras. Hemingway permaneció allí a la hora de comer. Parecía no tener ningún interés en marcharse. Durante la tarde, Gertrude le enseñó los muchos tomos que tenía manuscritos y que Alice iba pasando a máquina. Estaba escribiendo por entonces un libro increíblemente largo que tituló *The making of Americans,* y Ernest también se quedó a cenar. Cuando el reloj de péndulo del estudio dio las diez campanadas de la noche, ya había bebido suficiente como para darse valor y, con la copa de aguardiente vacía en la mano, dijo súbitamente:

—Hadley, mi esposa, espera un hijo.

Gertrude y Alice se miraron entre sorprendidas y divertidas. ¡Era un bombazo!

—Y yo... soy demasiado joven para ser padre –agregó Ernest con gran amargura.

—¡Pero, hombre de Dios, no te pongas así! –respondió risueña Miss Stein.

Amiga y secretaria consolaron todo lo bien que pudieron al desconsolado padre y le mandaron a casa, con su mujer.

Poco tiempo después, Ernest y Hadley volvieron a casa de Gertrude. Habían decidido que lo mejor era regresar a Toronto para esperar el nacimiento de su primer hijo. El propósito de Ernest era permanecer allí un par de años, hasta que el niño fuera mayor. Estaba dispuesto a trabajar muy duro, a escribir todos los artículos que fueran necesarios, para conseguir suficiente dinero y dejar el periodismo.

En París, «las hojas se pudrían de lluvia por el suelo». El otoño había llegado de nuevo. Los Hemingway abandonaron su piso de alquiler del 74 rue Cardinal Lemoine.

«Tal vez, lejos de París, podría escribir sobre París tal como en París era capaz de escribir sobre Michigan. Pero no me daba cuenta de que eso era prematuro, porque todavía no conocía París bastante bien. Aunque llegó un día en que fue verdad. En todo caso, la cosa entonces era marcharnos si mi mujer quería, y terminé las ostras y el vino y pagué la cuenta, y tomé el camino más corto para subir a la Montagne Sainte-Geneviève atravesando la lluvia, que, por entonces, era ya un fenómeno climático local mientras que antes nos transformaba la vida, y llegué al piso en la cumbre de la loma.

»—Me parece muy buena idea, Tatie –dijo mi mujer. Tenía una cara de modelado suave y los ojos y la sonrisa se le iluminaban ante cada decisión ofrecida, como si fuera un regalo de valor–. ¿Cuándo nos marchamos?

»—Cuando quieras.

»—Yo quiero en seguida. ¿No lo sabes ya?

»—A lo mejor se pone estupendo y claro cuando volvamos. Muchas veces es una maravilla cuando se pone claro y frío.

»—Sí que se pondrá de maravilla —dijo ella—. Me hace mucha ilusión. Has tenido una buena idea» (*París era una fiesta*).

Toronto, poblado indio y centro de comercio de pieles allá por el siglo XVIII, era ahora una populosa ciudad en continuo crecimiento. Su millón largo de pobladores se extendía en un plano cuadrangular a partir de la ribera del lago Ontario. Detrás del puerto, construido en una pequeña bahía, surgían imponentes los edificios y rascacielos del barrio comercial, salpicado de centros administrativos, bancos y hoteles. Más alejados, en las afueras, los barrios residenciales elegantes y abundantes en parques y espacios verdes.

Monotonía, aburrimiento, tranquilidad, acontecimientos triviales, congresos de abogados o de dentistas, conciertos de alto copete en el

Massey Hall y algún incendio que otro, eran el material periodístico que la industriosa y adormecida capital del Canadá ofrecía al recién llegado escritor. Encadenado a la máquina de escribir de la redacción, Ernest ya se veía a sí mismo como un oscuro y triste periodista profesional que a trancas y barrancas ganaba con la pluma lo suficiente para vivir. Ahora, en lo más profundo de su ser, solo contaba el hombre-escritor, cuyo destino estaba hecho y aplicado al arte. Quería una existencia libre, literalmente volcada sobre la tierra, el mar y las gentes de las que había que escribir. Se había alejado de París en atención a su familia, pero...

—¿Es usted el padre? –preguntó la enfermera.

Con un tic afirmativo de cabeza respondió Hemingway a la pregunta. Sentía que la lengua se había hinchado en la boca reseca y pastosa por el tabaco. Y un repentino ataque de tos nerviosa le impidió reaccionar.

—¡Enhorabuena! Ha sido un precioso niño –dijo sonriendo la de la cofia.

—¿Cómo está ella, la madre? –inquirió con miedo–. No había podido dejar de pensar en la posibilidad de la muerte. Quedarse solo con el pequeño, tal vez sin los dos...

—No se preocupe. Madre e hijo están perfectamente. Tranquilícese, todo ha terminado –le consoló la enfermera suavemente–. Espere aquí y dentro de un momento podrá verlos a ambos.

Poco a poco, en la soledad blanca y aséptica de la sala de espera, Ernest Hemingway va remontando la corriente del recuerdo, río arriba. De un modo lúcido y transparente revive el primer relato de su nuevo libro. *En nuestro tiempo,* aún no publicado No sabe muy bien por qué pero lo había titulado *Campamento indio...*

Nick, el protagonista, es el hijo de un médico. Sí, un médico que enseña a su cachorro a pescar y a cazar en los campos de una reserva india. Un día, el doctor Adams es llamado para asistir al parto de una mujer india y decide revelar la dura realidad de la vida a su hombrecito. Y se lleva al muchacho a la cabaña. Allí todo es pobreza, abandono y dolor. El marido de la parturienta, inválido, yace en una sucia litera. La cosa viene mal, es un parto difícil y el padre tiene que improvisar una cesárea sin instrumentos adecuados –un cuchillo de monte, hilo de pescar para suturar– y sin anestesia. Horror, gritos, sangre, el niño ayuda a su padre en la terrible operación. Al final, ¡un magnífico trabajo! digno de ser citado en los periódicos –dice orgulloso el médico–. Al ir a felicitar al padre indio, un charco de sangre caliente les anuncia la tragedia. Con una navaja de afeitar, abierta aún sobre la cama, el indio ha cortado su cuello de oreja a oreja. Encuentro brusco, salvaje, brutal, del niño con la muerte... la sangre, la de la madre, la del recién nacido, la del padre, ante sus ojos, bajo sus pies, en sus propias manos...

«—Estoy arrepentidísimo de haberte traído, Nicky –dijo su padre. Ya había desaparecido la alegría que había sucedido a la operación–. Ha sido algo espantoso y poco conveniente para ti».

»Regresando por el lago, sentado en la popa del bote, mientras su padre remaba, Nick pregunta:

»—¿Las señoras siempre tienen los hijos tan mal?

»—No –contestó el padre–. Esto es muy excepcional.

»—Y él, ¿por qué se ha matado?

»—No lo sé, Nick. Pienso que no podía soportar las cosas.

»—¿Hay muchos hombres que se matan, papá?

»—No muchos, Nick.

»—¿Y las mujeres?

»—Muchas menos.

»—...¿Es difícil morirse, papá?

»—No. Yo pienso que es muy fácil. Depende» (*En nuestro tiempo*).

Ernest, apoltronado en la butaca, no puede evitar un escalofrío. Pobre hombre, no pudo resistir los aullidos de dolor de su mujer... Un trauma antiguo que no ha podido olvidar. Su primer contacto con el dolor y la muerte...

—¿Es usted Ernest Hemingway? –preguntó un médico con bata verde de quirófano–. Ya puede ver a su hijo y a la madre.

Como sonámbulo, Ernest echó a andar por el luminoso corredor.

—¡Eh, que por ahí no es! –gritó tras él el joven interno.

En enero de 1924, Ernest, Hadley y el pequeño Bumby abandonaban Canadá para regresar nuevamente a París. Su prestigio, su alma personal y artística estaba en juego. ¡Viviría en París como un escritor libre! Renunciaba a su profesión de periodista a cambio de la libertad para crear, de la total entrega al arte, a la literatura. Es verdad que era una decisión aventurada y que tenía una familia que alimentar, pero estaba desesperado, y ya había dimitido en el *Star*.

Días antes, Hemingway había entrado como un basilisco en el despacho del director y presidente de la *Toronto Star Ltd.* gritando:

—¿Qué derecho tenía usted a quemar unos documentos que estaban en mi poder? Eran documentos oficiales. Y un diplomático extranjero me los había confiado para un artículo.

Aquel imbécil de cuello duro ni siquiera se dignó contestarle. Tenía la sartén por el mango. Era un arribista, un individuo sin escrúpulos, que había llegado a la cima, merced a las intrigas de pasillo y a un ventajoso matrimonio con la hija del editor del periódico. No tenía nada que temer de aquel muerto de hambre llegado de París.

Exasperado por la mirada displicente del burócrata, Ernest golpeó con fuerza la mesa con los dos puños y bramó:

—¡Al diablo, bastardo!

Y dimitió inmediatamente.

La *rue* Notre Dame des Champs transcurre lánguida entre el *boulevard* de Saint Michel y su homónimo de Raspail. A un lado y a otro grandes caserones blancos y de ladrillo albergan en sus bajos multitud de tenduchos, tabernas y talleres artesanos. Aquí y allá, escondidas por el ramaje de los árboles de sus jardines, algunas mansiones aristócratas, olvidadas por el tiempo y sus moradores, parecen dormir un sueño eterno o esperar a la piqueta. Allí, en un pequeño y modesto apartamento, se instalaron los Hemingway a su vuelta a París.

La vida de escritor era dura tanto si se era conocido y famoso como si no. Hemingway había demostrado ya sus condiciones como reportero y periodista, pero ahora tenía que hacerlo como simple literato. Y en este quehacer al principio no estuvo nada afortunado. Sus cortas narraciones no eran narraciones en un sentido estricto, acusaban las redacciones al rechazarlas. Demasiado escuetas y concisas, parecen una versión americana de los versos en prosa del ruso Turgeniev, declaraban otras veces. Hemingway, como otros muchos, no era profeta en su tierra.

Al fin, algunos de sus relatos cortos fueron admitidos en las páginas de las revistas francesas. ¡La puerta se había abierto! El conocido *Querschnitt,* de Berlín, decidió por entonces publicar una de sus narraciones largas, basada en los recuerdos de su viaje a España: *La lidia.* Y el definitivo empujón lo dio una importante revista americana, la *Atlantic Monthly,* con un gran peso específico en el mundillo literario norteamericano, al comprar al compatriota expatriado su relato *Cincuenta mil dólares.* A partir de ese momento el importantísimo mercado americano de la narración y del cuento solicitó las colaboraciones del joven autor residente en París.

Mientras, el periodismo americano no veía con resignación el abandono de sus filas de tan prometedor elemento y hacía tentativas –con los dólares por delante– para que la oveja descarriada volviera al redil. Un redactor de un periódico de la poderosa agencia Hearst fue el encargado de tentar a Ernest con un sustancioso contrato. ¡La solución económica durante años enteros! Pero este no aceptó. Significaba otra vez la dependencia, la esclavitud, y, también, el peligro del engolfamiento, la falsa seguridad y la desidia creadora. Saber de antemano que escribiera lo que escribiera estaba ya aceptado y, sobre todo, pagado.

—Pero, ¿quién se han creído que soy yo? La integridad de un escritor es como la virginidad de una doncella –fue su rotunda respuesta–: cuando se pierde ya no puede recuperarse.

Ernest Hemingway quería ser señor de su destino, dominar siempre la situación. Toda su moral de hombre de acción, de luchador, hasta su misma literatura, iba en esa dirección. Prefería luchar, enfrentarse a la fortuna adversa, superar la fatalidad, antes que sentirse derrotado en vida. El dinero era para él el sello de su libertad, nada más.

En una ocasión, años después, Ernest diría a un joven escritor, Castillo-Puche, que como él entonces estaba empezando:

—José Luis, no dejes que nadie te amanse ni domestique.

—Ya sabes que hago todo lo posible para que no.

—Pues eso, ni siquiera la muerte. Cuando la gran ramera pueda hacerlo, que sea ya desde la otra parte.

Hemingway preparaba su segundo libro para la imprenta. Unos amigos de la colonia americana habían leído una serie de relatos breves, casi unos bocetos, escritos durante su época de periodista, e insistieron en que los publicara. La *Three Mountain Press* de París estaba dispuesta a editar una pequeña tirada, 170 ejemplares, de aquella pequeña colección de relatos, y Ernest se puso a retocar y corregir con entusiasmo.

—¿Cómo se te ocurrió el titulo *En nuestro tiempo,* Ernest? –le preguntó un amigo periodista durante una reunión en casa de Gertrude.

—En realidad, no tiene importancia –contestó el escritor–. Un día oí una plegaria: «Danos la Paz en nuestro tiempo, ¡oh, Señor!» Y sentí un escalofrío de rabia. Era una ironía trágica semejante grito al cielo cuando nuestra vida contemporánea estaba presidida por la violencia más atroz. He visto demasiadas barbaridades para no ser duro y realista en mis comentarios sobre el comportamiento del hombre del siglo XX...

Escenas verídicas, casi en su totalidad biográficas, esbozadas día a día por los caminos de Europa y América, escritas a mano en su cuadernillo o a máquina en una pensión de mala muerte, constituyen el armazón de este su segundo libro... La destrucción y desolación tras un bombardeo; un hombre herido en la médula espinal por una ametralladora; la explosión sangrienta de una revolución; los pelotones de ejecución ajusticiando a héroes y traidores, la lenta agonía de un toro de lidia, la brutal cogida de un torero, la justicia de gánsters y policías, en el Chicago de la ley seca, etc...

¿Por qué el tema de la guerra, Hemingway? ¿No era injusto dejar de lado todo lo que había de sencillo, bueno y decente en la vida? Sin lugar a dudas, quizá es la mejor manera de describir el ambiente moral de una época como la nuestra, siempre al borde de la lucha, pero...

—La guerra es uno de los grandes temas y, sin duda alguna, uno de los más difíciles de tratar con sinceridad –respondería Ernest–. Por otra parte, una de las cosas sencillas y elementales sobre la que se puede escribir es la muerte violenta.

Era esa clase de material, estremecedoramente humano, casi putrefacto, lo que le interesaba. Quería conocer, comprender, el comportamiento de la gente bajo aquellas presiones físicas y psíquicas, pero, ¿por qué? ¿Lo había hecho porque no había tenido otra salida? ¿Ni dentro ni fuera, ni cerca ni lejos, encontraba nada a que asirse? ¿Era la vida, su vida, ese calvario de agonía larga que reflejaba en sus libros?

Entretanto, su matrimonio se tambaleaba, hacía aguas como un barco en una tormenta. La incomunicación entre Ernest y Hadley se había adueñado de la situación. La máscara de Hemingway, su pudorosa careta, que le hacía parecer vital, invencible y gozador de la vida, se desprendía de su rostro en la intimidad. Y surgía, entonces, el hombre temeroso, de atormentado espíritu, vulnerable y débil en la lucha de la vida, que, orgulloso, quería ser el único testigo de su drama interior y ocultaba sus dudas, sus complejos. A veces, la debilidad se adueñaba de su voluntad, la razón se ofuscaba, y todo se derrumbaba estrepitosamente.

—Hacer lo que quiero, ir donde quiero, estar con quien quiero, eso es lo que yo quiero –decía contrariado cuando quería hacerse el fuerte. Y si no, la postura de niño receloso y desilusionado.

Las servidumbres de la familia, de la fidelidad, del hogar, le pesaban como losas. Y ese terror suyo a la cama, ese no querer acostarse nunca, ese pánico a estar solo que le iba dominando poco a poco, la luz de la mesilla siempre encendida. Su reclusión, su abandono del hogar a la hora de escribir, su profundo miedo a la pobreza y su despilfarro aparente. Contradicciones y manías que no debieron hacer nada fácil la convivencia en el pequeño apartamento de Notre Dame des Champs.

—¡Pero no puede haber un momento de paz en esta maldita casa! –gritó fuera de sí–. ¡Sabes de sobra que no puedo concentrarme y escribir con el niño llorando a todas horas!

Asustado por la tempestuosa irrupción de Ernest, el pequeño Bumby cesó en su llanto. Hizo pucheros y metiéndose los puñitos entre sus doloridas encías se deshizo en lágrimas con más fuerza aún. Ernest, rabioso, se encogió de hombros y cerró la puerta con un violento portazo, despotricando para sus adentros.

—¿Cómo se puede ser tan egoísta? –dijo Hadley secamente–. Ni el amor ni el matrimonio ni tu hijo son ataduras para ti. ¡No te importamos nada! Solo tu trabajo... Y esa máquina de escribir siempre martilleándonos los oídos. –Y meció al pequeño en sus brazos, arrulladora.

—No hagas un drama de mi «feroz egoísmo de artista», como tú dices –contestó Ernest en el dintel de la puerta–. Está bien, tienes razón, ha sido un enfurruñamiento tonto... Pero, no puedo escribir si Bumby sigue berreando.

—¿Y qué quieres que haga? ¿Que lo amordace? Le están saliendo los dientes y es pequeño... ¡No piensas nada más que en ti mismo! ¡Yo no puedo más! –gimoteó entrecortadamente.

¡Oh, la primera ilusión del amor! ¿Dónde había quedado? El amor no podía darle un sentido a su vida. Se sentía incapaz, fracasado, impotente para rehacerse frente a Hadley. La verdad es que le importaba muy poco. Hadley tan dulce, tan encantadora, no le comprendía, no entendía su generosidad, su ternura dosificada. ¡No entendía que su radical soledad era más profunda que todo eso! Se dejaba querer, se dejaba llevar, pero su casi absoluta carencia de capacidad de sacrificio le impedía comunicarse con aquella mujer. Era un extraño a su lado.

Cerró la puerta despacio, lentamente, para no hacer ruido, y bajó las escaleras pesado, abotargado por un día de trabajo febril, vacío y triste. Hadley y Bumby dormían. Y echó a andar bajo la lluvia de verano.

«Las hojas se pudrían de lluvia por el suelo, y el viento arrojaba lluvia al gran autobús verde en la parada de término, y el Café des Amateurs se llenaba y el color y el humo de dentro empañaban los cristales. Era un café tristón y mala sombra, y allí se agolpaban los borrachos del barrio y yo me guardaba de entrar porque olía a cuerpo sucio y la borrachera olía acremente. Los hombres y mujeres que frecuentaban el Amateurs andaban bebidos casi siempre, o sea siempre que el dinero les alcanzaba, generalmente pedían vino, litros o medios litros. Había anuncios de aperitivos con nombres raros, pero casi nadie era bastante rico, o en todo caso echaban un cimiento de aperitivo para luego edificar su trompa de vino. A las borrachas las llamaban *poivrottes* que quiere decir alcohólico, pero en mujer.

»El Café des Amateurs era la cloaca de la *rue* Monffetard, aquel encanto de la callejuela con tiendas y puestos de mercados que iba a la Place Contrescarpe. En las viejas casas de vecindad, los retretes en cuclillas, uno en cada piso dando a la escalera, con las eminencias en forma de zapato a cada lado del agujero, de cemento y con una cuadrícula para que el *locataire* no resbalara, se vaciaban en sentinas a las que vaciaban de noche con una bomba y volcaban en la cuba de un carro de caballos. En verano, con todas las ventanas abiertas, oíamos la bomba y el olor era insoportable. Los carros con las cubas iban pintados en marrón y azafrán, a la luz de la luna, los cilindros con ruedas tras sus caballos parecían cuadros de Braque. Pero nadie vaciaba el Café des Amateurs, y el amarillo aviso en la pared que daba los horarios y las penas de ordenanza para la embriaguez pública se veía sucio y desdeñado en la medida misma en que los clientes eran permanentes y malolientes» (*París era una fiesta*).

Medio sentado y medio de pie, como fundido a la barra, Ernest se agarraba al vaso, fuertemente, la mirada perdida entre botellas y espejos. A medida que echaba al coleto un vaso tras otro, su rostro se oscurecía apesadumbrado, más solo, más triste...

—No me estoy emborrachando... –decía para sí–. Solo estoy tomando un poco de vino, me gusta tomar vino.

CAPÍTULO OCTAVO

Era un día claro y brillante. El coche seguía por un paisaje agreste, a veces descarnado entre rocas desnudas, a ratos salpicado de bosquecillos de pinos breves. Pasaron por un pueblo de tejas de pizarra y barro, las cigüeñas anidaban calentitas en su campanario pueblerino. Y continuaron por la lisa carretera a cuyos lados florecían los campos de trigo. Menudas perdices cubiertas del polvo de las veredas cruzaban presurosas el camino. Las montañas se elevaban a la derecha, lejanas, y sus cumbres se derretían de nieve, lánguidamente. Ruido del agua al caer por delgados arroyuelos en cabellera. Las nieblas mañaneras filtraban ya los rayos del sol del estío.

—¡Mirad, en lo alto, sobre los peñascos! –gritó uno de los ocupantes del coche.

—¿Es un halcón o un águila, Ernest?

—¡Por su vuelo creo que es un soberbio halcón! –contestó este entusiasmado–. Ya veréis cuando estemos en tierras de Navarra. Es maravilloso, con sus viñedos a rebosar, sus caseríos limpios y solitarios y esas piedras viejas de sus iglesias, modeladas por el paso del tiempo... Los rostros de sus hombres parecen como sacados de la tierra misma.

—¿Por qué no nos detenemos en aquel río? –dijo Hadley cansada por el viaje–. Vamos a llegar muy temprano. ¿No os gustaría refrescaros los pies y almorzar algo? ¡Tengo hambre!

—¡Por mí de acuerdo! –contestó Ernest–. ¡Yo también estoy hambriento! Pero me gustaría estar en Pamplona para el «encierrillo» de la víspera de San Fermín. Además, tenemos que pasar a recoger las entradas para los toros en «Yoldi». Espero que Juanito me las haya reservado... ¿Y vosotros muchachos, nos detenemos o no?

Todos a una, John (Dos Passos), Robert (MacAlmon) y Donald (Ogden Stewart), contestaron afirmativamente. El viaje resultaba agotador y nunca venían mal estas paradas.

A la orilla del río se desnudaron para darse un chapuzón. Introdujeron unas botellas de cerveza y Coca-Cola en la helada corriente y abrieron la suculenta cesta de viandas. Ernest, desnudo de medio cuerpo y con la visera puesta, se sentó bajo un roble con su inseparable cuadernillo escolar...

«...y el agua estaba tan clara como la luz, y cambiaba de temperatura según se iba más al fondo, fría, muy fría, y la sombra de los árboles en las orillas, donde el sol quemaba y los trigos altos que balanceaba el viento al otro lado del río, trepando hasta la montaña... Y había un viejo castillo a la cabeza del valle, donde el río salía entre las rocas. Y estuvimos tumbados sobre la hierba, desnudos, al sol y, más tarde, a la sombra...».

Dos años atrás, Ernest se había encontrado consigo mismo al pisar tierra española. Todo lo español, el color del cielo, los olores de sus campos, los silencios de sus pueblos, los gestos de sus hombres, los sabores de sus posadas, había encendido su pasión, su inspiración, su pensamiento. Desde entonces necesitaba la realidad española, al menos una vez al año, para sentir, para querer. Buscaba en España la pasión de vivir, de ver y andar, de gozar y sufrir, incluso la pasión de escribir. Porque para él la vida era incitante y bella pero también cruel y aniquiladora. Vivir era hermoso y más vivir plenamente apurando cada minuto, cada instante, mas también era amargura, dolor y desencanto. Y el arte era una seducción y el amor ayudaba un poco... Y España era cada una de esas cosas y todo.

—Cuando un hombre se siente como en su casa en un lugar lejano del sitio donde ha nacido, es que allí es donde debe ir –dijo convencido para sí.

—Uno de enero
dos de febrero
tres de marzo
cuatro de abril,
cinco de mayo
seis de junio
siete de julio

—San Fermín –cantaban alborozados su esposa y los escritores americanos amigos.

—¡Bien, bien, de acuerdo! Ya he entendido la indirecta. ¡Vamos para Pamplona! –dijo con aquel reír suyo tan loco, tan sano y abierto.

Y continuaron la marcha, parando una y otra vez.

Amaneció el primer día de fiesta. Pamplona era un hervidero de gentes del valle y de la ribera, de la montaña y de la huerta, en aquel verano de 1924. Muchachos y muchachas iban y venían como sonámbulos, nerviosos y tensos como cuerdas de guitarra, chocando, saludando y riendo entre ellos. El alba les acompañaba en su delirio y en su canto:

—Levántate, pamplonica,
y da de la cama un brinco...

La máquina de la fiesta estaba preparada. Los tablones del encierro estaban puestos desde el Hospital Militar hasta el ensanche de la Telefónica, pasando por plazuelas y callejas, la rampa del Ayuntamiento y los pasillos de Mercaderes y Estafeta. Las peñas, charangas y comparsas daban vueltas y vueltas, frenéticamente, cogidos por las manos, por los hombros, por las caderas, formando círculos y cadenas que se hacían y deshacían. Pitos, bombos, chistus y platillos. Una marea danzante avanzaba como un río de brazos en alto hacia la Plaza del Castillo. La gente en las aceras y en las calles se apretujaba. Las mesitas de bares y tabernas, acurrucadas junto a las paredes, parecían condenadas a ser barridas por las olas de bailarines y cantores pamplonicas.

Víctimas de la vigilia de la noche anterior, algunos mozos adormecidos descansaban en la acera hechos un ovillo. Otros, sentados en los bordillos o apoyados en las tapias, esperaban atentos al reloj. Todos danzaban. Era el momento de ir tomando posiciones, de recorrer el escenario de la aventura, de la locura, de escoger las rejas a las que luego subirse o los huecos de las vallas de madera donde guarecerse de la tempestad de sanferministas y toros espantados. La torre del «gallico» tenía que cantar las siete campanadas y San Fermín era muy puntual. Los más nerviosos, o los más borrachos ya, brincaban como posesos para mirar hacia atrás, hacia los lindes de la calle de La Curia, por donde tenía que aparecer la escapada de los toros. A centenares, la muchachada se concentraba en la calle de la Estafeta, después de la revuelta de la calle Doña Blanca de Navarra. Los expertos y arrojados se situaban en la peligrosa esquina del Ayuntamiento. Había que ocupar el puesto ganado año a año, tarascada a tarascada, o el prometido a los amigos fanfarrones para no ser menos, en la carrera ante los toros. ¡Los toros harían un hombre de cada uno de aquellos muchachos!

Inmersos en la algarabía de brazos en alto, pañuelos rojos y danzantes, Hemingway y sus amigos americanos se dejaban llevar por el «riau-riau» de los mozos.

—¿Tú has corrido alguna vez? –le preguntó Dos Passos a Ernest.

—Yo no. Pero ya es hora de hacerlo. No me conformo con ser espectador.

—¿Estás nervioso? –dijo MacAlmon.

—¿Nervioso? No. ¡Muerto de miedo!

—Lo mejor es situarse en la esquina del Ayuntamiento –afirmó risueño Juanito Quintana, el amigo español–. Allí, con dejarlos pasar, todo habrá acabado en unos segundos y no tendréis necesidad de correr. Pero es un sitio peligroso... pasan muy cerca.

—Pero yo quiero correr –dijo muy asustado Stewart–... ¿Dónde me colocaré?

—En ese caso –continuó divertido Juanito– basta con que nos situemos en la calle de la Estafeta. Allí hay mucha gente y es más seguro. Luego, todo consiste en correr como un loco evitando enredarse o dejarse pisar por los otros. Y cuidado con los empujones y las caídas... ¡Ah, se me olvidaba! –dijo riendo hasta desternillarse–. ¡Huid de los borrachos! Se agarran a uno como a un clavo ardiendo y así no es fácil correr.

Un pamplonica ya medio «tajada», con el pañuelo rojo extendido en un palo como si fuera una muleta, daba a diestro y siniestro pases imaginarios, mientras canturreaba unas *soleás*:

—El vino se paladea

Y se paladea el toreo...

Faltaban pocos minutos. Conforme se acercaba la hora las piernas temblaban más de lo acostumbrado y la voz de tanto gritar y del miedo sonaba más aguardentosa. El corazón se salía por la boca.

—Tienes miedo pero no tanto –dijo Ernest a su amigo Stewart pegado a él–. Otros tendrán más...

—Ataros bien las alpargatas –recordó más serio Juanito–, hay que llevar mucho cuidado en no tropezar. Si la cosa se pone fea, a veces es mejor tirarse al suelo, pero hay que saber tirarse al suelo.

—¿Qué dice Ernest? No le entiendo nada –dijo MacAlmon.

—Que te vas a romper la crisma si no te atas mucho mejor las alpargatas nuevas, Robert...

Todo ocurrió fugazmente. El tañido de la primera campanada no se escuchó por la algazara reinante y el primer cohete rasgó de improviso el cielo. Muchos salieron corriendo como gamos. Y Ernest y Juanito tuvieron que sujetar por donde pudieron a los otros tres «valientes», que salían despavoridos no se sabía adónde. Los mozos, brutos como ellos solos, berrearon, silbaron y bromearon todo lo que pudieron y un poco más hasta que sonó el segundo cohete.

—¡Se acabó el hacer gansadas! ¡A correr! –gritó un veterano cuarentón.

Un alud humano arrastró al grupo de Hemingway hacia el centro de la calle y los desperdigó como granos de trigo. Todo fue muy rápido. Los toros ya habían arrancado por la cuesta con su tropel negro y podían aparecer de un momento a otro por la calle de la Curia. Ernest y Donald corrían juntos y se lanzaban fugaces miradas.

—¿Cómo vas Stewart? –gritó Ernest.

—¡Las piernas me responden, Hemingway! –contestó eufórico aquel.

Saltando a los caídos, esquivando a los rezagados, aprovechando todos los huecos, corrían y corrían por la acera y por el mismo centro de la calle.

Los gritos histéricos y los ayes anunciaron la amenaza de los toros. Un clamor ululante, inflamado de risas y respiraciones jadeantes, entrecortadas, precedió al ruido sordo y enfurecido de su trote sobre los adoquines.

Ernest volvió la cabeza hacia atrás para ver por dónde venían y vio resbalar a Stewart a pocos pasos de un toro. Achuchado por la bestia contra una esquina, contra las tablas de las vallas, Stewart fue cogido malamente. Hemingway, corriendo contra corriente y a empellones, se cruzó ante el animal que volvía a embestir al amigo...

»...alta la cabeza, dilatadas las aletas de la nariz, costrosa de polvo la lustrosa piel negra, manchados de barro los flancos, altos y fuertes los cuernos...».

Apretujados en el suelo, junto a los bordes, vieron la puerta, la luminosidad del coso, la anchura que desembocaba en la Plaza de Toros. Un enorme muro de cuerpos sudorosos y palpitantes parecía taponar irremediablemente la entrada, pero mozos, toros y mansos pasaban pisando, hundiéndose, brincando frenéticamente hasta salir al ruedo.

Ernest, aturdido aún por la tarascada, ayudó a levantarse a Stewart.

—¿Te ha empitonado? –preguntó nervioso.

—Me ha desgarrado el pantalón –balbuceó el otro sin saber bien qué había pasado.

—No es nada, Donald. Pero habrá que vigilarlo. Pudo pasarte algo peor...

—¿Y a ti qué te ha pasado?

—¡Bah, un revolcón!

La masa informe de cuerpos encapuchados y polvorientos, había desaparecido, lentamente: unos, renqueantes y doloridos, por sus propios pies; otros, los menos, en brazos de compañeros y en camilla. Dentro, en el ruedo, todos gritaban y bailaban. Con las manos en alto el torbellino de charanga y bailadores avanzaba y retrocedía formando enormes círculos y deshaciéndose en cadenas y cintas de mozos y mozas. Los chistus, los bombos, el tambor y las gaitas atronaban estruendosamente el ambiente. Sol de plaza, aire de fiesta, vibración de baile popular y masivo...

Ernest y Donald, apoyándose el uno en el otro, metieron sus magullados cuerpos en la jarana sanferminera del coso. Pero, torpones y grotescos, fueron a dar con sus huesos en la arena; de nuevo sustos, carreras, empellones y al suelo.

—¿Pero no era bastante con lo de fuera? –dijo riendo Donald.

—¡La madre que la parió! Menos mal que era pequeña...

La vaquilla embolada, asustada por el alboroto, revolcaba, enganchaba, pisoteaba y coceaba a los mozos que, borrachos de vino y de fiesta, hacían el bestia a mansalva.

Uno de ellos...

«Agitaba un saco delante del hocico del toro para apartarlo de algún caído, y muchas veces se había prendido de los cuernos del toro, tironeando de ellos y distrayendo la atención del animal a golpes en el hocico y puntapiés en los costados, hasta que abandonaba al caído y arremetía contra otro».

Otro, firmemente asentado en sus talones...

«Se asió a la cola del toro, retorciéndola y tironeándola con todas sus fuerzas para apartarlo de quien estuviera en el suelo».

Todo en Pamplona es rito, rito cruento y pagano. En el aire se respira un misterio embriagador. Carnaval de vida y muerte, ríos de vino corren por las gradas del circo romano pamplonica. Todos beben sin tasa queriendo apagar una sed profunda, vital, desesperada.

En medio de aquella bacanal de alegría y locura, de botas de vino corriendo de mano en mano, se puede estar solo, triste, embriagado de melancolía y tristeza. Ernest, abstraído en pensamientos equívocos, inconfesables, contemplaba silencioso la vorágine de la juerga. A su alrededor, la pequeña «tribu» de americanos de París contemplaban absortos, como hipnotizados, el frenesí de la plaza, riendo y bailando como niños con zapatos nuevos.

«La fiesta había comenzado de verdad. Siguió noche y día durante siete días. Continuó el bailar, el beber y el ruido. Las cosas que ocurrían solo podían haber ocurrido durante una fiesta. Al final todo se tornó totalmente irreal y pareció como si nada pudiera tener consecuencia alguna. Parecía fuera de lugar pensar en consecuencias durante la fiesta. Se tenía la sensación de que uno estaba tan quieto que tenía que gritar sus observaciones para hacerlas entender. Daban la misma sensación todos los otros actos. Era una fiesta y duró siete días» (*Fiesta*).

Súbitamente, como en un ataque de locura, o quién sabe si de excesiva lucidez. Stewart se lanzó renqueante al ruedo. Nadie pudo sujetarle o impedírselo, pero allí estaba delante del torillo. ¡Qué digo!, iba como poseso hacia la vaquilla, como si fuera a abrazarla, con un ridículo pañuelo arrugado como improvisada muleta.

Hadley soltó un gritito ahogado y le clavó las uñas en el brazo a Ernest. Dos Passos y MacAlmon se miraron asombrados, sin saber qué hacer. Juanito hizo el gesto de llevarse las manos a la cabeza y...

—¡Pero qué hace ese loco! ¡Le va a coger! –dijo mirando a Ernest.

El corazón se le salía por la boca cuando, sin pensárselo dos veces, se tiró a salvar a Donald. Unos y otros quisieron detenerle, pero en unos instantes estaba bajo las pezuñas del animal, revolcado y con un leve pitonazo. Donald, asustado y sin comprender qué hacia allí, había recibido la peor parte: fue sacado de la plaza con varias costillas fracturadas.

La mañana se pasaba y no había que desaprovecharla. Ya conocían por dentro la enfermería de la plaza y sus cuerpos estaban cubiertos de hematomas y magulladuras, pero el espíritu de fiesta y las ganas de pasarlo bien habían renacido con más fuerza después del miedo. Stewart, dolorido de pies a cabeza y enfundado en vendas, prefirió descansar en la habitación del Hotel Quintana. Pero el resto, con Hemingway a la cabeza, siguió la fiesta.

Recién terminado el encierro, era de rigor tomar un café con leche calentito y unos churros en alguno de los cafetillos de la Plaza del Castillo, mientras se comentaban las incidencias de la «corrida» delante de los toros y la improvisada capea de después.

—¿Cómo te encuentras, Ernest? –le preguntó cariñoso Juanito.

—Esto va bien, estoy muy contento. Un poco jodido por la rodilla, pero en forma.

—Me alegro que hayas venido.

—¿Por qué no había de venir?

—Lo vamos a pasar en grande. ¿Por qué no nos encaminamos hacia Casa Marcelino? ¡No me digas que no tienes apetito después de la tarascada del becerro!

—¡Oye, tú! Sería un becerro, pero tenía los cuernos así de grandes...

«En Pamplona teníamos nuestros sitios secretos, como el establecimiento de Marcelino, adonde íbamos por la mañana a comer, beber y cantar después del encierro; la casa de Marcelino, donde la madera de las mesas y de las escaleras está tan limpia y fregada como la cubierta de teca de un yate, con la diferencia de que las mesas están honrosamente manchadas de vino...».

El viejo y sabio Matías, el vasco de la boina como una plaza, el tabernero y despensero amigo, les recibía allí abajo, en la escondida posada refugio, con su sempiterno mandil y una sonrisa de oreja a oreja.

—¡Hombre, los amigos americanos! ¡Qué, vamos a almorzar fuerte, como a usted le gusta! –dijo palmoteando alegre las anchas espaldas de Ernest.

—Sí, Matías. Venimos a tomar uno de sus desayunos pantagruélicos. ¡Quiero que mis amigos sepan lo que es comer en España!

Y al momento la mesa se llenó de suculentos y humeantes platos de costillas, jamón, embutidos, pimientos fritos, huevos y cestas rebosantes de frutas frescas.

—¡Matías! Unas cuantas botellas más, pero frías, bien frías.

—¿De qué clase?

—Trae de todo, riojas, manchegos, rosados y claretes. ¡Hay que refrescar el gaznate!

Todos se iban poniendo a tono con el buen yantar y el buen libar. Él no dejaba ni de comer ni de gastar bromas a unos y a otros, plimplándose de rato en rato un buen vaso de los mejores «caldos» de la tierra.

—¡Qué gozoso es verlo comer con tanto gusto y satisfacción! –comentó uno de los camareros.

—¡Qué buen apetito tiene el tío! –dijo otro.

—¡Este sí que sabe vivir!

Con su camisa a cuadros, la visera calada y sus manazas de leñador sosteniendo fuertemente el vaso de vino, mientras cantaba y se carcajeaba con ese reír suyo loco y sano y sus zapatones pateaban las losas al compás de la música de los chistus y la guitarra, Ernest Hemingway iba construyendo carcajada a carcajada, trago a trago, taco a taco, su imagen, su estereotipo de «tío cojonudo» que sabía vivir.

—¿A que no sabíais que por los sanfermines se engendraban casi la mayoría de los hijos navarros? –preguntó de pronto, con ese aire entre risueño y picarón que le daba el guiño involuntario de su ojo de boxeador–. ¡Eh, Juanito, Matías, contádselo a estos, que no me van a creer! El miedo, la proximidad del toro pone a la gente caliente. Creo que a veces incluso al torero...

—¡Y por qué no al toro! –contestó un gracioso.

Ernest dudó un momento. Algo había pasado por su cabeza.

—Es posible también –contestó–. Quién te dice que no. Por eso, quizá, las cornadas pocas veces van al pecho y menos al corazón. Lo normal es la ingle, la entrepierna, el abdomen, el sexo...

—¿Qué es lo que más te gusta de los sanfermines, «inglé»? –preguntó uno ya medio trompa.

—Primero, no soy «inglé», coño. ¡Soy americano! Y segundo, lo que más me gusta es cómo empiezan. Me gusta menos como acaban... Y ya está bien, ¡arriba el vino!

—¡Viva el amigo americano! –brindó otro achispado.

Y brindaron todos, no una ni dos ni tres veces, por los amigos americanos y por el santo y por las fiestas y por Pamplona y por España y por la madre que los había parido a todos.

«Y el vino era tan bueno... y la comida, tan maravillosa como siempre. Se cantaban las mismas canciones y algunas nuevas, buenas, que surgían de pronto y luego repetían los tamboriles y las gaitas...».

—¡Eh, que viene el toro! –gritaron dos mozos que bajaban la escalera tambaleándose con la bota en la mano–. ¡Qué viene el toro!

—¡El toro, el toro, el toroooo! –repitieron todos a coro entre risas y aplausos.

Y se dieron y repartieron muchos abrazos y achuchones y subieron todos juntos por las escaleras de la taberna y siguieron por las calles bajas bebiendo, bailando y cantando.

CAPÍTULO NOVENO

Había que escapar de Pamplona. Todo allí era bullicio, juventud, algarabía y olor a vino. Y les esperaban ansiosos todos los bares de la Plaza del Castillo: Choko, Iruña, Kutz, Torino... El día era largo, muy largo, y había tiempo para probar las sillas de uno tras otro.

A Ernest el alcohol le encendía el brasero de la memoria y entonces hablaba, lentamente, bajito, murmuraba palabras y palabras. Y tomando una botella decía:

«Tomada ahora muy despacio se hace la digestión muy bien...».

La plaza era algo suyo. Sí, se sentía muy a gusto pisando aquellas polvorientas baldosas con auténtico gozo. Ebrio, sereno, melancólico...

—El vino español refresca al principio y luego enciende esa chispa de fuego que siempre se necesita... el segundo vaso también refresca y solo enciende el fuego cuando la máquina lo necesita...

Discurso parsimonioso, solemne, de borracho lúcido y triste.

—Este es mi vino que tiene frescura de viento y sombra. Esto es lo que mata el gusano que nos persigue...

—Te estás poniendo muy pesado, Ernest —dijo Hadley al fin.

Juanito, «el más leal amigo» como él le llamaba, echó un capote e hizo el quite a la violenta situación. Ernest estaba hablando muy raro, se estaba poniendo muy sombrío, era incómodo.

—¿Qué os parece que nos adentremos en Navarra? Conozco un río para la pesca de la trucha que te va a hacer enloquecer, Ernest. A estas horas, Pamplona es agotadora, hay demasiada gente y hace mucho calor. Un chapuzón no nos vendría mal antes de comer...

Pronto, todo estuvo dispuesto para salir hacia el campo. Y los coches repletos de cestas, canastas y bolsas de viandas y botellas.

«Y por la mañana, después de desayunar, íbamos a nadar al Irati, en Aoiz, y el agua estaba tan clara como la luz...

»...toda Navarra tiene el color del trigo, del trigo que crece en los terrenos llanos, si no arriba y abajo, en las laderas de las montañas, cortadas por carreteras bordeadas de árboles y por numerosas aldeas con campanarios, con frontones, con olor de fiemo de corderos y con plazas en donde aguardaban los caballos».

Y atrás quedó Pamplona con su bulla y su charanga sanferminera, con sus vinos tintos y rosados, con sus torres conventuales y el tañido de sus campanas, con sus plazuelas campesinas palpitantes de alegría y sus tiendas con ristras de ajos o aparejos de labranza.

Navarra, con sus viñas y sus eras, sus pueblos limpios, sus campos de mieses altas y sus bravos ríos de aguas tumultuosas y transparentes, les abría los brazos sincera y soleada.

La alegre caravana pasó una y otra vez, conociendo y eligiendo sitios, hasta llegar al poblado de Aoiz, a la salida del valle de Aezcoa, y allí buscaron un paraje adecuado para preparar la comida. Después de caminar unos metros encontraron un recodo delicioso a la orilla del Irati.

«...nos internábamos un poco más a lo largo de este hermoso río lleno de truchas, hacia el gran bosque virgen de Irati, que no había cambiado desde la época de los druidas...

»Era un bosque de hayas y los árboles eran muy viejos. Las raíces abultaban sobre el suelo y las ramas estaban torcidas. Caminamos por el sendero entre los gruesos troncos de las viejas hayas y la luz del sol llegaba entre las hojas formando parches de luz sobre el pasto. Los árboles eran grandes y el follaje espeso, pero no estaba oscuro. No había maleza; solo el pasto suave, muy verde y fresco, y los árboles grandes y grises estaban tan bien espaciados como si fuera un parque» (*Fiesta*).

Aquel día se comió con apetito: la mañana había sido muy ajetreada. Ernest continuamente miraba su reloj de pulsera. No podía dejar de pensar en la corrida de la tarde. Además, tenía que recoger las entradas en Yoldi lo más temprano posible. La siesta a la española bajo la sombra protectora de un árbol fue pues corta e impaciente. El sol picaba de lo lindo en aquella tarde de verano.

Ernest se desperezó estruendosamente y miró a su alrededor...

«...el último gran bosque de la Edad Medía, con sus grandes hayas y su secular alfombra de musgo, lo más suave y más agradable del mundo para recostarse en ella».

Meditabundo, permaneció echado mientras los demás recogían manteles, tarteras y latas gritando, riendo y protestando. Y bebió muy despacio, grave, como interiorizando trago a trago un pensamiento, una imagen... Un hombre en medio del ruedo acepta la posibilidad de morir, puede ser empitonado y salir cadáver de la plaza. ¡La única tragedia que se representa a lo vivo, cara al público! Ese hombre nunca será un vencido, ni morirá humillado ni derrotado. Faena torera, olé clamoroso, el torero se asienta fuertemente sobre sus talones con dignidad, sereno ante la embestida. Proeza, valor, arte, donde la inteligencia impera sobre la fuerza bruta. Pundonor torero, oficio, gloria, desde las primeras corridas ha comprendido que la vida es una gran corrida, la mayor y única corrida de la existencia, con sus esporádicos arrebatos de valor, sus momentos de entereza y sangre fría, cuando el toro acaricia con su pitón la taleguilla y el trapo, sus jornadas victoriosas saliendo a hombros de la plaza... Pero, también, el desarme, la espada por el aire, el temblor ante la embestida brava, el paso atrás, la vergüenza de la huida buscando el abrigo de las tablas...

«El mundo entero es como un ruedo para mí. Todo el mundo está en el redondel. La única manera de sobrevivir es luchando, y yo siempre me encuentro dispuesto a recoger los guantes... Lucharé hasta el último día, y entonces lucharé contra mí mismo con objeto de aceptar la muerte como algo hermoso, con la misma belleza trágica que vemos domingo a domingo tras una corrida de toros...

»Cuando caiga, la multitud me contemplará con el mismo aire desprendido con que las prostitutas en España observan al toro. ¡Ah, esas mujeres! A distancia ¡son tan bonitas con sus rostros enflorados y sus párpados soñadores! pero cuando se acerca uno, vemos los dientes de oro y el cutis áspero. Lo mismo es con la vida. A distancia se mira muy hermosa y excitante, pero cuanto más se acerca uno, tantas más cicatrices se advierten...».

—¡Eh, Ernest! ¿Te pasa algo?

—¿Qué?... ¡Oh, no, nada! Tenemos que ponernos en camino hacia Pamplona; ya es tarde.

—¡Te estamos esperando, pesado!

En Pamplona el jolgorio de la calle seguía. El carnaval taurino no había hecho nada más que comenzar. Arropados, apretujados y exprimidos por el apelotonamiento de las peñas y comparsas a la entrada del coso, el grupo de Hemingway consiguió llegar a trancas y barrancas a las localidades de sol y sombra. Ya en el tendido, y sudando la gota gorda, tuvieron que seguir bailando y saltando y dando vueltas, cogidos de la mano, al compás de los chistus y los bombos que los mozos aporreaban sin piedad. Todo era delirio, locura colectiva. ¡La corrida era lo de menos! Y el sol de julio, en lo más alto, presidiendo el espectáculo.

—¿Cuándo va a salir el primero del cajón?

—¡Que salga el toro!

—¿Tú crees eso de que han estado aserrando los pitones a los toros?

—¡Hombre, claro que sí! Y en más cosas.

—¡Que empiece de una puñetera vez!

—La corrida ya no es lo que era, ahora solo van a ella los turistas.

—Uno de enero, dos de febrero, tres de marzo, cuatro de abril...

—¿Y tú viste a Manolete?

—Ya te he dicho que sí.

—¿Y muchas veces?

—Bastantes; es el torero que más he visto.

—¡Aquí viene el primero!

Sonó el clarín. Un silencio impresionante se enseñoreó de la plaza. Ernest permanecía sereno, como poseído por un sacro respeto a todo lo que iba a suceder. Y bebió para olvidar y bebió también para revivir el rito de sangre y muerte.

«Disfrutaba con solo pensar en el momento en que, en la plaza bañada de sol y llena de polvo, apareciera el toro resbalando desde su encierro y frenando con las cuatro patas el descenso. Anticipaba, todo excitado y con algo de temor, el momento de oír en la plaza el golpeteo de los cuernos contra los costados del cajón en que viajara encerrado y el de su aparición en la plaza...» (*¿Por quién doblan las campanas?*)

Todos los ojos estaban fijos, como hipnotizados, en la oscura boca del toril. Súbitamente, el toro, el personaje principal y esperado, irrumpió violentamente en la arena, alta la cabeza, lista la cornamenta, alzando las patas delanteras en el aire en una bella cabriola. Resbaló de ala y frenó en un palmo de terreno, mirando a un lado y a otro desafiante. El coso desierto, solo algún trapo rojo asomándose tímido por un burladero.

Un pobre muerto de hambre o un señorito con ganadería –¡qué importa, es el torero!– asió con rabia la punta de su capa rosa y salió a recibirle quieto, aguantando. El toro dio unos pasos lentos, como de baile, y arrancó alegre, furioso, con un trote corto y poderoso hacia él. Pases largos, armoniosos y muy mandones, el cuerpo esbelto, estirado y sin descomponerse ante los cuernos quebrados.

El toro, exacerbado y quebrantado por los giros de la capa, se niega a embestir a los picadores, pero cuando lo hace al fin...

«Los monosabios golpeaban al caballo blanco en las patas y él se incorporó. El picador enderezó los estribos y montó de un salto en la silla. Las entrañas del caballo pendían en un grupo azulado y se movían hacia atrás y hacia adelante cuando empezó a caminar a pasos largos, mientras los monosabios le pegaban en la parte posterior de las patas con sus varas. Caminó de manera espasmódica a lo largo de la barrera. Se detuvo, duro, y uno de los monosabios sostuvo sus bridas y lo llevó hacia adelante y blandió su lanza hacia el toro. La sangre fluía regularmente de entre las patas delanteras del caballo. Estaba nervioso y vacilante. El toro no podía decidirse a cargar» (*En nuestro tiempo*).

El toro, al galope, agitó su cabeza hacia arriba y hacia abajo. De su lomo se desprenden las banderillas mal colocadas. En la barrera, el matador moja con el chorro de un botijo el pesado paño encarnado. La brisa de las montañas navarras caía a oleadas barriendo la arena. Y los ojos del animal no se apartaban de la muleta y su pecho se movía agitadamente.

El torero jugaba con la muerte agazapada en los cuernos en cada muletazo, mientras la franela recogía acariciadora la púrpura de la lustrosa piel negra. Pero una violenta tarascada puso final a la faena. El torero había perdido su coraje...

«...transpirando, pálido, enfermo de miedo, incapaz de mirar los cuernos o de acercarse a ellos un par de espadas en el suelo, las capas lo rodean, corriendo en ángulo hacia el toro, esperando que la espada toque un punto vital, las almohadillas volando hacia el ruedo y las vacas listas para entrar» (*Muerte en la tarde*).

Tan pronto el toro cayó, volvió el delirio de gritos y movimientos. Y como un mar embravecido los tendidos estallaron con el balanceo y el canto ronco de los mozos pamplonicas.

—Levántate, pamplonica...

—Riau, riau...

—Cinco de mayo, seis de junio, siete de julio, San Fermín.

«Habían enganchado las mulas al toro muerto y entonces los látigos restallaron, los hombres corrieron, y las mulas, tirando hacia adelante, sus patas empujando, rompieron en un galope, y el toro, un cuerno hacia arriba, su cabeza sobre un lado, barrió suavemente la arena dejando una marca y cruzó el portón rojo».

Ernest, exhausto e impresionado por todo lo visto, se levantó del asiento como de un sueño. Durante la corrida no había pestañeado, absorto y fascinado por la escena. Ahora, todo terminado, experimentaba un plácido y triste relajamiento. Siempre que contemplaba ese rito dramático que era la lucha entre torero y toro, hombre y animal, inteligencia e instinto, no podía dejar de verlo con algo de éxtasis artístico y adoración estética...

«La belleza del momento en que hombre y toro forman una sola figura mientras la espada penetra en toda su extensión, el hombre inclinado detrás de ella, la muerte uniendo a las dos figuras en el climax emocional, estético y artístico de la lucha» (*Muerte en la tarde*).

A la salida de la plaza, todo el grupo, enganchados por los brazos en una alegre cadena, dirigiría sus pasos hacia alguno de los innumerables restaurantes y tabernas de la ciudad para cenar, quizá en el Hostal de Aralar, o en El Príncipe de Viana, o tal vez en La Casa del Marrano, o más seguramente en un sitio reservado en Las Pocholas. Al caer la noche, después de la cena, Juanito Quintana les llevaría a la Plaza del Castillo para que presenciaran la quema de los fuegos artificiales. Y al día siguiente, sin apenas haber dormido, comenzarían por el encierro otra vez, ahora más curtidos y escarmentados, y seguirían con todo lo demás. Y así un día y otro día, hasta siete.

CAPÍTULO DÉCIMO

«Los españoles saben que la muerte es una realidad ineluctable, lo único de que cada hombre puede estar seguro. Piensan mucho en la muerte, y si tienen una religión es una religión que cree que la vida es mucho más breve que la muerte. Se toman un inteligente interés en la muerte... Por eso van a los toros».

Palabras de Ernest Hemingway que parecen encerrar íntimos y personales pensamientos. Todo un mundo nuevo, algo más que un hallazgo exótico de extranjero, se había abierto a sus ojos al presenciar una corrida de toros; algo en lo que ni siquiera había soñado y que, por una paradoja del destino, respondía a su necesidad de misterio en la tierra.

Ernest era un hombre inteligente y sensible, tal vez demasiado sensible e indefenso, al que su corta, pero intensa, experiencia por la vida había mostrado lo absurdo de esta y la realidad siempre presente de la muerte: «lo único de que cada hombre puede estar seguro». E iba a encontrar en un ruedo ese algo profundamente trágico, encarnación de un misterioso drama que sufría su atormentado espíritu desde niño. La imagen del toro y el torero se convirtió entonces en trascendental, símbolo de la tragedia del hombre y su destino sobre la tierra, símbolo de su tragedia y de su destino personal.

Nuestro protagonista llevaba dentro la muerte, en las entrañas, como un monstruoso parásito que succiona poco a poco la vida. «Solo su obsesión por la muerte puede explicar su afición, casi mística, a lo taurino», afirmaba su amigo Castillo-Puche en su libro *Hemingway, entre la vida y la muerte*. Y si no, cómo explicar ese afán suyo por conseguir una victoria personal sobre la muerte, ese acercarse a la muerte tantas veces como tratando de acostumbrarse a ver morir, a prepararse para morir.

«La muerte es un remedio soberano a todos los males» –había escrito. Es verdad... ¡Pero qué remedio, Dios mío!

En la taurofilia de Ernest y en su futura reiteración en lo taurino había algo más que un regusto por los juegos violentos y peligrosos, por el espectáculo. Que la «liturgia» de la vida y la muerte, que vio simbolizada en el toreo, la vivió interiormente, lo prueba el hecho de que toda su obra literaria posterior, sus temas, sus personajes, iban a quedar marcados por la señal de lo taurino, y no solo eso sino también todas sus ideas, incluso las más elevadas y profundas, sobre los hombres, la vida, y aun la eternidad, siempre, a partir de sus experiencias toreras, serán expresadas en bellas imágenes taurinas.

«El corazón y los sentimientos solo eran para él la capa roja que sirve para excitar al toro y el espectáculo del mundo entero no era sino un ruedo colosal».

La lucha, el ruedo la vida... la corrida no tenía nada que ver con el festejo y el encierro pedestre de antes o después, era algo más trascendental, porque en ella se daba la posibilidad de vencer a la muerte y ser inmortal, al menos, por un instante.

«En la lid taurina tratará de encontrar Ernest el único escape hacia lo trascendental, ya que en un fugaz instante no solo es posible hallar la apoyatura del arte sino ese soplo de inmortalidad que hace un poco tolerable la nulidad de la existencia, este absurdo ir y venir, este derrotado ideal de las guerras, este insoportable cansancio del riesgo deportivo, este atroz aburrimiento del desesperarse por no saber ni poder atenerse a un mandato tan simple: esperar. Toro o torero, cazar o ser cazado, ganar una batalla o ser vencido, no poder amar y además ser amado, escribir todo aquello que a uno le convierte en crucificado sin redención para que otros escriban o puedan escribir una resurrección sin sacrificio personal, morir o matarse, dejarse matar o llegar incluso a lo último, matar; beso al amor, mordisco a la nada, imposible expresión...» (*Hemingway, entre la vida y la muerte*).

—No es fácil comprender –dijo Ernest– cómo un pueblo tan rebelde, todo lo que le cae misteriosamente, de arriba o del infierno, lo toma con tanta paciencia.

—No creas –apuntilló José Luis Castillo-Puche–, aquí también...

—Sí, ya sé, aquí también hay gente que escupe al cielo y hasta se mata. Pero, mira, un país que ve arrastrar al toro y aplaude si ha sido bravo, un pueblo que escarnece al que tiembla ante los cuernos, está preparado para la corrida de la vida. Porque esta vida es una corrida, nada más ni nada menos que una corrida... ¿Orejas, rabo, la pata? Los pañuelos blancos, las palmas, los olés, los vivas, lo de «cobarde», «tramposo», «granuja»... ¡Una verdadera corrida!

Y tras la corrida de la vida y sus héroes los toreros, los únicos héroes que aun quedaban sobre la tierra, marchó Ernest aquel verano de 1924, en un tren de veraneantes y soldados de permiso, con el sudor y sopor de julio. Quería perfeccionar su lenguaje español, su lenguaje taurino, y sus conocimientos sobre la corrida y el mundo de los toros. Ya había empezado a tomar notas para *Muerte en la tarde*.

Pegado a los cristales del vagón, vio cómo el sol se derretía en una gama de rojos y amarillos sobre chimeneas, cúpulas, torres y almenas. Atrás quedaban el pregón bullicioso de las peñas y el estallido multicolor de los cohetes y el bramar de los toros y el tañido de las campanas de Pamplona...

«...las jornadas de tren, con las cortinillas bajas del lado del sol, y el viento que las hincha; la paja del trigo golpeando sobre las eras de tierra dura y que el viento arrastra contra el coche; el olor de grano molido y los molinos de viento...».

Y siguiendo el calendario de las corridas, de la mano de Juanito Quintana, Ernest visitó otras ciudades españolas –San Sebastián, Zaragoza, Valencia, Madrid– y conoció a los toreros –Muera, Chicuelo, Villalta, Lalanda, Belmonte. Ve todas las corridas que puede, hasta el agotamiento. En su cerebro y en su pluma va archivando emociones, sentimientos, escenas y paisajes, y va aprendiendo a gozar, a sufrir, a protestar, a aplaudir y a escribir España.

«La ruta seguía, muy blanca y recta, y entonces se elevaba un poco; hacia la izquierda hacia una montaña con un viejo castillo, con edificios a su alrededor y un campo de trigo que subía casi hasta las paredes y que se movía en el viento...».

Paso a paso, viaje a viaje, Ernest empieza a tener una visión particular, original y subjetivísima de este país, que ya es el suyo.

—¿Qué tal, Ernest, por París?

—Empieza a asquearme París.

—No me lo creo.

—Yo tampoco me lo quiero creer, pero es verdad.

—Tú llevas París dentro, en el espíritu.

—Sí, pero a España la llevo en la sangre.

El viaje en tren continuaba, con su calma y su traqueteo monótono. Había comenzado por el norte y ahora descendía hacia el centro.

«Era un día agradable, no demasiado caluroso, y el campo estaba hermoso desde el principio. Retrocedimos hasta el comedor y desayunamos... (*Más tarde*) comimos sandwiches y bebimos Chablis y miramos el campo a través de la ventanilla. El trigo estaba empezando a madurar y los campos estaban llenos de amapolas. El pasto era verde, y había lindos árboles, y a veces ríos grandes y castillos entre los árboles... Alrededor de las siete y treinta comimos y miramos el campo a través de la ventanilla abierta del comedor... Oscureció y podíamos sentir el campo caluroso, arenoso y oscuro fuera...».

Fascinado por el campo español, verde aquí, amarillo allá, agreste y rojizo más tarde, Ernest iba detrás de los toreros en su peregrinaje por las plazas, como un maletilla, aprendiendo, familiarizándose con su mundo, con el color y el olor de España...

«...y el olor a aceite de oliva y a cuero, y las alpargatas con suela de cáñamo, y las ristras de ajos en los patios, y las alforjas que se llevan sobre la espalda, y las horquillas hechas de ramas arrancadas de los árboles cuyos dientes estaban formados por las mismas ramas, y los senderos matinales, y las noches frías en las montañas, y los días ardientes del verano, y los árboles, y la sombra de los árboles...».

Levante, Valencia, el arroz amarillento salpicado de sabrosos y sonrosados mariscos, tiernas y chiquitas angulas chorreando aceite, camarones frescos, salados, con sabor a mar Mediterráneo, ristras de ajos, cebollas y pimientos rojos y gordos, el aroma del mercado de las flores, y el olor picante de la pólvora de los cohetes...

«Y hubiese hecho falta el olor de la pólvora quemada, el humo, el fulgor y el ruido de la traca recorriendo el verde follaje de los árboles... y el sabor de la horchata, la horchata helada; y las calles recién regadas al sol; y los melones, y las gotas de sudor frío de los "barros" de cerveza, y las cigüeñas sobre los tejados de Barco de Ávila: y estas mismas cigüeñas girando en el cielo; y el color de arcilla de la plaza, y por la noche, el baile, con el pífano y el tamborilero, y las luces a través de la hojarasca verde...».

Ernest se siente en su casa. Contempla el paisaje como algo suyo. España es sosiego y salud, levanta el espíritu del vagabundo. Y es también lugar de trabajo, sitio para poner en orden las ideas y los sentimientos.

—No he venido de vacaciones, como puedes comprender.

—Me lo figuro.

—Con quinientas palabras diarias, me conformo.

En España, Ernest encontraba pasión y ansiedad, inquietud y conflicto, drama y estilo. El callejón de las plazas de toros se habrá convertido en su obsesión. Apasionadamente encontró en los toros un tema inextinguible para su arte y su pluma y una respuesta, tal vez la única, a los angustiosos interrogantes de su espíritu. Y no solo en el toro había encontrado un mito, más allá de la lucha por la existencia, más allá del ruedo de la vida, sino que la violencia dramática de la tierra española, la hermosa desnudez de sus cielos y, sobre todo, la serenidad y dignidad del pueblo llano, mezcla de fatalismo y primitivismo pagano y de espiritualidad sugestiva, le forzaron, le empujaron a trascenderse a sí mismo. «España era tierra para vivir», para no morir, y él estaba sediento de vida, ahíto de muerte. Sin embargo, para él no hay más que un paisaje, el de la plaza, y unos personajes imprescindibles: el torero y el toro.

«En España el dolor es considerado sencillamente como algo que el hombre tiene que soportar».

—Aquí estáis hechos para el dolor.

—No creas.

—Por lo menos cargáis con él como con una querida.

—Sí, para muchos místicos ha sido como una querida.

—Pero una querida, además, fea, horrenda...

—Todas las queridas terminan siendo odiosas.

Y al final, Madrid «la capital del mundo» como él llegó a llamarla; un Madrid celtibérico y a la vez cosmopolita, apasionado y cándido, entusiasta y desesperado. Un Madrid en el que aquel devorador del instante, la frivolidad en persona, encontraría el alma del pueblo español y su picaresca, y en donde su orgullo y vocación de escritor se desarrollarían, y donde su sinceridad de varón nacería.

«...y el queso que se come más tarde en la habitación, y estaría el muchacho que subió al tren con aquellas garrafas de mimbre trenzado; era el primer viaje que hacía a Madrid y abrió las garrafas de vino con entusiasmo, y nos emborrachamos todos, incluidos los dos guardias civiles, que nos hicieron pasar por la taquilla como si fuéramos detenidos, porque no teníamos billetes, y nos saludaron muy cortésmente después de habernos dejado en un taxi...».

En Madrid se hospeda en una pensión barata en la Carrera de San Jerónimo, sitio donde se hospedan principalmente gentes relacionadas con el planeta de los toros y también algunos estudiantes. Ciudadano del mundo, pronto se convierte en un madrileño de adopción y de corazón. Sin embargo, la vida no es fácil. Tiene que sobrevivir con poco dinero, son tiempos malos y ruinosos para él. Quiere ser escritor y vivir con su trabajo, pero aún es un desconocido, y el periodismo explotador y esterilizador sigue siendo su tabla de salvación. Durante el viaje, para sufragarlo, escribe artículos, y los de toros encontraron salida, pero tampoco todos. Se sentía un hombre feliz, pero sin dinero, entre toreros, estudiantes, curas y militares.

«—En aquella fonda me bauticé yo como madrileño –recordaría años después a un amigo español–. Y ahí arriba viví varios meses. Me llamaban "*el inglé*". Yo entonces veía uno de los grandes muy de tarde en tarde, pero la pensión era barata y siempre había gente del "planeta taurino", una buena mezcla, porque junto a picadores, banderilleros, estudiantes, muchachas de coro, había curas y había maricas incluso. Entraba yo con la prensa bajo el brazo y en seguida un rumor corría por el comedor. Unos a otros se cuchicheaban: "Ya ha llegado el *inglé*", "Ya está aquí el *inglé*", "Joé, qué tío más serio es este *inglé*". Yo creo que la cosa provenía más bien de esos estudiantes que preparan sempiternamente oposiciones para algo; ellos se lo pasaban en grande a costa mía y yo callaba. Pacientemente callaba un día y otro día, porque yo necesitaba aprender, sobre todo, palabras, palabras obscenas, pero también muy expresivas, porque el español habla pintando. Pues bien, yo vivía aquí arriba con aquella tropa, especializándome en palabras malsonantes, que, todo hay que decirlo, a veces son tan útiles como necesarias. Charlaban, comentaban, se reían de todo, todo lo tomaban a pitorreo. Alguno de ellos era ya bastante cargante. Todo aquello valía para mí el oro que no pagaba. Discutían de todo lo divino y lo humano. A mí lo que más me chocaba es que, siendo católicos, decían no solo pestes de los curas, sino que vomitaban contra lo más sagrado. Todos los días se los pasaban hablando de toros y de verdad que decían una gran sarta de sandeces, hasta que yo una noche no pude resistir más y di un gran puñetazo. Di un puñetazo en la mesa y grité: "Me cagaré en la madre del que repita eso, y si no da alguna explicación, diré que es un hijo de puta". Nadie chistó. Se hizo un gran silencio, como cuando el matador entra a matar. Estaba de pie frente a todas las mesas, un poco fuera de mí. Si yo había bebido, ellos también. Y con toda mi fuerza di una patada a una silla y dije: "Parece de castrados una broma así, y, además, de cobardes...". Nadie abrió el pico. Luego grité más fuerte todavía: "Ese torero es amigo mío". Cuando aquellos pícaros me vieron, de pie y gritando, creyeron que me había vuelto loco o poco menos. Uno de ellos, el chico descarado, repetía una y otra vez: "Pero no decíais que era *inglé*? *Inglé, inglé,* vaya, y habla como mi tío el de Graná". Desde aquel día me trataron con mucha cortesía y ya algunos se pasaban de finos, lo cual hubiera sido volver a empezar, pero supieron comportarse. Desde aquella noche me recibían y despedían con gran distinción: "Buenas noches", "Buenos días", "Buen provecho", "Que descanse", "Enhorabuena"... Creo que fue en este sitio donde yo comencé a descubrir la *felice* y la *infelice* España» (*Hemingway, entre la vida y la muerte*).

Ernest no se contentó con visitar Madrid como un extranjero más, sino que quiso tocarlo, sentirlo, gustarlo, sufrirlo o amarlo. Y nada mejor para aquello que las noches madrileñas, con sus mesones y tabernas, sus bares y cafeterías, sus tugurios y sus callejuelas. Nunca buscó, sin embargo, tertulias de intelectuales ni el contacto con famosos y políticos, prefirió conocer a la gente llana, al sereno y a las fulanas y, sobre todo, a ese mundo taurino mezcla de gitanería, hampa, comercio, señoritos cursis, pedantería y publicidad: Mundo en miniatura, de bellezas y monstruosidades.

«El mundo entero es como un ruedo para mí. Todo el mundo está en el redondel».

—¿En España debiste de conocer buenas piezas, no?

—¡Y tanto!, pero en España los productos eran netos: el mayor criminal, el mayor cobarde, el mayor traidor, el mayor fanático, el mayor idealista, el mayor soñador, el mayor santo, el mayor loco, todo, siempre, en calidad prima. Por eso, aquí uno puede contrapesar lo que tiene dentro de tirano o de liberal, de cabestro o de bravo.

Y esa gente, ese pueblo que pulula por Chicote, la Gran Vía, el café Gijón, La Taurina, la Plazoletita del Palacio de las Cortes, Ventura de la Vega, Echegaray, Carrera de San Jerónimo, y sus conversaciones y juicios sobre la vida, la muerte, Dios, la historia, la política, el amor, la guerra, llenas, pintadas, matizadas de imágenes taurinas.

—Deja el periodismo –susurraba convenciéndose a sí mismo–; déjalo de una vez. Aunque al día siguiente no tengas ni para vino. Y escribe lo que sientes, lo que ves, lo que quieras. Escribe sobre ese extraño mundo de los toros, sobre la farsa y la tremenda verdad que rodea y encierra ese mundo...

El aire del Madrid nocturno, sutil y delicado. En las masitas de bares y tascuchos toma notas, con los ojos bien abiertos y los oídos atentos. Madrid le da vitalidad, allí goza de cada instante de la vida...

«...es la ciudad más española de todas, la más agradable para vivir, la de gente más simpática, y un mes con otro, la de mejor clima del mundo. Las otras ciudades españolas son todas grandes ciudades de provincias, andaluzas o catalanas, o vascas o aragonesas o de cualquier otra provincia. Solo en Madrid se encuentra la esencia. Y la esencia, cuando realmente es la esencia, puede estar contenida en una botella de vidrio ordinario. No hacen falta etiquetas fantásticas...». Y en ese Madrid donde «irse a la cama de noche es prueba de ser una persona rara», hay una cafetería solitaria y triste donde entrar cada noche.

«Café, donde los rimeros de platillos y las bebidas son anotadas con lápiz en un extremo de la mesa de mármol entre las gambas peladas de las temporadas perdidas y en donde todo el mundo se encuentra a gusto porque no hay triunfos más seguros que los que se logran en el café y donde cada hombre puede alcanzar un éxito a las once de la noche, si alguien quiere pagarle la consumición...».

Le dolían los pies y estaba cansado. Sería mejor recogerse hoy tem prano. La pensión de la Carrera de San Jerónimo no estaba lejos. Aunque «acostarse temprano en Madrid era querer sentar plaza de extravagante». Por la mañana iría al Museo del Prado, su refugio más cómodo y estimulante en el dulce verano madrileño.

—¡Serenoo! –gritó aplaudiendo con ganas.

—¡Ya va! ¡Ya va!

Y el pisar del chuzo y de los zapatones de un asturiano de la noche se fue acercando.

Con el cuello de la chaqueta subido y las manos escondidas en los bolsillos, Ernest subió a saltitos por la explanada y luego por las escaleras. Un jardinero del ayuntamiento con las mangas remangadas regaba el césped a primera hora de la mañana. Algunos turistas, con la cámara en bandolera, se agolpaban madrugadores a la entrada.

Aquellas visitas al Museo por la mañana temprano le hacían sentirse muy bien. Y se paró sonriente ante el edificio.

«...el Prado. Por fuera tiene el aire tan poco pintoresco de un *college* norteamericano... y, sin embargo, aunque Madrid no tuviera más que su Museo del Prado, valdría la pena de ir a pasar allí un mes todas las primaveras si se tiene el dinero suficiente como para pasarse un mes en una capital europea».

—A este Museo –pensó en voz alta– hay que acudir como a las citas con Dios o a las citas con la amante: o muy temprano, por la mañana, o a la hora del crepúsculo.

Y él prefería con el alba, cuando el sol acaricia. El portero de la entrada ya tenía puesta la cara de cabreo. Los turistas querían entrar todos a la vez.

—Con orden, que hay para todos –bramó el funcionario.

—¿Y si el que yo me voy a llevar –bromeó Ernest– se lo lleva otro antes?

—Se pinta otro para el señor y en paz –contestó muy serio el chungón de la gorra.

—¿Igual que el que yo busco?

—Igual o mejor.

—No lo sé. Lo dudo.

Al atravesar la portezuela de entrada, Ernest no pudo dejar de sonreír.

—Es formidable –dijo para sí–. Esto no se da más que aquí.

Muy despacio, sin ninguna prisa, y con algo de veneración fue pasando por las salas una a una.

«Los colores están tan maravillosamente conservados con ese aire seco de la sierra y los cuadros se hallan tan sencillamente colgados de las paredes y son tan visibles, que el turista se siente defraudado».

Se sentía fascinado y feliz al pisar aquellas baldosas, aquellas maderas desgastadas por el paso del tiempo y de la historia, y contemplar los lienzos, allí, colgados y limpios. Y fue deteniéndose en las salas de Velázquez...

«Velázquez creía en la pintura, en la indumentaria, en los perros, en los enanos y, una vez más, en la pintura».

Y con su cuadernillo bajo el brazo se acercó también al Greco...

«...iluminado y como pintando en globo, llega a dislocarnos...».

Al fin, Ernest se encaminó derecho, pisando fuerte, a las estancias de Goya. Tapices, cartones, lienzos y grabados abarrotaban las paredes. Fascinado, como embriagado por los vapores de la pintura que veía, permaneció anclado, largo rato, ante cada cuadro, en silencio...

«Goya no creía en la indumentaria, pero creía en los negros y en los grises, en el polvo y en la luz, en los lugares elevados que dominan las llanuras, en el campo que rodea a Madrid, en el movimiento, en sus propios cojones, en la pintura y en el grabado».

Con los ojos muy abiertos, Ernest pasó su mano por la boca y por la frente y se acarició la barba de dos días, meditabundo. La chusma encanallada, las navajas en la mano, los bandoleros de los caminos, carnaval de fuertes pinceladas, agresivas y con color, cosos taurinos, príncipes grotescos, guerra, devastación, sangre derramada, el pueblo heroico y mártir, frío de muerte...

«Goya creía en lo que había visto, sentido, tocado, palpado, husmeado, saboreado, bebido, montado, sufrido, vomitado, jodido, sospechado, observado, amado, odiado, deseado, temido, detestado, admirado, aborrecido y destruido. Naturalmente, ningún pintor ha sido capaz de pintar todo esto; pero él al menos lo ha intentado».

Aquel salvaje pintor baturro poseía un deslumbrante lenguaje, mezcla de lo religioso y lo pagano, de lo místico y lo sensual del alma española. Un lenguaje plástico que veía y miraba armonías, manchas y pinceladas. Descripción, impulsos profundos, patéticas bacanales de guerra, sexo y hambre, en gris y negro...

—Esta pintura cauteriza y cura –susurró ebrio de imágenes–. Es una pintura de salud para los que no quieren vivir envenenados, para los que no quieren morir con los colores sonrientes de eso que se llama la vida dichosa.

Qué cantidad de reflexión, íntimas inquietudes y días de solitaria amargura había tras aquellas líneas trazadas con vertiginosa rapidez. Qué sueños, experiencias repugnantes y obscenas, borracheras de vino y de muerte, misterioso lirismo de anarquía y pesimismo vital, se escondían bajo cada pincelada bárbara, truculenta...

—No me iría de aquí –dijo suspirando.

Pero se dirigió hacia la salida con paso ligero. Goya revolvía las entrañas, arrancaba la venda de los ojos.

Aniquilado y cabizbajo, Ernest Hemingway descendió lentamente por las escaleras interiores del Museo. En un rellano, como escondido y tímido, un verdoso y negruzco busto de Goya esperaba apoltronado. Ernest se quitó su sombrero y saludó con gesto infantil al sordo genial:

—Adiós, maestro. Hasta otro día.

Y siguió escaleras abajo. Hablando entre dientes sobre lo que iba a hacer y a escribir de todo lo que había visto.

Ya era hora de marchar, de volver a París. Había dejado allí demasiados recuerdos, demasiados intereses, amigos y libros escritos. Además, no había suficiente dinero, y como él decía:

—...un hombre sin dinero apenas si tiene libertad, y el hombre sin libertad...

Y el hombre sin libertad, ni es hombre ni es nada. Ernest no quería irse de Madrid. Siempre ocurriría lo mismo en el instante de levantar el vuelo. Dejar Madrid era como arrancarle, como mutilarle de algo que ya formaba parte de sí…

«...si se tiene al mismo tiempo el Prado y los toros, con El Escorial a dos horas apenas al norte y Toledo al sur, con una buena carretera que os llevará a Ávila y una buena carretera que os llevará a Segovia, y a un paso de Segovia, La Granja, se experimentaba realmente una pena muy grande pensando que, al margen del problema de la inmortalidad, sería preciso morirse algún día y no volverlo a ver...».

CAPÍTULO UNDÉCIMO

Entretanto, su matrimonio se había deshecho. Hadley, cansada de su incesante vagabundeo, le había abandonado. Al volver a París, las condiciones en las que tuvo que sobrevivir fueron en extremo inciertas. El nuevo y flamante «escritor» solo poseía lo suficiente para alquilar una pequeña y triste habitación.

Sentado en su única cama, escribía sus historias, a la luz de un tibio quinqué, en su única mesa. El hambre era su compañera inseparable.

Sin embargo, una vez más, la «colonia literaria» americana acudiría en su ayuda. Y los más recientes trabajos de Ernest serían puestos en manos de un compatriota influyente, Scott Fitzgerald, por un amigo de ambos:

—Scott, Hemingway está pasando una mala racha y necesita un empujoncito. Tú le conoces y sabes que su forma de escribir puede interesar a algunos editores. Hasta ahora no ha tenido suerte. Y, en este momento, tú tienes un prestigio...

—Está bien. No necesitas convencerme –contestó Fitzgerald–. Déjame los originales unos días y ya te contestaré. Haré lo que pueda.

Tiempo después de esta conversación, Fitzgerald visitaba a su editor Maxwell Perkins, director de Scribner's de Nueva York. Debajo del brazo llevaba las cuartillas de Hemingway, y en la cabeza un propósito: conseguir un contrato para el compatriota de Illinois.

En otro frente, su viejo amigo Sherwood Anderson trabajaba alrededor de E.J. O'Brien, editor de muchas antologías de gran éxito, para conseguir entre ambos un contrato de la editorial Boni y Liveright para Ernest.

En la primavera de 1925, nuestro protagonista fue visitado por dos editores norteamericanos, precisamente Charles Scribner y Liveright. En las cláusulas del contrato ofrecían a Ernest un anticipo de doscientos dólares –un alivio para su maltrecha economía– por una selección de sus narraciones, quedándose, por su parte, con una opción sobre los tres siguientes libros del escritor. La situación de Hemingway no era para regatear, así que aceptó inmediatamente.

La citada selección apareció bajo el título genérico de *En nuestro tiempo* en octubre de aquel año y la tirada fue de 1.335 ejemplares –qué lejos ya de los 170 de la edición francesa–. El tomo publicado por Boni y Liveright de Nueva York contenía todos los bocetos periodísticos de la edición parisina y además diez nuevas historias cortas. La unidad temática –el mundo contemporáneo víctima de la violencia y el sufrimiento– daba cohesión al conjunto de las narraciones.

El libro de Hemingway fue acogido favorablemente por la crítica especializada. Edmund Wilson, uno de los críticos americanos más importantes, hizo una elogiosa reseña de los libros publicados hasta entonces por el joven autor.

Otro prestigioso erudito, Ernest Walsh, criticó el libro en *This Quarter,* haciendo un recuento de todos los valores literarios de Hemingway y destacando la naturalidad con que desarrollaba los temas y la claridad de su exposición.

—Su lectura –decía Walsh– dejaba una extraña mezcla de percepción fresca en manos de un entendimiento y una simpatía dignos de un artista.

A los aplausos a la obra se sumó también el escritor y amigo personal Scott Fitzgerald con un ensayo en *The Bookman.* Fitzgerald mantenía la tesis de que la «incorruptibilidad» de que hacía gala Hemingway en sus escritos era debida a su alejamiento de los Estados Unidos. Entre la galería de escritores norteamericanos no encontraba el genio y la sensibilidad que caracterizaban al que había desertado a Europa. Hemingway, en su opinión, había doblado una esquina para llegar a una avenida central con sus cuentos.

—Hemingway en su libro –dijo otro entendido– utiliza una técnica parecida a la de Dos Passos en su trilogía *Manhattan Transfer,* al alternar las narraciones con pequeñas «miniaturas» literarias que ilustran el fondo de las historias. De esta manera, la acción se ve interrumpida por noticias periodísticas de última hora que le dan un ritmo vertiginoso. La unidad de la obra está reforzada, a su vez, por el hecho de que el personaje de siete de las narraciones es el mismo: Nick Adams.

—En cierto modo tiene algo de autobiografía –comentaría un periodista–, aunque no podemos precisar hasta qué grado. Lo que si puedo afirmar es que constituye una especie de novela de una serie de episodios de la vida del personaje principal, y que este tiene muchos puntos de contacto con la biografía personal de Hemingway.

Sin embargo, el éxito comercial de la edición fue un fracaso, un rotundo descalabro. Y Ernest se encontró casi como al principio: sin dinero.

Un día, en las oficinas de Scribner, Perkins le preguntó.

—¿Qué te han parecido las críticas, Ernest?

—Mire, Perkins –contestó este muy serio–, no es que desprecie el juicio intelectualizado de los críticos literarios, pero con esas «palabras» que ellos utilizan no puedo explicar mis ideas literarias, no me entiendo ni a mí mismo. Mi convicción más fuerte es la estética, sin lugar a dudas, pero esta coincide para mi con la obligación de decir la verdad. Porque, Perkins –y esto no me lo puede rebatir nadie porque no me dejo convencer de lo contrario–, la misión del escritor consiste en decir la verdad... Durante mis años de periodista desarrollé un principio estético que lo llevo muy dentro: escribir lo que veo y lo que siento de la manera mejor y más simple en que pueda decirlo. Y para mí sobran las elucubraciones mentales de estos señores. La mayor dificultad consiste en trasladar el papel lo que realmente ocurre en la acción las cosas reales que producen la emoción... No puedo negar, y usted, bueno, tú, lo sabes de sobra, que tengo una mentalidad muy pragmática, muy empírica...

—Eso es muy americano, Ernest –apuntó sonriente el editor.

—Bueno, de acuerdo, es muy americano. Pero eso también es un estereotipo, y tú lo sabes... Lo real, lo que quiero escribir, está formado de conocimiento, experiencias, vino, pan, aceite, sal, vinagre, cama, amaneceres, noches, días, el mar, hombres, mujeres, perros, automóviles, bicicletas, montañas y valles, la aparición y desaparición de trenes en rieles rectos y curvos... el guaco que tamborilea sobre un trozo de tilo, el olor del pasto dulce y del cuero recién ahumado.

—De esta manera –prosiguió el editor–, solo describes lo que personalmente has sentido, visto u oído...

—No exactamente.

—Pero lo que no puedes negar es que tu imaginación está firmemente anclada en tu propia experiencia.

—Claro que sí. Estoy empezando a escribir y prefiero comenzar por las cosas más simples y que conozco. Y al igual que en un laboratorio de biología, pasaré gradualmente a organismos más complejos. Mis experiencias personales, los personajes o sucesos que he visto, son trasformados y alterados, añadiéndoles y suprimiendo detalles, por mi imaginación. La ficción también interviene, no creas...

—¿Hay, pues, mucho de autobiográfico en las páginas de *En nuestro tiempo*?...

Indudablemente que lo había, y no solo en las páginas de aquel primer libro, sino en las de todos los libros que Hemingway escribiría a lo largo de su vida. Leer *En nuestro tiempo* era como volver hacía atrás en el recuerdo y contemplar, como en una película, las secuencias que dejaron profunda huella en la personalidad del futuro escritor. Nick Adams no era por supuesto Ernest, pero si su trasunto. Y tanto los lugares como los sucesos le habían ocurrido anteriormente al autor.

En la primera secuencia «cinematográfica», *Campamento indio,* Nick, el pequeño personaje de la historia, aprende a cazar y a pescar en los campos de una reserva india junto a su padre, el doctor Henry Adams. Este hombre, de gran contextura, barba oscura y poblada, nariz aguileña, ojos hundidos y gran poder visual para atisbar la caza, influye poderosamente en la educación de su hijo. En una pobre cabaña india, a donde su padre ha querido llevarle con ocasión de un parto, el muchacho tendrá su primer contacto con el nacimiento, el dolor y la muerte.

En la siguiente secuencia, *El médico y la esposa del médico,* Nick aparece en medio de un conflicto entre sus padres. La madre reprende a su marido con citas de la Biblia por haberse dejado arrastrar a la violencia con un indio que le ha retado a un duelo. Disconforme con los valores de la madre, Nick opta por los valores masculinos del padre.

«—Tu madre desea que vengas a verla –dijo el médico.

»—Quiero ir contigo –contestó Nick.

»—Bien. Vamos entonces.

»—Sé donde hay ardillas negras, papá.

»—Bien –replicó su padre–. Vamos».

Nick ya es un joven en *El final de algo.* Un joven enamorado que se pregunta por qué siente unas cosas cuando cree que debería sentir otras. Su amor adolescente muere como nació, de repente, y su corazón queda roto. Ha aprendido una nueva lección acerca de la madurez y de las relaciones entre los sexos.

En *Los tres días de tormenta,* Nick aprende por propia experiencia lo que es la competencia. La competencia masculina en un mundo ferozmente competitivo y cruel. Un mundo que en la siguiente secuencia le ha herido en la columna vertebral en una estúpida guerra en Italia. ¿Qué hace él allí, junto al cuerpo inerme de un camarada?...

«Nick se sentó contra la pared de la iglesia que les protegía del fuego de ametralladora. Le incomoda no sentir sus piernas. Le habían herido en el espinazo. Tenía la cara sudorosa y sucia. El sol brillaba en su cara. Hacía mucho calor. Rinaldi, encorvado y con el uniforme revuelto, yacía boca abajo contra la pared. Nick miró derecho al frente que resplandecía. La pared rosa de la casa opuesta se había desplomado desde el tejado y una cama de hierro retorcido colgaba hacia la calle. Dos austríacos muertos yacían en el arroyo, a la sombra de una casa. Por la calle había otros muertos. Pero las cosas marchaban en la ciudad. Iría bien.

No tardarían en venir los camilleros. Nick volvió la cabeza con cuidado y miró a Rinaldi.

«—*Senti,* Rinaldi. *Senti.* Tú y yo hemos hecho una paz separada.

«Rinaldi seguía tumbado al sol, respirando con dificultad.

«No somos patriotas.

«Nick volvió a girar la cabeza con cuidado, sonriendo dulcemente. Rinaldi era un auditorio decepcionante».

Nick trata de recuperarse de la guerra en otra secuencia, *Un relato muy corto.* En un hospital de Padua se enamora de una enfermera llamada Luz. Nick regresa a Chicago para conseguir un trabajo y dinero para casarse con la enfermera, pero estando allí esta le comunica que se ha enamorado de otro.

Desengañado, Nick vuelve a Europa poco después del armisticio en *Carrera en la nieve.* Ya está casado con Helen, una muchacha norteamericana. Su pierna herida no le deja virar con los esquís. La rodilla todavía le duele cuando anda mucho rato. No duerme bien e incluso despierto sufre delirios. En las afueras de Fossalta ve una casa amarilla entre los frutales, y un establo y un canal. En sus alucinaciones hay una muchacha vestida de blanco, una enfermera... Al final de la historia, Nick se ve obligado a regresar a América porque su mujer Helen va a tener un niño.

En *El gran río de los dos corazones* Nick es un hombre herido, profundamente herido física, emotiva y espiritualmente. Un hombre que quiere huir de algo, que quiere cicatrizar sus heridas en la soledad de los bosques y lagos de Michigan. Su excursión no es solo pues una excursión de pesca, sino también una especie de terapia. Allí, en el «pantano sombreado de árboles donde el sol no entra como no sea a manchas, en el agua profunda, a media luz...», Nick deja todo atrás. Nada puede afectarle. Quiere preservar su vida, estar tranquilo. Sabe que un día dominará su neurosis, pero le hará falta tiempo y coraje y un supremo esfuerzo de voluntad

El relato de la infancia, adolescencia y juventud de Nick, reflejado en su libro, era la historia de aquellos norteamericanos que nacieron a principios de siglo. Juventud a la que se le echó encima una guerra atroz y sangrienta que los marcó profundamente; juventud que tuvo que reconstruir su sentido del hogar y que necesitó buscar sus raíces fuera y dentro de su país. Ernest Hemingway perteneció a aquella «generación perdida», o al menos se sintió identificado con sus problemas.

Desilusionado por el oscuro futuro que le auguraba el fracaso económico de *En nuestro tiempo,* Ernest decidió regresar a España. Eran los días en que se cantaba por toda Navarra: «Uno de enero, dos de febrero, tres de marzo»...

España se ha convertido ya para él en un sedante. Ya no puede prescindir de ese plato fuerte que son los toros –los toros, un tema inextingible para su arte y una respuesta a los angustiosos interrogantes de su espíritu–. Y acude una vez más a los Sanfermines.

«—¿Es cierto, Ernest, que al ver las corridas quisiste ser torero?

»—Es verdad. Y lo creí fácil.

»—¿Y qué pasó después?

»—Pues que me convertí en el hazmerreír de curiosos y hasta de amigos.

»—Entonces lo supiste dejar a tiempo.

»—No lo dejé porque nunca lo había tomado. Me quedé en espectador» (*Hemingway, entre la vida y la muerte*).

Sí, en espectador, pero en un espectador apasionado para el que en España solo había un paisaje, el de la plaza, y unos personajes imprescindibles: el torero y el toro.

«Ya voy sabiendo algo de lo que es la eternidad –escribió a Scott Fitzgerald–. Para mí el paraíso es una plaza de toros bien grande en la que graciosamente me han reservado a perpetuidad dos buenas localidades.

»Pero no es esto solo; muy cerca de este pueblo (Burguete, próximo a Pamplona) me han reservado para mi uso exclusivo un recodo de río con magnificas truchas».

Metido en el mundo de los toros y los toreros –¡los toreros, los únicos héroes del mundo actual!–, de la mano de su mentor y amigo

Juanito Quintana, Ernest conocería en Pamplona a su primer ídolo taurino: Cayetano Ordóñez, Niño de la Palma. Entusiasmado por el arte del matador, Ernest empezaría a recorrer España de punta a punta siguiendo a su predilecto. Estaba como loco. Aquel hombre vestido de luces le hacía sentirse por primera vez escritor de verdad.

Fascinado por el temple taurino del Niño de la Palma, Hemingway escribió sobre él:

«...fue hecho matador una primavera, y en su segunda temporada parecía ser el Mesías para salvar la Fiesta, si es que había algún Mesías que pudiera salvarla...».

El Niño de la Palma era absolutamente torero. Tenía mucho temple y muchos cojones, y su vida de torero tenía mucho mérito. Antes de tirarse al ruedo había sido zapatero, panadero y pinche de cocina. En seguida se quedó solo y se merendó a muchos...».

«Yo estaba el día de su presentación como matador de toros en Madrid, y le vi, en el primer año que se presentó en Valencia, llevar a cabo dos faenas tan hermosas y sorprendentes, que todavía puedo recordarlas, pase por pase. Con la capa era de una gran sinceridad y pureza de estilo, y no mataba mal, sin ser, no obstante, más que cuando tenía suerte, un gran matador. Mató varias veces recibiendo, es decir, esperando a que el toro se precipitase sobre la espada, a la vieja usanza. Y con la muleta era magnífico... Sabía dirigir la lidia como nadie. Sus pases, además, eran largos, armoniosos, lentos, muy mandones pero sin descomponerse...».

En su continuo peregrinaje tras Cayetano, Ernest llegó a Valencia. Allí el 21 de julio de 1925, día en que cumplía 26 años, comenzó a escribir *Fiesta,* su primera novela. Hizo falta el olor de la pólvora quemada, el humo y el estrépito de la traca, el verde follaje de los árboles, el sabor de la horchata helada, del arroz humeante y amarillo, de las anguilas bullendo en aceite, y las calles recién llegadas al sol, y el olor de las flores de la plaza, para que Ernest Hemingway se demostrase a sí mismo y a los demás que su capacidad como escritor no se reducía solo a los cuentos.

«No sabía cómo se escribía una novela hasta que la empecé, y por eso escribí demasiado rápido y todos los días hasta el punto del agotamiento total. Así, el primer borrador era muy malo... Tuve que rehacerlo por completo. Pero, al escribirlo de nuevo, aprendí mucho».

Aquella era su primera obra trascendental desde el punto de vista artístico y él lo intuía, lo sabía. Siguió escribiendo frenéticamente, exhausto, en Madrid, San Sebastián, Hendaya, y concluyó la novela en París en setiembre de ese mismo año. Solo bosquejar el trabajo le había llevado todo el verano.

Instalado nuevamente en París, Hemingway abandonaba con mucha menos frecuencia su apartamento de la rue Notre Dame des Champs para acudir a las mesas del café de la Rotonda o del Deux Magots. Su reclusión no pasó desapercibida entre los miembros de la colonia intelectual americana. Scott Fitzgerald, su amigo e intermediario ante los editores, le visitaba a menudo.

—Scott, solo se puede hacer una cosa con una novela, y es continuar hasta el fin de la maldita cosa. Yo no podría demorarme tanto en la terminación de una novela como lo haces tú. El primer borrador lo completé en cuarenta y ocho días de trabajo, pero era porque no podía parar...

—Me has comentado –interrumpió Fitzgerald– que pensabas ponerle al libro un epígrafe y que dudabas entre dos. ¿Cuáles son?

—Ah, eso... –balbuceó Ernest–. Bueno, uno de ellos es el comentario de nuestra amiga Gertrude Stein sobre la «generación perdida». Puede parecerte una tontería, pero no estoy en absoluto de acuerdo con lo que tal expresión denota. Yo no sé si pertenezco o no a esa generación, pero de lo que si estoy seguro es de que yo no me considero perdido.

—Ya sabes cómo es Gertrude –dijo sonriendo Fitzgerald...

—¡Claro que sé cómo es! –explotó Ernest–. Precisamente por eso me parece una ampulosidad muy propia de su desconcertante verbosidad. ¿Sabes cómo trabaja ese «culo gordo» de mujer? Le repugna el trabajo de bracero, de retocar y corregir lo que escribe. Sus libros comienzan espléndidamente, marchando muy bien por un largo trecho con pasajes de brillantez, y luego se prolongan interminablemente con repeticiones que un escritor más concienzudo y menos gandul hubiera tirado a la papelera. Muchas veces he tenido que corregir, en vez de Miss Stein, las galeradas de sus obras, porque ese era un trabajo que no le hacía feliz...

—Ernest, eres intolerante con todo escritor que no comparte tus propias ideas y concepciones.

—No te digo que no. Pero yo creo que toda esa gente que pulula por Montparnasse y el Café de la Rotonde, esa «generación», está seriamente quebrantada por la guerra; golpeados, puede ser, en muchos aspectos. Pero maldito si estamos perdidos, salvo los muertos, los *gueules cassées y* los locos certificados. Ninguno de nosotros estamos perdidos. Ahí tienes a Criqui, ese si que es un auténtico *gueule cassée*, y ha ganado el campeonato mundial de peso ligero. Somos una generación muy sólida, aunque algunos de nosotros carezcamos de cultura. Además, esta siempre puede llegar a adquirirse...

—Sin embargo, ¿cómo llamarías a esa gente que ahoga su desengaño en alcohol, se pasa el día durmiendo y comparte cada noche el lecho con una nueva pareja?

—De acuerdo, Scott –respondió Hemingway–. Pero junto a esos hombres y mujeres vacíos que se permiten naufragar en el tedio y el alcohol cuando hay tantas otras cosas por hacer, existen otros que mantienen sus bocas cerradas y toman la vida tal como les llega. Hacia los primeros va dirigida la crítica de mi obra.

—¿Hablas entonces de ellos? –preguntó Fitzgerald interesado.

—Sí, pero no pretendo hacer una sátira vacía o amarga de la basura de Montparnasse, sino una maldita tragedia de la tierra que siempre permanece. Porque Scott, «la tierra siempre permanece».

—¿Y a propósito de eso viene la cita del *Eclesiastés,* no?

—Sí, con el versículo quiero reafirmar mi creencia de que no hay tal generación perdida.

—¿Dónde lo tienes? ¿Puedo leerlo? –dijo el amigo.

—Claro que sí –respondió Hemingway–. Mira en el cajón de la mesa. Creo que está en una carpeta marrón.

Fitzgerald apuró la copa que sostenía en la mano y se dirigió hacia la mesa. Abrió el cajón y tomó la carpeta. Ernest, meditabundo y cansado, se echó todo lo largo que era sobre el camastro, que crujió escandaloso.

«Las generaciones pasan una tras otra –leyó Fitzgerald para sí–, pero la tierra siempre permanece, y sale el sol, y se pone, y con afán vuelve a su lugar de donde torna a nacer. El viento tira hacia el mediodía y rodea al norte; continuamente gira y a sus giros torna de nuevo el viento. Los ríos todos van al mar, y la mar no se colma; al lugar de donde los ríos vinieron, allí tornan para correr de nuevo...».

El viento frío del otoño arrojaba lluvia a las ventanas cerradas.

La chimenea del cuarto tenía buen tiro y se estaba caliente. Ernest se incorporó del lecho y mirando a Fitzgerald dijo:

—Scott, es una terrible historia triste.

CAPÍTULO DUODÉCIMO

La tarea de revisar y corregir un original manuscrito era siempre para Hemingway un periodo intenso de trabajo y concentración. Preocupado y nervioso ante tal responsabilidad, decidió olvidarse por un tiempo de Fiesta y comenzó otra novela de características muy diferentes, Torrentes de primavera ¡Y tan diferente! Torrentes resultó ser una parodia, una sátira mordaz de varios aspectos de la vida literaria americana y del estilo de algunos de sus más insignes representantes –algunos de ellos antiguos amigos íntimos de Ernest–, como Sherwood Anderson, Gertrude Stein, H. L. Mancken, Heary James, etc.

Todo comenzó a raíz de ver Ernest su nombre asociado al del literato Sherwood Anderson –autor de una «introducción cariñosa» y paternal en la solapa de la edición norteamericana de *En nuestro tiempo*– por el *Post* de Nueva York. En la reseña, el conocido diario aseguraba que el asunto del cuento de Hemingway, *Mi viejo,* mostraba una clara influencia de las historias de carreras de caballos de Anderson, Dejándose llevar por su genio irascible y su desaforado orgullo, Hemingway se apresuró a responder «adecuadamente» a estas afirmaciones escribiendo en apenas una semanas *Torrentes de primavera*. El curioso título estaba extraído de uno de los libros de su literato ruso preferido, Turgueniev, y el escenario estaba situado en un lugar familiar para el autor, Petoskey, Michigan. En pocas páginas, Ernest iba a demostrar a admiradores y enemigos el espíritu satírico y la refinada mordacidad de que era capaz. Abrigaba ya por entonces un profundo odio hacia las falsas posturas literarias, hacia las cursis pretensiones de tierna ingenuidad, y aceptaba a pies juntillas la observación del creador de *Tom Jones,* Henry Fielding: «en todas partes, la vida le brinda lo ridículo al espectador atento». Su colega Anderson era una viva muestra de todo esto, en particular de lo ridículo.

—Pero, ¿por qué escribir una novela con clave, en la que satirizas a Anderson y a su obra? –le preguntó Maxwell Perkins al aceptar el manuscrito para la editorial Scribner–. Sé que estás pasando un mal momento con la novela larga, pero para cebarte por ello con tu antiguo *protégé*...

—La última obra de Anderson –dijo Ernest– es impropia del talento que antes había demostrado. Las incongruencias de las divagaciones y conversaciones de sus personajes son tales que no pude dejar de burlarme. Anderson se está abandonando y engolfando en su estilo, en su «autoctonismo». Y como él otros muchos.

—Con este libro te vas a ganar muchos enemigos, Ernest –apuntó el editor–. Y los primeros han sido Boni y Liveright al devolverte el manuscrito. Como comprenderás, no iban a publicar un libro donde se parodia a su escritor estrella.

—Hay quien ha dicho en letras de imprenta que yo he copiado deliberadamente el estilo y los temas de Anderson... ¡Y eso no es verdad! No comparto ni sus ideas ni sus concepciones literarias.

—De acuerdo –respondió Perkins–, *Torrentes* es una declaración de tu independencia estética con relación a Sherwood y a Miss Stein. Y como editor, no puedo negarte que me interesa la polémica literaria, aun a sabiendas de sus escasas posibilidades de éxito...

—Ya está bien de «Sherwood Anderson ejerce una influencia decisiva sobre Hemingway». Gertrude me ha atacado abiertamente en *La autobiografía de Alice B. Tollas* diciendo que si estaba celoso de Anderson y de ella, que si ellos me enseñaron todo lo que sé sobre literatura, toros y boxeo...

—¿No pensarías que se iban a estar con brazos cruzados?

La difícil relación personal entre Hemingway y Anderson se vio agravada por una carta que Ernest envió poco antes de la publicación de su sátira, en donde explicaba que había sentido la irresistible tentación de abofetearle y que, precisamente, el resultado final de aquella repentina manía había sido *Torrentes de primavera.* En realidad, la obra pretendía ser una broma, aunque con un fondo de gran sinceridad. Si Anderson escribía algo que no olía bien, Hemingway se sentía en la obligación de decirlo, sin importarle demasiado las consecuencias. Mas, la sátira no debía dañar nada que fuese realmente bueno y, como en su intención no estaba el hacer un desprecio personal, era mejor ser duro que bondadoso.

Anderson, años más tarde, diría:

—Fue posiblemente la carta más afectada y más fatua que un literato le haya enviado nunca a otro.

En ocasiones, más por curiosidad que por rencor, Anderson se preguntaría sobre la motivación real de Hemingway. ¿Por qué aquel joven desagradecido había elegido como blanco a quien había escrito cartas de presentación tan generosas para él? Es un hecho que gracias a la mediación y prestigio de Anderson, Ernest había conocido a los más influyentes expatriados de París, pero...

No fue buen pago el que recibió Anderson, y menos agradecimiento significó aún pronunciar una «oración fúnebre» sobre la supuesta tumba de un colega como Sherwood que todavía estaba vivo: un detalle de mal gusto, por muy simbólico y literario que fuera.

En las especulaciones y razones de Hemingway no debió de existir, sin embargo, nada específicamente «freudiano»; ver a Anderson como «figura paterna» le hubiera parecido una especie de farsa, una parte de su parodia. No obstante, Ernest debió pensar que era preciso rechazar a Anderson para poder autoafirmarse como escritor, aunque ello en sí comportase una cierta injusticia.

Hemingway toleraba la crítica, pero no la oposición. Sus principios artísticos no podían ser puestos en entredicho. Quien no reconocía estos de una manera incondicional era su enemigo. Y la ruptura violenta de su amistad con Anderson no iba a ser la única provocada por parecidas causas.

Aquel libro de Hemingway se convirtió por entonces en tema usual de controversia en las tertulias literarias de todo París. Contenía todos los defectos y las virtudes de los ensayos satíricos, pero, sin embargo, había despertado un gran interés entre la crítica especializada. «Un ejemplo de literatura moderna», lo calificó el *English Bards and Scotch Reviewers*. Ernest Boys, que anteriormente se había mostrado escéptico, encontraba ahora un porvenir esperanzador para el joven autor.

—Hemingway margina en cuanto a gloria a los rebeldes literatos de Chicago, marchitados tras un rápido florecimiento –dijo en su columna–. De una manera u otra, ha olfateado y denunciado las peores cualidades de Anderson, sin prescindir del humor ni de su especial «talento» para hacer el ridículo a la hora de escribir. Hemingway es un genuino humorista y un sagaz crítico.

Otro columnista, Allen Tate, no regateaba en sus elogios para *Torrentes de primavera* y su autor:

—Es la obra maestra, combinación de cinismo, sátira y humor, del mejor escritor contemporáneo de la prosa del siglo xviii.

Sin embargo, no todo fueron parabienes y alabanzas. Lejos de estar generalizado, el elogio se localizó en determinadas zonas de la crítica. Harry Hansen, por ejemplo, prefería los cuentos de Ernest. Argumentaba, no sin razón, que la parodia era un don que solo los elegidos podían poseer y que, según él, Hemingway no contaba en este género con el favor de los dioses.

En otro orden de cosas, la publicación de *Torrentes de primavera* sirvió para que Scribner's & Sons se asegurara los derechos exclusivos sobre las novelas próximas de Ernest. Boni y Liveright habían incumplido una de las cláusulas del primitivo contrato, según la cual, si un manuscrito no era aceptado dentro de los sesenta días de su recepción, el contrato quedaba anulado. Para Ernest resultó mucho mejor tratar con un solo editor, en concreto, con un hombre de la inteligencia y sensibilidad de Perkins.

Tras aquel periodo de descanso, Hemingway juntó todas sus fuerzas para rehacer y corregir el borrador de *Fiesta*. Los editores y la falta de dinero le azuzaban inmisericordes. Pero París no era el lugar adecuado para el trabajo que se avecinaba –el Barrio Latino, Montparnasse, los personajes reales de su novela, estaban demasiado próximos–, así que se fue a Austria, a un discreto un lugar llamado Schruns en los Alpes austriacos. En la soledad de las montañas, junto a la nieve, Ernest iba a encontrar el estado de concentración necesario para reescribir aquella historia trágica que tenía lugar en un ambiente cálido y embriagador, en los cafés de Montparnasse y en una ciudad española en fiestas.

A mediados de febrero de 1926 hizo un viaje a Nueva York. El 28 de marzo Scribner's & Sons tiraba 1.250 ejemplares de su polémica *Torrentes de primavera*. Y el 1 de abril «el libro» estaba listo para la imprenta. La narración larga que debía ser su primera novela había quedado reducida a noventa mil palabras. Nueve meses de duro trabajo –la duración de una gestación humana– quedaban atrás.

«La primera novela de Hemingway –escribió el escritor Alfred Harcourt a Louis Bromfield– puede revolucionar el país». Y, efectivamente, iba a acertar. El escándalo y el éxito aguardaban a la vuelta de la esquina a la primera novela de aquel buen cuentista que era Ernest Hemingway.

Maxwell Perkins, el editor, captó desde un primer momento las intenciones y el alcance de la obra:

—Es un libro sano –dijo triunfalista–, con marcadas implicaciones satíricas sobre novelas que no lo son, las novelas sentimentales, subjetivas, caracterizadas por el pensamiento vago y cenagoso. Su moralidad, así como su estética, resulta sana.

Aquel verano, Ernest volvió a España: de nuevo Pamplona, Valencia, Madrid, San Sebastián; y los toreros, el *Niño de la Palma*, *Zurito*, Manuel Báez *Litri*, Nicanor Villalta, etc. Y con su inseparable cuaderno en el bolsillo siguió tomando notas para su libro sobre los toros, *Muerte en la tarde*. El Hotel Quintana, la pensión de la Carrera de San Jerónimo, el planeta taurino de las tascas y tabernas...

Ese mismo verano, en el agosto madrileño, tendría lugar un hecho de gran importancia para la vida íntima de Ernest Hemingway: se enamoró de Pauline Pfeiffer. Todo sucedió a raíz de una proyectada vista a Madrid de la todavía esposa del escritor, Hadley Richardson, y del pequeño Bumby, para pasar unos días de vacaciones. Pauline, periodista norteamericana en la sucursal de la revista *Vogue* en París y amiga de la pareja, acompañaría a los viajeros para conocer la España de Ernest. Pero dio la casualidad que Bumby enfermó de tos ferina durante el viaje y Hadley tuvo que quedarse con el niño en Antibes. Solos en Madrid, Ernest y Pauline comenzaron su idilio.

Pauline resultó ser una mujer inteligente, sin grandes atractivos físicos, y con gran personalidad. Insustituible compañera en el trabajo literario, iba a ser la mujer que más huella dejara en el corazón del escritor, aparte de darle dos hijos, uno de ellos, Patrick, su preferido. Y durante doce largos años iba a entender y soportar aquel niño grande, egoísta y difícil que era Hemingway.

Sin embargo, en el aspecto que la influencia de Pauline fue más poderosa fue en el religioso. De una manera u otra, aquella mujer, católica, supo despertar el escondido espíritu religioso de su marido hasta el punto de motivar su conversión al catolicismo. Una conversión que fue sincera, aunque, como todo en Hemingway, a su manera. Ernest fue católico y se confesó católico en varias ocasiones, aunque no practicante. Su fe era primitiva, cándida, en realidad como él. Había también algo de miedo, de temor al misterio de la religión, en el fondo de su espíritu sencillo. Por eso, quizá, todo lo religioso le producía enorme respeto, y más la sinceridad religiosa de los demás.

—El que seas católico me parece heroico –le confesó en una ocasión a su viejo amigo Castillo-Puche–. Yo también lo soy, solamente que un católico poco templado y serio.

José Luis, que aún no le conocía lo suficiente, puso cara de no creérselo. Como otros muchos había asimilado el estereotipo de «furibundo ateo» de Hemingway, y aquella confesión de catolicismo le resultó sorprendente.

—No te estoy tomando el pelo. Te digo la verdad aunque nunca hablo ni me gusta hablar de esto... Ni quiero además que tú hables de ello tampoco.

—Descuida –dijo ahora muy serio el español...

—Yo no puedo ser un buen católico porque peco, José Luis.

—Yo creo que todos los que invocamos el nombre de Cristo, pecamos.

—Pero yo no soy de los buenos, nunca he podido serlo... ¡Si se pudiera juntar un anarquismo sano con un cristianismo vivo! (*Hemingway, entre la vida y la muerte*).

El 22 de octubre de aquel año aparecía publicado en Nueva York *The sun also rises,* que, más tarde, recibió el título castellano de *Fiesta* en la edición inglesa. Como había anunciado Hemingway a sus conocidos, la novela trataba sobre aquella «generación perdida» que deambulaba por los cafés de la orilla izquierda del Sena, en el Montparnasse de los alegres y bulliciosos años veinte, y sus personajes principales estaban basados en gente real, en tipos archiconocidos en el Barrio Latino, analizados por el microscopio del escritor en su conducta diaria. ¡Y lo que es la ironía del destino! Hemingway, que había rechazado la expresión «generación perdida», vio que su primer libro de éxito era aceptado, precisamente, como prueba irrefutable de la perdición de aquella generación. Si su pretensión había sido la de narrar una historia social dramatizada –la de la década de los veinte–, si la moraleja profunda de la obra estaba tomada del *Eclesiastés* —«Todo es vanidad y vejación del espíritu»—, fue el acertijo internacional de quién era quién en *Fiesta*, y el retrato magistral que hacía de aquella ninfómana alcoholizada que era Lady Brett, sirvió para su promoción y venta.

Una vez más, pero ahora con éxito y dinero, ni el público ni la crítica le habían entendido.

—Si el lector sabe algo sobre los parnasianos –decía divertido un periodista de sociedad– posee la clave de la identidad de los personajes ficticios. Los prototipos de Robert Cohn, Lady Brett Ashley y

Mike Campbell son muy conocidos en las mesas del Rotonde o del Deux Magots.

—En realidad –apuntó un crítico–, *Fiesta* es un exótico retrato de esa sociedad amalgamada de artistas, escritores e intelectuales europeos y americanos, unos fracasados y otros celebridades, que beben, divagan y desaparecen en el París de los felices veinte, y que Evelyn Waugh satirizó tan bien en *Cénit y Caída*, y Cole Porter cantó en aquel cuplé que decía:

Han encontrado la fuente de la juventud,
y es una mezcla de ginebra y vermut.

—*Fiesta* es la *Biblia* de la «generación perdida».

—El héroe de la novela, Jake Barnes, parece ser un autorretrato modificado del autor.

«El éxito grandioso de *The sun also rises* lo explican causas diversas –escribió un escritor alemán a propósito del *boom* de la novela en Alemania–. Ante todo, la propia acción de la obra es extraordinariamente picante, *shocking*. El factor sexual ejerce sobre el lector un certero poder de atracción, y la novela está empapada por entero de tal factor. Ahí está Lady Brett Ashley, hermosa, inteligente, desenfrenada e insatisfecha, tambaleándose de un amante a otro. Solo hay un hombre que la podría salvar de sí misma –Jake Barnes–, pero este es sexualmente impotente. Barnes soporta su destino con entereza y dignidad. Pero ella busca el olvido en el alcohol y en los brazos de otros admiradores. Vano esfuerzo. Su prometido, Mike Campbell, es tan inconsciente y está tan desilusionado como ella misma. Robert Cohn es un neurótico que, en su amor hacia ella, sufre como si se tratara de una enfermedad incurable. Y solo el torero Pedro Romero es "todo un hombre", que se ajusta a la imagen que Ashley se ha forjado del amante ideal: invicto en la plaza, invencible en la cama. Pero tiene que renunciar a él, porque no quiere arruinarle, no quiere manchar su pureza juvenil. El ambiente pintoresco en que se desenvuelve la acción de la novela contribuye a acentuar la impresión que produce. Cafés de Montparnasse, una aldea española en fiesta pintoresca y exótica; una atmósfera embriagadora, excitante y sensual. Sobre todo ello se cierne una nube de vapores de alcohol y de olor a muerte» (Leo Lania, *Hemingway*).

Sin embargo, *Fiesta* era algo más que un juego de acertijos, o una descripción literaria de los años veinte, o una eficaz recreación de ambientes «pintorescos y exóticos», o, incluso, de sutil pornografía. Y sería superficial y erróneo catalogar la novela solo por esos elementos externos.

Es innegable que la imagen de Lady Brett y sus compañeros bebedores eclipsa a la del verdadero héroe de la historia, y que todas las miradas son magnetizadas por esa mujer fatal, especie de lamia de acento británico, Fata Morgana de París y Pamplona, gracias, precisamente, a esa mezcla de ironía y piedad, de condena y admiración con que Ernest la retrata. Pevo por fascinantes que sean Brett, Cohn o Mike, la postura del libro de Hemingway es una condena, una crítica de ellos y de todos los de su clase que naufragan en el tedio y en el alcohol, y que no luchan por aprender a vivir pese a las dificultades.

Cuando al personaje principal de *Fiesta,* Jake Barnes (trasunto de Nick Adams-Ernest Hemingway), le preguntan si está enfermo, su respuesta va más allá de sus heridas de guerra, de su castración física; es enormemente lúcida, esclarecedora:

«Sí. Todo el mundo está enfermo. Yo estoy enfermo también».

Porque Jake, Brett, Campbell o Cohn son representantes de una generación enferma, de una generación que no sabe orientarse en medio de los vertiginosos cambios de su tiempo. Víctimas de una guerra, víctimas de la época en que les ha tocado vivir. Hombres y mujeres que comparten la desesperación, el extravío y el cansado cinismo de millones de jóvenes en todo el mundo occidental.

Sin embargo, no todos los miembros de la «generación perdida» están perdidos, ni todos los personajes de *Fiesta* están irremisiblemente abocados a su autodestrucción.

«Hay realmente, para mí por lo menos –escribió Ernest a su editor–, un atractivo en la vida, y en lugares y en todo tipo de cosas, y alguna vez me gustaría incorporarlo en mi obra...

»He conocido a algunas personas muy maravillosas que aunque estaban yendo directamente hacia la tumba (que es lo que convierte a toda historia en una tragedia si se la desarrolla hasta el final) conseguían montar una función muy buena en *route*» (Carta a Perkins, 7-12-1926).

«Directamente hacia la tumba»... «una función muy buena...». Tras la anécdota picante y el paisaje pintoresco, en las profundidades de *Fiesta,* palpita el sentido trágico de la vida, el grito del hombre, del hombre «hemingwayano», que contempla la trágica brevedad de la vida humana y que no está dispuesto a aceptar, resignadamente, el «nada cabe esperar» ni el «todo es una miseria física y moral» ni el «todo es vaciedad y pobreza espiritual», porque lo torcido puede enderezarse, porque hay nuevas formas de aprender a vivir, y porque no cabe el pesimismo desesperado cuando hay tantos hombres y mujeres que luchan por afrontar la vida con coraje.

Sí, coraje, honestidad, decencia, compasión, cualidades y virtudes humanas que tienen cabida en esta desesperada historia. Porque el hombre que pinta este autor tiene valor, una clase de valor quizá masculino –ese que para los españoles reside en los «cojones» y para los ingleses en las tripas–, pero un valor que sería simple y superficial confundir –como han hecho muchos– con el «machismo» o con la virilidad. Porque, aunque el sexo es una importante motivación en muchos de los personajes de Hemingway, en otros no existe ni por asomo. En este sentido, es más importante la obsesión del autor por el valor en el campo de batalla: obsesión que le llevará a valorar esa virtud en todos los campos posibles, en la vida en su totalidad.

Al examinar a los personajes más de cerca, en concreto a Lady Brett y a Jake Barnes, podemos encontrar esas virtudes, ese código de valor y honestidad que permite al hombre de sus obras caminar hacia la tumba, hacia lo único cierto –la muerte–, con la cabeza muy alta y «montando una función muy buena *en route*».

Brett, maravilloso y patético ser humano, en realidad, es una ruina de mujer, auténtica esponja de alcohol y de sexo. Sin embargo, consciente de su existencia miserable, es honesta consigo misma y sincera en su comportamiento; algo muy difícil de lograr hasta para individuos mucho menos marcados por la vida que ella. Hemingway prefiere creer, tener la esperanza, que en el alma de esa Circe fascinante, que «convierte a los hombres en cerdos», existen virtudes, al menos éticas, que la pueden redimir y salvar de esa progresiva e inevitable autodestrucción en que está encenagada.

Jake, por su parte, es el héroe, un héroe patético como todos los de Hemingway, empeñado en aprender a vivir, a sobrevivir, con el sufrimiento de las heridas físicas y morales. La herida que le castró en el frente italiano caló más hondo que en su carne: le mutiló psíquica, emocionalmente. ¿Cómo vivir con tal herida abierta, cuando no se encuentra sentido a nada, cuando se siente uno vacío, y se tiene que luchar solo, aislado, individualmente, en un mundo que también sufre una profunda herida moral?

Jake Barnes se enfrenta a la vida con coraje y con honor. No tiene lástima de sí mismo, acepta su desgracia con un cierto fatalismo –por otra parte, muy español–, mala suerte, amarga ironía... Y trata de curarse a sí mismo a base de aferrarse a la vida, porque ha vivido y sentido mucho y quiere seguir viviendo todo tan intensamente como sea posible.

Los convencionalismos morales, el esnobismo de la «generación perdida» no tienen sentido para él. Jake no se ha marginado voluntariamente en los cafés de Montparnasse. Es la vida, con su crueldad y sus heridas, la que le ha marginado realmente, con sangre. Pero él lucha, intenta sobrevivir, afrontando esa vida con valentía, con agallas, con humanidad. Y elabora mecanismos, ritos íntimos y personales de autodefensa, porque no es un héroe mítico, sino humano y débil.

Y busca respuestas en la religión. Respuestas que no encuentra:

«Lamento ser tan mal católico pero comprendo que por el momento no puedo hacer nada para remediarlo, al menos por ahora y tal vez para siempre».

Y busca respuestas en el amor, en el amor desesperado con Lady Brett Ashley. Amor que está frustrado por las huellas de la guerra, por las señales a fuego de la vida, desde el principio. Jake mira a Brett con tanta honestidad que no ve lo que en realidad es: una ninfómana borracha. Y no la ve así porque conoce los motivos de su ruina, de su alcoholismo, de su frenética sexualidad: ella no ha tenido una vida fácil y feliz; él tampoco. Y Jake lo tiene en cuenta cuando la mira, cuando la juzga. Quizá, si no hubiera perdido su amor en el camino...

CAPÍTULO DECIMOTERCERO

Cuando Ernest regresó a París en septiembre (1926), su amor por Pauline ya estaba firmemente asentado en su corazón. Aquella interesante muchacha de St. Louis se había convertido en la mujer de su vida y estaba dispuesto a divorciarse de Hadley a cualquier precio. El encuentro entre los dos miembros del deshecho matrimonio fue embarazoso. Hadley se había enterado del amorío de su marido a raíz de una excursión que este y Pauline habían realizado por el valle del Loira, y el vaso de su paciencia se había colmado: había soportado con resignación las manías de Ernest, su violento carácter y sus pataletas infantiles, incluso, su sistemático abandono del hogar para trabajar o para dejar vagar su espíritu aventurero, pero la infidelidad era demasiado, no la soportaba. Ambos estaban firmemente dispuestos a la separación.

En marzo del año siguiente, los tribunales decidieron definitivamente el divorcio. Una curiosa anécdota ocurrió a raíz de la separación y de la publicación de *Fiesta*: Hemingway, en un arranque de generosidad, regaló el «precioso» manuscrito de su primera novela a su ex mujer; Hadley, luego de divorciada, en otro arranque, esta vez de buen negociante, lo vendería a la actriz Ann Harding por la nada despreciable suma de diez mil dólares.

En el verano de 1927 Ernest Hemingway y Pauline Pfeiffer contrajeron matrimonio por el rito católico en una iglesia de París. Aprovechando la proximidad de las fiestas de los Sanfermines, el lugar elegido para la luna de miel de la feliz pareja fue España. Allí, con su macuto repleto de reportajes periodísticos y de bocetos de novelas y cuentos, Ernest siguió trabajando en *Muerte en la tarde* y dedicando toda su atención a los toros. En Valencia tuvo ocasión de presenciar las cogidas de dos grandes toreros de la época: Juan Belmonte y Marcial Lalanda. Y por primera vez conoció las salas y quirófanos de un hospital taurino. Presentado a Belmonte por su inseparable mentor taurino, Juanito Quintana, Ernest encontró en el joven matador un cierto hálito de muerte que le impresionó:

—Era un tipo callado –dijo Hemingway al recordar su primer encuentro con el torero–, poco expresivo y un poco raro, con el que se pasaba un mal rato hasta que «se ponía en facha». Entonces, cuando se ponía bromista y cachondo, su intensa tristeza se convertía en un vivaz y travieso tartamudeo salpicado de bromas: bromas que en el fondo demostraban unos miedos infantiles y un espíritu casi suicida. Cubierto de una especie de nube de fatalismo, aquel torero de estampa espantada se mantenía generalmente taciturno, como desdichado, y con su chusco escepticismo no parecía poder apartar a la muerte de su lado.

Mientras, en París, el ambiente se había enrarecido. Parecía como si desde la publicación de la parodia sobre Anderson la «ciudad luz» hubiera dado la espalda al atrevido escritor. La vida se revestía de unos tintes cada vez más oscuros para los recién casados y se hizo incómoda. Con la publicación de las memorias de Gertrude Stein –la escritora trató de disfrazar su narración en primera persona con un equivoco título, *La autobiografía de Alice B. Toklas*– se había recrudecido la pasada controversia con el escritor consagrado y los círculos literarios parisinos bullían de pasión y de partidismo. En aquellas páginas Miss Stein, a la vez que envolvía con cortesía maternal a quienes más estimaba, incluyendo al Hemingway de los primeros años en París –«joven extraordinariamente bien parecido y de unos modales más europeos que americanos»–, atacaba con increíble veneno y saña a sus enemigos. La pública acusación de la mecenas norteamericana contra su antiguo protegido era muy grave: Ernest había copiado su estilo (el de la Stein) y el de Anderson en *Torrentes de primavera*, y el motivo fundamental de este para escribir un libelo semejante eran sus «ladinos celos» profesionales, «de los que no podía librarse». No hacía falta estirar mucho la memoria –escribía Stein–, para recordar que fue Hemingway quien había llamado a la puerta de Anderson y a la suya, quien había sugerido que tomaran una copa en la taberna, quien...

Más adelante, al comprobarse que la autobiografía de Stein contenía un gran cúmulo de inexactitudes y de equívocos, de auténticas infamias, muchos de los conocidos y partidarios de Ernest exigieron una réplica pública. Sin embargo, este no lo hizo así entonces. El daño estaba hecho, su imagen pública y privada muy dañada. Y se contentó con decir:

—Es una pena ver todo el talento de esa mujer convertido en malicia, desatino y autoelogio.

Un cronista de la época recuerda al Hemingway de aquellos años como a «un hombre tímido y desconfiado, ansioso de aprecio y de crítica constructiva, nada seguro de sí mismo, compañero alegre y amigo leal, cuyo interés dominante era aprender a escribir... También Fitzgerald era, y siguió siendo, un estudioso serio y competente del arte de escribir, y este era uno de los vínculos entre Scott y Hemingway. En otros aspectos, estaban en mundos separados. Hemingway no se interesaba en el Ritz o en los *playboys*. Su interés especial residía en las formas más exigentes de la excelencia física y el coraje. Boxeaba y practicaba suficiente autocontrol para mantenerse en buen estado. No había nada intelectual o estéticamente pretencioso en él, que era la característica del Barrio Latino. Tenía la mirada clara, el carácter templado y el porte suelto de un atleta en buen estado».

Para el tímido atleta-aprendiz de escritor, la vida literaria –tal y como él siempre había creído que era– no había comenzado hasta unos meses atrás, con la publicación de *Fiesta*. Y si todos los que creyeron que la capacidad literaria de Ernest se reducía a los cuentos quedaron asombrados al ser publicada su primera novela, no fue menos la sorpresa cuando en 1927 apareció su segunda colección de relatos cortos –catorce exactamente–, titulada *Hombres sin mujeres.* Aquel pequeño libro era una demostración palpable para los incrédulos de que junto al flamante y, cada vez más, famoso novelista, seguía coexistiendo el magnífico cuentista de *En nuestro tiempo*.

Si Ernest Hemingway había entrado en el intrincado mundo de la literatura por algún camino, ese había sido por la vía del cuento; y de ahí, quizá, su cariño y su constante publicación de obras de este género. En realidad, el cuento había sido, y sigue siendo, una forma natural –por otra parte, muy corriente para los escritores norteamericanos dada la enorme demanda que este género literario tiene en su país– de comenzar a hacer los primeros pinitos con la pluma. Solo el cuento podía proporcionar la rigurosa disciplina en la presentación de episodios tomados de la vida real y basados en experiencias personales que las elevadas metas estéticas del joven escritor de Illinois requerían. En la continua lucha con los sutiles mecanismos literarios del cuento, Ernest iba a aprender su oficio, obteniendo lo más de lo menos, podando el idioma, evitando los movimientos inútiles, multiplicando las intensidades y diciendo algo más que la verdad. En el cuento, en definitiva, Ernest ejercitó el mejor uso del diálogo –auténtica habilidad de artesano de las letras–, el arte de hacer sugerencias a los lectores sin revelar de una sola vez todo el contenido de sus ideas, y la capacidad de expresar en pocas palabras las fugaces impresiones, sin retórica ni ardides.

En la elaboración y reelaboración del cuento, Hemingway encontró el secreto de su estilo: ese efecto acumulativo de frases sencillas, simples, cuidadosamente seleccionadas, con la reiteración ocasional de frases clave para lograr el énfasis deseado y buscado; trabajo que le brindó inestimables experiencias en los secretos de la ficción y le sugirió posibilidades para un desarrollo futuro.

Hemingway, como todo escritor con pasión por su oficio, no solo aceptó sino que se impuso los más difíciles problemas experimentales, y el cuento era un terreno propicio para ello. Pocos escritores de los últimos cincuenta años, y ningún escritor norteamericano del mismo período, salvo Henry James y William Faulkner, abordaron como él problemas tan graves como el de la comunicación, la guerra y la muerte. Al fin, cuando se sintió preparado para lanzarse a la aventura de la novela, pudo decir parafraseando a Henry James:

—Solo había navegado junto a la costa en varias pequeñas ocasiones anteriores; para adquirir capacidad, me había dado contra las aguas superficiales y las caletas arenosas del cuento.

Cansados del ajetreo cosmopolita de París y del ambiente conflictivo que se respiraba allí entre los intelectuales americanos, el matrimonio Hemingway decidió volver a Estados Unidos y establecerse en Key West, puerto pesquero al extremo meridional de Florida. Como *Fiesta* ya daba sustanciosos dividendos, pudieron comprar una espaciosa casa rodeada de palmeras y vivir desahogadamente. Establecido de nuevo en su país, Ernest comenzó una vida de *sportman* entregado a sus grandes aficiones: la caza de perdices en Arkansas, la pesca en el Caribe y las cacerías en Wyoming. Su norma de vida era escribir diariamente, cazar y pescar. Sus alardes deportivos como cazador y pescador, sus excéntricas amistades y su fama como gran bebedor empezaron a llenar las columnas de la prensa sensacionalista norteamericana. Y su nombre empezó a volverse legendario.

Por entonces, también colabora en la fundación de la revista *Esquire,* convirtiéndose en una de las principales plumas de la publicación, y comienza a escribir su segunda novela, *Adiós a las armas...*

«En las afueras de Fossalta (Italia) había una casa amarilla entre los frutales, y un establo y un canal... Un soldado muy joven, un voluntario americano, estaba sentado contra la pared de una iglesia en ruinas, que le protegía del fuego de una ametralladora austríaca. Le molestaba no sentir sus piernas. Le habían herido en la espalda. Tenía el rostro desencajado y manchado por el barro. El sol brillaba en su cara. Hacía mucho calor. El cuerpo de un compañero, acurrucado como un niño temeroso, yacía junto a él. La cabeza le daba vueltas, como en un tiovivo. ¡Dios mío, qué absurda es la guerra! –pensó antes de desmayarse–... En la habitación había una muchacha vestida de blanco, una enfermera...».

—Ernest, ¿cómo va el borrador de la nueva novela? –preguntó Pauline.

—Eh... ¡Ah, sí, va muy bien! –dijo aturdido Ernest–. Estoy revisando el primer capítulo: la descripción del paisaje...

—¡Estupendo! Me lo tienes que leer cuando acabes.

—De acuerdo –contestó pensativo–. Cuando acabe...

«A fines del verano de ese año vivíamos en una casa de una villa que miraba hacia las montañas a través del río y la llanura. En el lecho del río había guijarros y cantos rodados, secos y blancos en el sol, y el agua era clara y de curso rápido y azul en los canales. Las tropas pasaban por la casa y se alejaban por la ruta, y el polvo que levantaban cubría las hojas de los árboles. También los troncos de los árboles estaban polvorientos y las hojas cayeron temprano ese año y vimos las tropas que marchaban por la ruta y el polvo que se levantaba y las hojas, sacudidas por la brisa, calan y los soldados marchaban y después la ruta desnuda, y blanca, salvo las hojas».

Ernest miró por la ventana abierta de su habitación. Las hojas de las palmeras no dejaban pasar los últimos rayos de luz del día. El cielo tropical de Florida iba oscureciéndose pincelada a pincelada, y negros nubarrones traían lluvia. Lluvia que cae en las cálidas noches de verano como preludio de la tormenta...

«Me asusta la lluvia porque a veces me veo morir en ella».

—Un capítulo sin adornos de mi propia vida es lo que estoy escribiendo –susurró apoltronado en una hamaca–. Una tragedia romántica de amor y de guerra... mi Romeo y Julieta.

—¿Hablas contigo mismo, Ernest? –preguntó, entrando en la estancia, Pauline.

—Sí, estaba pensando en voz alta... ¿Quieres servirme una copa, querida?

—No, ahora no puedo –dijo Pauline risueña–. ¡Se me va a quemar la cena! Sírveme una a mí también...

Y salió corriendo hacia la cocina, tras dejar el revoltijo de ropa que traía en una mesa camilla.

El sonido del líquido al caer en el vaso hizo volver a la realidad a Ernest.

—Es curioso, sabes –dijo a su mujer–, pero el mundo...

—No te oigo, espera.

Pauline apareció en el umbral de la puerta, secándose las manos en el delantal.

—Ya está. ¿Dónde tengo esa copa que me habías prometido? Gracias. Chin chin. ¿Qué me decías?

—Decía que el mundo mata indiscriminadamente a los muy buenos, a los muy nobles y a los muy valientes. En realidad, el mundo atropella a todos. ¿Sabes de lo que hablo?

—Sí –contestó Pauline lacónicamente–. Pero siempre hay hombres como Jake, tu personaje de *Fiesta,* que tienen el coraje de resistir, de aprender a vivir de acuerdo con las reglas del juego.

—A veces se aprenden demasiado tarde, ¿no crees?

—¿Eso es lo que le pasa a tu Frederick de *Adiós a las armas?*

—De alguna manera, sí, Pauline. Vivir es más bien ahora un juego bélico en el que perder es morir. El jugador casi nunca tiene tiempo suficiente para aprender por la experiencia prolongada... En la guerra, la muerte cae al azar. En cualquier momento se puede borrar el futuro de un hombre sobre la tierra. Por eso es por lo que el presente es la única dimensión posible.

—¿Por qué ese interés tuyo, Ernest, por las heridas, el sufrimiento y la muerte? –preguntó preocupada Pauline.

Ernest quedó cabizbajo durante un instante, con la copa de buen whisky escocés en la mano...

«Entre los demás ruidos oí un gruñido; después vino el Chuchuchu, y entonces hubo como un rayo parecido a cuando se abre la puerta de un horno de fundición, y un rugido que empezó blanco y se volvió rojo, y más, y más, con un viento huracanado. Traté de respirar, pero mi respiración no llegaba, y sentí que se me iba el cuerpo fuera de mí, quedando a merced del viento; y me desvanecí suavemente pensando que era la muerte y que era un error pensar en la muerte. Después "floté", y en lugar de marchar, caí de espaldas. Respiré y volví en mí».

—Ernest Hemingway, ¿te encuentras bien? –dijo zarandeándole suavemente su mujer–. Llevas muchos meses trabajando en ese borrador, vas a caer enfermo.

—No te preocupes mujer. También me distraigo. Y la pesca me relaja mucho mientras escribo.

—Sí, pero llevas dándole vueltas a tus fantasmas interiores desde hace tiempo y eso no puede ser bueno...

—Es curioso –apuntó Ernest, ensimismado en sus recuerdos–, las reacciones emotivas de un hombre ante los ataques, las retiradas, las explosiones, el valor, la victoria, las heridas... el amor de guerra.

—¿Cómo se llamaba el pueblo italiano donde te hirieron?

—Fossalta di Piave...

«Cuando me desperté después de la operación, no tuve sensación de *haberme ido*. No había perdido el conocimiento. Es chocante. No es como morirse, sino solamente un choque químico por el que no se siente...».

—Bueno, será mejor que cenemos –sugirió Pauline–. Hoy no estás muy comunicativo. Llevas todo el día «flotando», Ernest.

Key West, Piggott, Arkansas, Kansas City, Big Horn (condado de Sheridan)... Hemingway sigue trabando en el primer esbozo de la novela. En junio de 1928 nació su segundo hijo, Patrick. Fue un parto muy difícil por el delicado estado de salud de Pauline. La madre pudo dar a luz gracias a la cesárea. Durante días la muerte estuvo sentada a los pies de Pauline, hombro con hombro junto a Ernest. Pero pasó de largo.

No así para Catherine, la enfermera protagonista de la novela, agonizante en el lecho del parto en un hospital de Lausana...

«Esto es lo que has hecho. Morirte. Tú no sabías de qué se trataba, porque no tuviste tiempo de aprender. Te arrastran y te imponen las reglas del juego, y a la primera vez que te pillan en falso, te matan. O te matan sin más ni más, como a Aymo (el conductor italiano que murió por un casco de metralla en la retirada de Caporetto). O te pegan la sífilis, como a Rinaldi. Pero al final siempre te matan. Hay que contar con ello. Hagas lo que hagas, te matarán».

Por la ventana de la habitación del hospital se filtraba una luz lechosa, tenuemente rosada. Comenzaba a despuntar el alba. Pauline y el pequeño dormían tranquilos. Ernest, de pie, contemplaba el rostro sin expresión del recién nacido.

—¿Cómo hemos de vivir, puesto que tenemos que morir? –pensó en voz alta. Y contrajo el rostro en algo que quería ser una sonrisa de incredulidad pero que quedó en un rictus, mueca más que gesto.

No había podido encontrar una respuesta, y quizá no la encontraría nunca. Sus personajes tampoco tenían respuestas. Y hacía verdaderos esfuerzos por no desmoralizarse del todo, por vencer el escepticismo y la impotencia, la postración del espíritu de un hombre que llevaba dentro la muerte. Era un miedo irresistible quizá, algo que se piensa y no se hace, hasta que se hace... Fuga hacia los linderos de la autodestrucción:

«Pero cuando un hombre está en rebeldía contra la muerte, siente un placer en apoderarse de uno de los atributos divinos: el de dar la muerte» (*El verano sangriento*).

Hemingway siguió escribiendo, siguió buceando obsesivo en la vida de sus personajes heridos. Y el libro quedó terminado en su forma preliminar en Big Horn, a finales de agosto de 1928. Este año no irá a España. Tras un breve interludio de caza y pesca, comenzó la revisión de la novela. Todavía no estaba satisfecho. El final de la historia, sobre todo, no le satisfacía.

En el otoño, las hojas de los árboles del jardín empezaron a dorarse. A comienzos del invierno llegó la lluvia y con la lluvia... En el mes de diciembre, Ernest recibió una trágica noticia: su padre, el doctor Hemingway, se había suicidado. El escritor estaba reescribiendo por entonces la tragedia romántica de amor y de guerra *Adiós a las armas*.

«El médico limpió la escopeta frotándola con un trapo. Después apretó las cápsulas hacia dentro, contra el resorte de la recámara. Se quedó sentado con el arma en las rodillas. Era su favorita» (*La mujer del médico*).

Pauline dejó al pequeño Patrick en su cunita y se sentó en el brazo del viejo sillón de cuero. Con su frágil brazo rodeó amorosamente a Ernest. La máscara de este había caído, lentamente, desfigurada por un dolor interior, profundo. Una herida sangrante se había abierto en el cuajo de su ser.

—¿Por qué tu padre se habrá suicidado? –susurró la mujer. El suave crepitar de las llamas en la chimenea apagaron aún más sus palabras.

—Era un incomprendido –contestó Ernest secamente.

—No comprendo.

—Cayó en la trampa que entre todos le habían preparado –las palabras salían de su boca a borbotones, pero ásperas, sin saliva, arañando la garganta–. Le llegó la hora de la verdad, la hora de la vejez, de la enfermedad, de la muerte, y se cansó de hacer comedia para la galería de Oak Park... Eligió la muerte de un cazador desesperado: morir con el arma en la mano.

—¿El suicidio es un acto de valor?

—¡No! –gritó con rabia–. ¡Es una cobardía!

Agitado por miedos y dudas interiores, Hemingway se lanzó un loco ir y venir por toda la sala. La lluvia caía con gruesos goterones sobre los cristales.

—No lo sé... pero la mayoría de los hombres mueren como animales. ¡Como animales! No como hombres...

«Otros morían como gatos, con el cráneo abierto y un buen trozo de hierro metido en el cerebro, y habían estado tirados en el suelo durante dos días, como los gatos que se arrastran por la carbonera con una bala en el cerebro y no mueren hasta que le habéis cortado la cabeza. Quizá los gatos no mueren tampoco, porque se dice que tienen nueve vidas...» (*Historia natural de la muerte*).

—Nunca pensé que tu padre era un cobarde –dijo Pauline.

—¡Pues sí, lo era! –masculló el escritor, ya más tranquilo–. Nunca olvidaré lo miserable que me pareció cuando me di cuenta de que era un cobarde... Aunque no era un hijo de mala madre: era simplemente un cobarde, y eso constituye la peor suerte que puede tener un hombre.

—¿Quieres hablar de él, Ernest? –sugirió su mujer–. Es una manera de desahogarse.

—Como todos los hombres capaces de superar las limitaciones humanas, Pauline, mi padre era muy nervioso. También era sentimental, y como todas las personas sentimentales era cruel y encantador...

—Sigue, te escucho. ¿Quieres una copa grande de coñac? Te hará bien.

—Bueno, gracias Pauline... también tuvo muy mala suerte, y no solo por él. En realidad, murió en una trampa que él solo había ayudado un poquito a colocar, todos le traicionaron, mejor dicho, le traicionamos, de alguna forma, antes de que muriese.

—No puedes culparte de lo que ocurrió en Oak Park, Ernest –dijo Pauline, alargándole la copa caliente.

—No, si no me culpo... Sabes, Pauline, todas las personas sentimentales son traicionadas muchas veces...

El arte por el arte, la muerte por la muerte, la obsesión de repetir la muerte del padre... ¿un secreto, una tortura, una tentación? ¡Quién sabe!

«Prefería no hacerlo.

»No pensemos en ello.

»Si es preciso lo haré, pero preferirla no hacerlo.

»No pensemos en ello en absoluto» (*Hemingway, entre la vida y la muerte*).

Hacia mediados de febrero de 1929, Ernest decidió publicar un original terminado de la nueva novela en *Scribner's Magazine*. Durante la primavera, en París, siguió trabajando y corrigiendo sobre las galeradas de la versión que aparecía en la revista de su editorial: no se sentía satisfecho de algunos episodios. Más tarde, hizo un alto en su labor para venir a la Feria de San Isidro, y en una de sus cartas comenta la copiosa nevada que cayó sobre Madrid ¡un 15 de mayo! Estando Belmonte apartado de los ruedos, su nuevo ídolo era Marcial Lalanda. Hemingway no pierde oportunidad de presenciar todas las corridas que puede. El cinco de junio –ya de vuelta– le llegaron a París las pruebas tipográficas del libro. A finales de ese mismo mes, escribía a Perkins dándole la buena nueva de que, al fin, había logrado «un final nuevo y mucho mejor» –tras reescribirlo diecisiete veces–. Y *Adiós a las armas* apareció en forma de libro el veintisiete de septiembre de 1929. Cuatro meses más tarde se habían vendido 80.000 ejemplares y el éxito estaba en boca de todos. El *boom* de *Fiesta* no había sido un espejismo, Ernest Hemingway probaba con la nueva novela que podía hacerlo otra vez.

Archibald McLeish describió en un poema la meteórica ascensión del nuevo astro de la literatura norteamericana:

«Fue un veterano de guerra antes de los veinte años. Famoso a los veinticinco y maestro a los treinta y uno».

Los periódicos y las revistas de todo el mundo inundaron sus páginas con críticas elogiosas, alabanzas y monografías sobre el autor y su obra: «Hemingway tiene el oído y la sagacidad del reportero, pero está asimismo dotado de la sensibilidad, la intuición psicológica y el lenguaje de un poeta». «Ernest Hemingway encarna el "realismo romántico" de una manera tan perfecta como ningún otro autor contemporáneo». «*Adiós a las armas* es quizá la mejor novela surgida de la Primera Guerra Mundial». «Una de las mejores novelas sobre la guerra». «*Adiós a las armas* significa alejar la vieja guerra, liberándose de ella gracias a una original mezcla de humor y horror». «La gran inquietud de Hemingway por los temas bélicos se refleja en la descripción y relatos de la lucha en las trincheras en el frente italiano. La derrota militar de Caporetto en el otoño de 1917, el pánico y la retirada del ejército italiano, constituye una de las descripciones más soberbias y reales de la literatura universal...».

Sin embargo, para el escritor, para Ernest Hemingway, *Adiós a las armas.* representó algo más que una novela, que un brillante trabajo literario. En realidad, era un exorcismo personal, una catarsis liberadora, en la que trataba de comunicar cómo le fueron infligidas las heridas morales y físicas que padecía y cómo –como consecuencia de ellas– llegó a romper con la sociedad en lo más profundo de su corazón. Había querido destruir creando, y no había sido nada fácil.

«Durante la época en que escribía el primer borrador, mi segundo hijo, Patrick, nació mediante una cesárea, y mientras estaba reescribiendo la historia mi padre se mató en Oak Park, Illinois. Recuerdo cómo ocurrieron todas estas cosas y los lugares donde vivíamos y los tiempos buenos y malos que tuvimos ese año. Pero más vívidamente recuerdo la vida en el libro y la creación de cuanto en él ocurría cada día. Al crear el campo, la gente y las cosas que ocurrían, me sentía más feliz que nunca. Cada día leía el libro desde el comienzo hasta el punto en que debía seguir escribiendo, y cada día dejaba el trabajo cuando todavía escribía y sabía lo que ocurriría a continuación. El hecho de que el libro fuera trágico no me hacía infeliz ya que creía que la vida era una tragedia y sabía que solo podía tener un fin. Pero descubrir que uno es capaz de idear algo; crear de manera tan convincente que a uno mismo le daba placer releerlo, y hacer esto todos los días que se trabajaba daba un placer mayor que lo que había conocido hasta entonces. Aparte de eso nada importaba».

La atmósfera de *Adiós a las armas* es cenicienta de polvo y sudor de guerra. En sus primeras páginas, las hojas del otoño empiezan a caer a los pies de los soldados que marchan por los caminos de Italia. Los hombres, apiñados en barracones y tiendas de campaña, aplacan su soledad y su miedo con el alcohol de las tabernas y con las chicas del prostíbulo del villorrio cercano, «entre el humo de los cafés... noches en cama, borrachos, despertándose sin saber quién está a su lado...». En el sopor del tedio, un grupo de aburridos oficiales se jactan ruidosamente de su hombría ante el joven capellán de la compañía, un curita de aldea, y bromean sobre su incierta sexualidad. Frederick Henry, un teniente americano que sirve en una unidad de ambulancias, desvía la atención del infeliz sacerdote. Trae una buena nueva: le han concedido un permiso. Pero no sabe a dónde ir. Obscenos y soñadores, los camaradas italianos le auguran interminables noches de amor en los brazos de las muchachas de Amalfi, Capri, Nápoles...

—Es mejor que vaya a los Abruzos –sugirió el cura–. «Hay buena caza. Le gustaría la gente, y aunque hace frío, es un clima seco y limpio. Puede albergarse con mi familia. Mi padre es un cazador famoso».

—Bien –dijo con sarcasmo un capitán–. «Nosotros iremos al burdel mientras tú cazas».

Días más tarde, abotargado por el alcohol y el sexo, Frederick recuerda el consejo y se pone en camino hacia la tierra del sacerdote...

«Miré hacia el norte a las dos filas de montañas, verdes y oscuras hasta la línea de la nieve, y luego blancas y hermosas al sol. Después, como la ruta subía al lado del cerro, vi una tercera fila de montañas, montañas nevadas más altas, que parecían de un blanco tiza y rugoso, con planos extraños, y luego había otras montañas mucho más allá de estas que apenas si se podía decir que uno las veía realmente».

Al regresar al frente, la imagen y el recuerdo de la montaña –símbolo del hogar caliente, la felicidad, la paz, el amor– se realza en el corazón del soldado por su contraste con la tierra baja, con el barro y la niebla de las trincheras, la enfermedad, el sufrimiento, la guerra, la muerte...

«Yo había querido ir a los Abruzos. No había ido a ningún lugar donde las rutas estuvieran congeladas y fueran duras como el hierro, donde el tiempo fuera claro, frío y seco, y la nieve seca y polvorienta y hubiera huellas de liebres en la nieve y los paisanos se sacaran el sombrero y lo llamaran señor a uno y hubiera buena caza. No había ido a ningún lugar como ese sino al humo de los cafés y a las noches en que la habitación giraba y era necesario mirar hacia la pared para hacerla parar, noches en la cama, borracho, cuando uno sabía que eso era todo».

Un día gris, Rinaldi, un amigo alférez, le presenta a Catherine Barkley, una enfermera inglesa de los Servicios Auxiliares Voluntarios. Ambos están solos, la lluvia encharca los campos y la guerra no parece tener fin. ¿Amor a la sombra de la guerra? No, algo menos idílico y más real: un idilio amoroso que empieza como un «podrido juego» de seducción de época de guerra. Frederick trata de seducirla con fría premeditación, «previéndolo todo como los movimientos de una partida de ajedrez». Catherine, emocionalmente inestable, sola desde la muerte de su novio en el Somme, es una conquista muy fácil, y, tras una momentánea resistencia, se lanza a la aventura: la guerra, que ha matado su primer amor, ahora le devuelve un sustituto.

Sin embargo, el destino ha marcado ya a los dos amantes. La explosión de un mortero casi mata a Frederick, que, herido gravemente en las piernas, es evacuado a un hospital de Milán. Mientras, la guerra continúa...

«A comienzos del invierno llegó la lluvia permanente y con la lluvia llegó el cólera. Pero fue controlado y al final solo siete mil murieron por esa causa...».

Postrado en el lecho, y envuelto en los vapores de la anestesia, Frederick Henry desarrolla mentalmente un cuadro idílico de la tierra natal del capellán de su compañía:

«En Capracotta, él me había dicho, había truchas en el arroyo que corre abajo, en la ciudad. Estaba prohibido tocar la flauta de noche... porque no era bueno que las muchachas la oyeran. Aquila era una hermosa ciudad. En verano por las noches refrescaba y la primavera en los Abruzos era la más hermosa de Italia. Pero lo hermoso era el otoño para ir a cazar entre los bosques de castaños. Los pájaros eran todos buenos porque se alimentaban de uvas, y nunca se comía afuera porque los paisanos siempre se sentían honrados si uno quería comer con ellos en sus casas...».

Rinaldi, alegre y campechano, es el primero en visitar al herido; cargado de botellas de coñac y de viandas, le habla de las chicas de Villa Rosa y le promete enviarle a «la hermosa y fría diosa inglesa». Catherine será trasladada al hospital poco después. Tan pronto como Frederick la ve traspasar la puerta, comprende que está enamorado de aquella mujer. Ya no se trata de un juego, de un maldito juego. En un mundo cruel y hostil como es el de la guerra, que tan pocas cosas buenas ofrece, se entregan uno al otro al margen de la sociedad, de sus normas y moral. Solo viven el uno para el otro en su apasionada relación.

«Solo hay dos formas de casarse –dijo Catherine–: por la Iglesia o por lo civil. Nosotros nos hemos casado privadamente. Esto me preocuparía si tuviese alguna religión, pero no tengo ninguna.

»—¿Entonces... –preguntó Frederick–, nada te preocupa?

»—Solo el separarme de ti. Tú eres mi religión. Eres todo lo que tengo».

Las deliciosas noches de amor de Milán terminan al ser dado de alta el soldado. Frederick y Catherine ya son, por convencimiento propio, marido y mujer, matrimonio sin sacerdote. Las hojas de los árboles empiezan a dorarse. El regreso es un duro revés. En el frente la vida había cambiado y se respiraba una cierta podredumbre moral. La *débâcle* militar de Caporetto pendía como una espada de Damocles sobre el desmoralizado ejército italiano.

«—Perdimos tres carros –dijo el mayor con desesperación–... Usted no va a creer lo mal que anduvo... Usted tuvo suerte de que lo hirieran en ese momento... El año que viene será peor.

»—¿Está tan mal todo? –preguntó Frederick nada convencido.

»—Está tan mal y peor. Vaya a lavarse y vea a su amigo Rinaldi».

Para el doctor Rinaldi también van mal las cosas. Lejos, muy lejos, ha quedado el amigo frívolo y mujeriego. Ahora, Frederick solo encuentra a un hombre vencido y enfermo, con alucinaciones de persecución y el miedo dentro del cuerpo y del alma. Salvo su trabajo, o el tiempo consumido en bebida y prostitutas, Rinaldi, es un hombre sin recursos.

Otoño de 1917. El desastre se ha producido. El ejército italiano se retira, desordenadamente, víctima del pánico. La policía militar golpea a ciegas, queriendo encontrar culpables, cabezas de turco, de la derrota. La lluvia sigue cayendo, inmisericorde, sobre la tierra horadada por el obús. Frederick tiene que huir, que desertar; su condición de extranjero le hace sospechoso de ser espía del enemigo a ojos de la ira descontrolada de la policía. Un absurdo más de la locura de la guerra que, sin embargo, va a reunir a los dos amantes de la tragedia. Catherine, que ha dejado su servicio de enfermera a causa de su embarazo, escapa con el desertor a Suiza, a un país neutral, lejos de la guerra. entregados a su amor.

«Pasamos los meses de enero y febrero y el invierno era muy lindo y nosotros muy felices. Había habido varios deshielos breves cuando el viento sopló cálido y la nieve se puso más suave y el aire parecía de primavera, pero siempre el frío duro y claro había vuelto y el invierno había regresado. En marzo se produjo la primera grieta en el invierno. Por la noche empezó a llover».

»—Me asusta la lluvia –observó nerviosa Catherine– porque a veces me veo morir en ella».

¿Premonitorias palabras, mal augurio?, en realidad, el desenlace de la tragedia, de la historia de amor y de guerra. Catherine muere en el parto. La lluvia encharca las calles de Lausana...

Ernest Hemingway dejó de escribir. En el tintero quedaban muchas cosas que decir, pero no pudo continuar. Su espíritu se había quebrado dentro de él. Estaba echado, pensando, y su mente saltaba de un lado para otro. De pronto, empezó a llorar, en silencio. Después de un rato estaba mejor... y entonces se durmió.

CAPÍTULO DECIMOCUARTO

Con su mayoría de edad como escritor –lograda a los treinta años con la publicación de Adiós a las armas–, Ernest Hemingway se convirtió en el hombre libre que no había podido ser antes. El éxito inesperado de la novela –80.000 ejemplares vendidos a los cuatro meses; una adaptación teatral de la obra por el dramaturgo Lawrence Stallings, que se estrenó el 22 de septiembre de 1930 en Nueva York–, hacía posible la realización de sus sueños de aventuras y viajes. Su norma de vida podía ser ya «vivir a lo grande», puesto que empezaba a figurar en el grupo de los escritores que más dinero ganaban.

En el otoño de aquel feliz año de 1930, Ernest, acompañado de algunos amigos, emprendió una excursión de caza al estado de Wyoming. Al igual que los primeros pioneros –los hermanos La Vérendrye, en 1742– Hemingway y su grupo recorrieron una vasta extensión de altas llanuras, bordearon los ríos de la cuenca del Missouri –Cheyenne, Powder, North Platte–, y remontaron los diseminados montes de las montañas Rocosas tras las piezas de caza. Al anochecer, establecieron el campamento y montaron las tiendas de lona. El terreno elegido para la acampada estaba sombreado de árboles y la niebla caía suavemente entre sus ramas. El murmullo de un arroyuelo y el crepitar de las llamas en la hoguera arrullaba a los cansados cazadores. Antes de acostarse, la mente de Ernest empezó a trabajar. No quería que sus sensaciones se amontonaran después de aquel día.

—Ha sido demasiado ajetreo –dijo para sus adentros–, y estoy muy cansado, pero prefiero escribir a Perkins ahora. Aún quedan muchos días para cazar y pescar...

Los pensamientos de Hemingway giraban desde hacía días en torno al continente negro. Desde su juventud, África era para él la tierra de las aventuras, y África Oriental un pequeño paraíso de caza mayor. Quería tomar parte en safaris y sus actuales ingresos le permitirían realizar ese pequeño sueño de lujo. Además, se dedicaría a registrar absolutamente todo lo que viera. Y, con un poco de suerte, escribiría un relato verídico sobre un safari.

—Querido Maxwell –empezó a escribir–, quiero expresarte mis deseos de viajar a África...

Hacía cerca de diez años, en 1921, Ernest había leído y hecho una reseña crítica sobre una novela de ambiente Áfricano, *Batouala*. René Muran, su autor, había ganado con ella el premio Goncourt a la mejor obra de ficción de autor joven. Si bien la novela versaba sobre la vida y muerte de un jefe nativo, denunciando de paso la política colonial francesa, fue la minuciosa descripción de la tierra, los nativos, las costumbres de los animales, etc., que acompañaba a todo el relato lo que llamó la atención del incipiente escritor americano.

—...tengo la intención –continuó– de escribir una novela de un safari africano. La idea creo que es buena y...

Con su olfato de cazador que no se equivoca y su saber de presa que huele a la perfección los vientos y sabe con quién tiene que entendérselas, Ernest fue preparando a su editor. ¿Una cacería de leones y elefantes, un safari en las selvas africanas? ¡Podía ser otro éxito como *Fiesta* o *Adiós a las armas!*

Cuando regresa en su Ford descapotable amarillo de la cacería en Wyoming, con su amigo el escritor John Dos Pasos, Hemingway sufre un accidente y se fractura un brazo. Es el primero de sus accidentes automovilísticos.

Mientras, de España llegaban noticias sorprendentes y revolucionarias, que Ernest Hemingway siguió con particular interés. El fracaso político de la Dictadura de Primo de Rivera había debilitado enormemente la posición del rey Alfonso XIII. En 1930, pese a los intentos del general Berenguer de volver a la normalidad constitucional y salvar la monarquía, amplios sectores conservadores habían perdido su confianza en el régimen monárquico como dique eficaz de una revolución social. Distintas personalidades republicanas, nacionalistas y antiguos políticos de la monarquía firmaron por entonces el pacto de San Sebastián y, apoyados por la gran central socialista UGT y algunos militares, prepararon una insurrección republicana para el 15 de diciembre de aquel año. Sin embargo, esta había fracasado, tras ser reprimido el alzamiento en Jaca el 13 de diciembre y, pese a la sublevación de Cuatro Vientos, al no producirse la esperada participación de las organizaciones obreras. Como consecuencia de la represión el comité revolucionario fue encarcelado, y los cabecillas de la insurrección, Galán y García Hernández, fueron fusilados. El 12 de abril de 1931 las elecciones municipales daban el triunfo, en la casi totalidad de las capitales de provincia, al bloque republicano-socialista. Dos días después, el rey Alfonso XIII, viendo acatada la autoridad del comité revolucionario por el general Sanjurjo, salió del país. Inmediatamente, sin derramamiento de sangre, se producía la transmisión de poderes. Y el pueblo de Madrid se lanzaba a las calles enfervorizado y proclamaba en la Puerta del Sol la Segunda República española. El nuevo gobierno, presidido por Alcalá Zamora y compuesto por radicales (Lerroux y Martínez Barrio), radical-socialistas (Domingo y Albornoz), socialistas (Prieto, Largo Caballero, De los Ríos), el catalanista Nicolau d'Olwer, el galleguista Casares Quiroga, y Manuel Azaña y Miguel Maura, establecía el estatuto provisional de la república por el que se cumplimentaban los acuerdos de San Sebastián (cuestión de responsabilidades, libertad de creencias y cultos, ampliación de derechos individuales, respeto a la propiedad privada), y convocaba a cortes constituyentes.

Al conocer la noticia de la populosa y triunfal proclamación de la República, Hemingway quiso venir a España, inmediatamente. La posibilidad de ser testigo de un feliz cambio, de una revolución liberadora, sin sangre, en el pueblo y en el país que más amaba y que ya era el suyo, le seducía profundamente. Y por eso vino pletórico de ilusión, a ver de cerca cómo se desenvolvía la recién nacida república española. Dispuesto a escribir la gran oda lírica de la revolución. Pero...

—¿Cómo encontraste a España en el 31, Ernesto? –le preguntaría años después Castillo-Puche.

—Tremendamente banal –contestó lacónico Hemingway.

—¿Qué quieres decir?

—Que todo era literatura y literario por todas partes.

—¿Qué esperabas encontrar?

—No venía buscando milagros metafísicos ni planes socioeconómicos formidables. Venía buscando al pueblo y lo encontré rodeado de farsantes y de pillos.

—¿Qué dirigente te produjo mejor impresión?

—Por ninguno hubiera dado dos pesetas. Todo lo invadía la retórica, una retórica bien barata por cierto. Y era una pena... una pena muy grande. (*Hemingway, entre la vida y la muerte*).

Aletargado junto al balcón, en la hora del crepúsculo, con el vaso de vino en la mano, Ernest vio como el sol se derretía sanguinolento sobre tejados y chimeneas, buhardillas y tejas. Ahora ya no paraba en la pensioncita de la Carrera de San Jerónimo sino en el elegante Hotel Florida de la Plaza de Callao. Bumby –había conseguido tener a su hijo a su lado durante los meses de verano– dormía en la habitación contigua. Su amigo Sidney Franklin aporreaba la máquina de escribir desde hacia un rato –le había ayudado mucho en la terminología taurina de *Muerte en la tarde*–. Todo era frío entre aquellas cuatro paredes... jornadas de solitaria amargura.

—¡Dios mío, qué gran decepción! –dijo dando un puñetazo en el marco de la ventana.

—¿Decías? –preguntó sorprendido Franklin.

—No, nada... En la calle todo es fanfarria, Sidney, demagogia y oratoria vana, ramplonería, anticlericalismo exacerbado, picardía sin gracia, inútil hipertrofia burocrática, ¡chabacanería política en una palabra!

Autor revolucionario y comprometido –pero no en un sentido meramente político: su compromiso era el compromiso del auténtico escritor que se coloca por encima de las ideologías, que lucha y escribe contra la hipocresía y el abuso del poder, a la vez que ensalza el ideal–, luchador tanto contra la vida como contra la muerte, unas veces con fe y otra sin fe, con esperanza o sin esperanza, pero con un gran amor por España, Ernest Hemingway renunció desde el principio a sus propias convicciones políticas, precisamente, para intentar ser justo y dar a sus lectores una visión más objetiva y ética de lo que ocurría en esta tierra que amaba como algo suyo. Sin embargo, no pudo dejar de sentirse desengañado por todo lo que veía...

—No te afilies nunca a ningún partido –advirtió Ernest a un amigo español.

—Pero si no estoy afiliado a nada –contestó este asombrado.

—Eso es lo mejor. El único partido posible es el de los hombres que quieren ser verdaderos y justos, pero ese es muy difícil de organizar, porque no se trata solamente de que quieran serlo, sino de que de hecho lo sean... Y de que los dejen... (*Hemingway, entre la vida y la muerte*).

Ernest sigue yendo a los toros y persiguiendo a los toreros: Manolo Bienvenida, Félix Rodríguez, Chicuelo, Cagancho, etc. Asiste en Aranjuez al lanzamiento politizado de Domingo Ortega y a la cogida mortal de Gitanillo de Triana.

«El torero realiza una obra de arte y juega con la muerte, atrayéndola cerca de sí, más cerca, más cerca aún...».

En las plazas viendo corridas, y en el hotel escribiendo sobre la Fiesta, Hemingway sigue encontrando una especie de poder liberador y catalizador de todas sus energías, lejos ahora de la algazara de la calle y de la verborrea vacía de los políticos. En este año concluye al fin su minucioso y trabajado mosaico taurino, *Muerte en la tarde,* después de haber presenciado más de 1.500 corridas.

En 1932 la vida en Key West siguió siendo la misma para el afamado escritor: escribir diariamente, pescar y cazar, excentricidades, alardes, borracheras y producción literaria unas veces mejor que otras. Y solo dos acontecimientos a destacar: el feliz nacimiento de su tercer hijo, Gregory; y la polémica publicación en *Scribner's* de *Muerte en la tarde.*

Una macabra anécdota sucedida con las galeradas del libro parece premonitoria de la confusión, mal entendida e incomprensión que rodeó a la aparición en las librerías de la obra: un linotipista descuidado, quizá con las prisas de la entrega a máquinas, al formar los pliegos los envió con el original quedando un título más propio de una broma de mal gusto: *Muerte de Hemingway.* El autor lo vio y, más sensible de lo que pudiera esperarse de un tipo tan campechano y vivalavirgen como él, montó en cólera. Su entrada en el despacho del editor debió de ser –conociéndole– de antología:

—¡Exijo el despido inmediato de ese animal, de ese incompetente!

—Pero... pero Hemingway, le juro que no ha habido malicia. Solo un descuido, una torpeza...

Mucha más malicia hubo, sin embargo, en los renombrados críticos que pusieron el grito en el cielo, escandalizados, por la «repugnante y sangrienta» exaltación de la fuerza bruta que las páginas de aquel libro decían que encerraba.

—"Neurótico e histérico» –lo calificó el famoso crítico Edmond Wilson.

Otro Wilson, esta vez Lincoln Wilson, escribía en las páginas de un conocido diario:

«Para Hemingway la valentía consiste exclusivamente en la capacidad de morir sin miedo. Su desprecio por los que se resignan a un final no heroico es bien el desprecio *snob* de un matón sin bondad y sin sentimientos humanos, o bien la profunda comprensión de las propias raíces de la cobardía. Hemingway solo cree en el valor de la inmediata acción corporal. No se ocupa del valor del espíritu, de la acción moral que penetra en el corazón de la verdad. Solo el comportamiento de un hombre cara a la muerte parece convencerle de su capacidad para dominar la vida».

No andaba del todo descaminado el crítico en la última de sus afirmaciones –acusaciones–. Pero solo en eso. Ni en Hemingway ni en ningún otro ser humano es todo blanco o negro, sino grisáceo, y es preciso matizar mucho.

Pero no quedaron las cosas ahí. Los ataques –ya abiertamente personales y sin asomo de seriedad crítica– se recrudecieron hasta extremos insospechados, casi demenciales. Y entre estos furibundos partidarios de la anatema de Ernest se llevó la palma un conocido autor y editor de izquierdas, Max Eastman:

«Es estúpido –afirmaba– hablar de *bull fight* (lucha de toros) cuando no se trata en absoluto de una lucha. Unos hombres torturan y matan a un toro. Un toro es torturado y muerto. Esto es todo. Hablar a este propósito de honor y de gloria resulta infantil. Caracterizar el espectáculo como tragedia y conflicto dramático no es sino una romántica locura y engañarse a sí mismo. Hemingway carece de sensibilidad para la vida y la muerte. Solo le preocupa el arte del futuro asesinato».

En su libro, *Muerte en la tarde,* Hemingway solo trataba de aclarar ideas –que estaban en general llenas de prejuicios y moral hipócritas– sobre la carga emotiva del espectáculo, «explicando honradamente lo que de verdad había encontrado en ello». Incluía además la profunda actitud española ante las corridas de toros; actitud que no veía en ellas un deporte, sino una experiencia estética y, sobre todo, una representación ritual de tragedia y muerte. El autor contaba sus impresiones personales, que en su primera corrida esperaba fuesen de terror y repugnancia, y que para sorpresa suya no lo fueron. Incluía también las reacciones de varios amigos suyos ante la Fiesta, deduciendo de ellas que a algunas personas les gustaban las corridas de toros y a otras no.

El señor Eastman era, sin lugar a dudas, de estos últimos. Pero incomprensiblemente, llevó mucho más lejos su decidido ataque; a terrenos que no tenían nada que ver con la afición taurina o con la sensibilidad de que él tanto cacareaba. Y escribió:

«Está muy claro que Hemingway carece de la confianza de ser todo un hombre... No solo trata de probar su hombría con la recia corpulencia de sus anchos hombros y con su indumentaria, sino también con el estilo de su prosa y los sentimientos que describe. Esta particularidad característica ha creado una nueva directriz en la literatura anglonorteamericana, un estilo literario que gusta, por decirlo así, de llevar falsos pelos en el pecho».

Aquello era demasiado. Eastman había perdido los papeles: lo suyo ya no era una discrepancia literaria sino una cuestión personal. Y se servía de su condición de crítico para insultar, abiertamente, a un escritor que no parecía contar con sus simpatías.

—Eastman ha acusado a Hemingway de impotencia sexual –declaró enfurecido Archibald McLeish.

—Está poniendo en duda su hombría –afirmó otro de los seguidores de Hemingway.

Y estalló el escándalo. Amigos y seguidores del injuriado autor replicaron con dureza a las insinuaciones de Eastman. Este, por su parte, intentó defenderse de lo que se le venía encima, asegurando que no había llegado tan lejos en sus afirmaciones y que se le malentendía. El enfrentamiento de palabra llenó las columnas de la prensa norteamericana a lo largo de varios años. Cuatro años más tarde, al encontrarse por casualidad Hemingway y Eastman en las oficinas del editor Scribner, en Nueva York, la polémica tuvo un aparatoso desenlace, muy al estilo Hemingway.

Aunque Ernest tenía una gran facilidad para aislarse y olvidar, las injurias de Eastman habían quedado gravadas en su mente: ponían en duda uno de los pocos y seguros soportes de su torturada personalidad, su virilidad, su condición de hombre... Cuando, al cruzar el umbral de las oficinas de la editorial, se dio de frente con aquel individuo –su enemigo según decían todos—, no supo cómo reaccionar al principio. Eastman se puso pálido, quiso mirar hacia otro lado, disimular, evitar el enfrentamiento que irremediablemente se iba a producir, y su primera reacción fue meterse las manos en los bolsillos. El personal de la editorial captó enseguida la violencia del encuentro. Hubo murmullos. Alguien se levantó rápidamente y entró en le despacho de Perkins. Una secretaria se tapó los ojos con las manos en un gesto casi reflejo. Y, de pronto, la tormenta se desató.

Hemingway, sin decir palabra, mecánicamente, se desembarazó súbitamente de la chaqueta, que cayó al suelo, y comenzó a desabrocharse la camisa. Botón a botón, sus manazas de leñador fueron descubriendo la exuberante pelambrera negra que cubría su corpachón. En la sala no se oía ni el volar de una mosca. El rostro de Eastman había adquirido unas tonalidades blanquecinas, cadavéricas, durante el ritual hemingwayano. El hombre duro que quería ser, la máscara de Ernest, el hombre que sentía la imperiosa e íntima necesidad de contrastar a diario su fortaleza y su vigor físico, había montado «su numerito» y había impresionado no solo al bravucón de Eastman sino también –o sobre todo– a los empleados de *Scribner's*: el efecto estaba conseguido. A continuación, Ernest se aproximó hinchado como un gallo de pelea a su contrincante y le desgarró limpiamente la camisa. La pelambrera del amigo Eastman dejaba mucho que desear...

—Bien –bramó desafiante Hemingway–. ¿Quien tiene «falsos pelos en el pecho», Sr. Eastman?

—¡Es usted un matón! –gritó desencajado este.

Una palabra trajo la otra, y pocos minutos después se llegaba a las manos. Golpes, gritos, una silla por los aires, un pesado libro de cuentas que se estrella contra una nariz, sangre que mana de la comisura de unos labios partidos, manos que intenta sujetar a los dos enzarzados, y...

—¿Pero se puede saber qué están haciendo? –preguntó, enfadado, Maxwell Perkins, desde el dintel de la puerta de su despacho–. ¡Señores, ya no son ustedes unos muchachos para arreglar sus diferencias a golpes! Y si quieren hacerlo, háganlo por lo menos fuera de aquí... Y ustedes, hagan el favor de recoger todo lo que hay en el suelo.

Lápices, plumas, manuscritos, sillas y carpetas, cubrían el suelo de la sala como mudos testigos del final de una «causa célebre» en los anales de la literatura americana.

Mas, no todos los expertos opinaron de manera tan negativa y violenta. *Muerte en la tarde* era un reportaje de gran estilo, en el que el autor demostraba un soberano dominio de la materia y una gran exactitud en la reproducción de cada detalle. En aquel momento, era el mejor libro en inglés sobre corridas de toros y uno de los mejores del mundo sobre este tema, y posiblemente hoy lo siga siendo.

—Más que un tratado de tauromaquia –dijo sobre la obra un crítico francés–, es un tratado de españolismo.

—Fervoroso homenaje a España –lo calificó Castillo-Puche.

Sin embargo, intento de «Biblia de la España taurina» o tratado de la idiosincrasia nacional, el libro de Hemingway era algo más que un tratado ilustrado sobre corridas de toros, era una reflexión sobre la vida, el sufrimiento, el placer y la muerte. En sus páginas, Ernest exponía explícitamente sus teorías literarias, su filosofía del arte y su filosofía de la vida...

—¿Por qué fue a España? –le preguntó un reportero, a raíz de la publicación de *Muerte en la tarde*.

—¿Que por qué fui? –dijo Hemingway–. Al principio del libro lo explico... Fui a España para ver las corridas de toros. Me habían hablado mucho de la Fiesta y quería verlo por mí mismo. Las corridas eran el único sitio, después de la Primera guerra, donde se podía estudiar la muerte violenta, y este era uno de los temas que más había despertado mi interés como escritor. Ya llevaba a cuestas muchas horas de lectura sobre el tema, pero los libros que habían caído en mis manos solo daban una idea ambigua, que no satisfacía en absoluto mis preguntas...

—¿Qué encontró en las corridas de toros?

—Encontré lo que buscaba... el sentido de la muerte; de la mortalidad y de la inmortalidad. Y traté de reconstruirlo con suficiente sinceridad como para comunicarlo a mis lectores.

—¿Eso es lo que quiere decir cuando habla de «escribir con sinceridad»?

—Un escritor solo debe escribir de lo que sabe –Hemingway se levantó de la silla y fue hacia una ventana, que daba al jardín de su residencia en Key West–. Cualquier intento de ir más allá de la experiencia propia puede resultar falso, superfluo...

—¿El famoso estilo Hemingway, no? –dijo con cierta ironía el periodista–. Escueto, rotundo, ausente de ornamentos grandilocuentes, la austeridad estética por excelencia...

—¿Quiere usted una copa? –cortó de pronto Ernest–. Me está poniendo nervioso. Sobre estas cosas escribo mejor que hablo.

—De acuerdo. Un jerez.

Hemingway abrió el mueble bar y sacó las botellas. No encontraba los vasos. Al fin, sirvió uno a rebosar a su interlocutor, y otro para él de ginebra con hielo. Y prosiguió:

—Mire... Sobre lo que íbamos diciendo... «Si el escritor hace hablar a sus personajes de los grandes maestros de la música, de pintura moderna, de letras o de ciencia, tendrán que hablar de estos temas en la novela. Si no lo hacen, el escritor es falso; y si lo hace él por sí mismo para demostrar cuanto sabe, entonces es hipócrita. No importa lo buena que sea una frase o una sonrisa si la coloca donde no sea absolutamente necesaria e indispensable, despilfarrando su obra por egoísmo. La prosa es arquitectura y no decoración interior; y el barroco ya ha pasado» *(Muerte en la tarde)*.

—Sin embargo, le han tachado a usted de antiintelectual, antiliterario y anticultural.

—Y de no sé cuántos más «antis», amigo mío. La verdad es que no sé porqué. Tengo mi estética. A la gente puede gustarle o no, pero yo soy completamente honrado y fiel a mi estética. Yo he hablado y escrito sobre los toros después de haber visto más de 1.000 corridas...

—¿Por qué se inclina usted siempre hacia la tragedia?, como en *Fiesta* o en *Adiós a las armas*.

—Bueno... salta de un tema a otro que no hay manera de seguirle... Mi propia experiencia me ha hecho descubrir el sentido trágico de la vida. Y sobre él escribo.

—En *Muerte en la tarde* también existe ese interés suyo, casi obsesivo, por la muerte, que se desprende de sus obras anteriores. ¿Por qué?

—...Todas las historias –respondió Hemingway, mientras apuraba la última gata de ginebra del vaso–, si continúan lo suficiente, acaban con la muerte, y no es un narrador auténtico quien pasa por alto esta circunstancia... Con excepción del suicida, no hay hombre más solo en la muerte que el que ha vivido muchos años con una buena esposa y la ha sobrevivido. Cuando dos personas se quieren, no debiera haber un final.

—¿Qué entiende usted por amor?, ¿cómo se conoce a las personas que aman así?

«—Todos los que han experimentado el amor y lo han perdido quedan señalados por una cierta falta de vida» (*Una historia natural de la muerte*).

CAPÍTULO DECIMOQUINTO

Las sustanciosas ganancias conseguidas por Hemingway con la venta de sus libros hicieron posible en 1933 su sueño africano: organizar un safari, una cacería de animales salvajes. Dos de sus grandes pasiones, el deporte de la caza y el contacto con la naturaleza, le empujaban a iniciar esta costosa y peligrosa empresa. Pero necesitaba entrenarse, estar en forma para la aventura. Un amigo español, el pintor Quintanilla, le hizo por entonces una oportuna invitación: una serie de cacerías en los campos de Extremadura. Y Hemingway no dudó en aceptar encantado: ver todas las corridas de la temporada taurina y cazar, ¡qué más se podía pedir! A finales de mayo, el matrimonio embarcaba en Nueva York, en el «Reina del Pacífico», rumbo a España.

Julio, agosto, septiembre... Ernest goza de cada momento de aquella estancia, como siempre. Pero el primer safari de su vida le obsesiona. Entre cacería y corrida de toros vuelve a releer *Batouala,* la novela que le inspiró el viaje a África, fascinante descripción de la vida del pueblo africano y de su continente...

«Se percibe el olor del pueblo, se comen sus manjares, se ve al hombre blanco, se advierte cómo el negro ve a este... Esta es toda la historia; pero, una vez que se ha leído, uno mismo se ha sentido vivir como Batouala (el jefe indígena), y esto significa que se trata de una gran novela».

En noviembre, el matrimonio Hemingway decidió marchar a París. Durante quince días, ajetreados de un lado para otro, compraron material y avituallamiento para el safari. Y ese mismo mes embarcaron en el puerto de Marsella para África.

La imagen de Hemingway como cazador y pescador «intrépido» empezaba a interesar a los lectores, y los muchachos de la prensa no perdían ocasión para entrevistarle sobre estos temas. La noticia de que Ernest Hemingway, autor de *Fiesta* y de *Adiós a las armas,* emprendía una expedición de caza mayor al continente negro, llenaba las columnas de los rotativos de todo el mundo por entonces. Ya en África, un periodista norteamericano le abordó con esta pregunta:

—La clase de deportes que usted practica tiene sus adversarios y sus defensores. Su posición parece ser perfectamente clara: le gusta la pesca y la caza. Pero, ¿no le preocupa matar?

—No –dijo secamente Hemingway–, no me preocupa matar porque lo hago con rapidez y limpieza. Todos los animales han de morir tarde o temprano de algún modo. Si el cazador es un experto y sabe lo que hace, la mortandad que ocasiona es mucho más limpia y menos penosa que las heridas producidas por los depredadores o que la muerte por enfermedad o vejez... Además, yo no hago nada que no me hayan hecho a mí. Me han disparado, me han lisiado y me han apartado...

La seguridad de Ernest con un rifle en las manos parecía ser mucho mayor que ante los embates de la vida y de la sociedad de su época, cuyas heridas no solo eran físicas, sino, sobre todo, morales.

Desde el puerto de Mombasa, al sur de Kenya, los miembros del safari partieron hacia el oeste a mediados de diciembre. Semanas después, instalaban su campamento en una ladera baja, al límite de la meseta Serengeti, en el norte de Tanganyika (actual Tanzania).

«La hierba era verde y suave, corta como una pradera recién segada que hubiese vuelto a crecer, y los árboles muy grandes, con altas copas y viejos sin decrepitud, con un verde suave como un parque de ensueño, y así anduvimos a través de sombras y de manchas de luz, siguiendo un estrecho rastro...» (*Las verdes colinas de África*).

La época era idónea. Las grandes manadas de gacelas, gamos y antílopes migraban, seguidas de sus eternos compañeros, leopardos y leones, por las sabanas arboladas y las praderas de altura, ante los ojos de los cazadores. En enero de 1934, la expedición ya había cobrado una variada muestra de todos aquellos animales, y se preparaba para la captura del primer león. Todo el equipo estaba en tensión, «preparado para un ataque, para el heroísmo y para el drama». Sin embargo, la muerte del «rey de la selva» resultó una gran decepción: el león sucumbió con gran facilidad, sin lucha. Cuando los nativos cantaron imitando la tos profunda y asmática del león muerto, Hemingway se sintió «más alicaído que contento». Acechando en la llanura, entre las malezas bajas, las hienas, bestias inmundas, iban arrastrando su panza...

Al atardecer, el sol se puso muy lentamente, rojo, sobre los árboles. Ernest, sentado a la entrada de su tienda, escribía sus impresiones sobre la tierra, el estado del tiempo, los procedimientos de caza, la calidad de la comida, las costumbres de los animales, las tensiones emocionales de cada día...

Le gustaba África no solo por sus parajes inexplorados y por su caza, sino también por la personalidad de sus gentes, alegres por temperamento:

«Amaba a este país –escribió– y me sentía en mi hogar, y donde un hombre se siente en su hogar, aparte del lugar donde nació, ahí debe ir».

Los portadores de armas indígenas descansaban indiferentes y cansados muy cerca de él. El sol al fin desapareció. Uno de los portadores «empinó la botella, la nuez de su garganta subía y bajaba vorazmente». El guía, con su fez arrugado y rojizo calado hasta las cejas, alborotaba alrededor de la hoguera, incordiando a un wanderobo bosquimano, hierático y solemne como una cigüeña. Ernest contempló al conductor kikuyu apoyado en el sucio parachoque de su camión, «con una vieja cazadora marrón de *tweed* que algún cazador había desechado, pantalones muy remendados en las rodillas y luego vueltos a romper, y una camisa muy gastada, siempre conseguía dar la impresión de una gran elegancia». Un tipo digno de mención, pensó.

En un lado del campamento, un grupo de alegres masas se divertían con el sonido de una bocina y comían vorazmente la carne fría enlatada y un pastel de ciruelas que uno de los cazadores blancos les había regalado...

Al llegar en sus correrías el safari a la entrada del canal de Suez, en Port Said, Hemingway contrajo una infección amebiana: una disentería. Intentó seguir su vida normal, pero los dolores y la fiebre le obligaron a guardar cama varias semanas. Tras un período de intensos cuidados, en Nairobi (Kenya), mejoró lo suficiente como para poderse incorporar a la expedición, y se reunió con ella en las cercanías del valle de Rift y del Lago Manyara, al norte de la meseta Masai, en Tanganyika. Durante el tiempo que estuvo recobrándose de la disentería y ganando fuerzas y peso, Ernest acrecentó su interés por la caza y nada más llegar cobró un antílope kudú, muerto tras una larga persecución:

«Era un toro kudú grande y hermoso, muerto como una piedra, sobre su flanco, sus cuernos en grandes espirales oscuras, extendido e increíble mientras yacía muerto a unas cinco yardas de donde estábamos parados... Lo miré, grande, de patas largas, de suave gris con franjas blancas y los cuernos grandes rizados y vastos, marrones como nogal y con puntas de marfil, las grandes orejas y el cuello grande, encantador y poblado de crin, una mancha blanca entre sus ojos y el blanco de su hocico y me incliné sobre él y lo toqué para tratar de creerlo. Yacía sobre el lado por el que había entrado la bala y no tenía ninguna marca, y el olor que despedía era dulce y agradable como el aliento de los vacunos y el olor del tomillo después de la lluvia» (*Las verdes colinas de África*).

El grupo de cazadores se movía libremente, a voluntad, por la estepa de malezas bajas y de árboles achaparrados. Hemingway, a pesar de las constantes molestias que le producía la enfermedad, se niega a abandonar la cacería. Había cobrado ya cuatro leones y un búfalo. Y ahora, quería matar un rinoceronte en aquel terreno ondulado...

«Allí estaba, de larga contextura, pesados flancos, de aspecto prehistórico, la piel como goma vulcanizada y de apariencia levemente transparente, marcado por una herida de cuerno mal curada que los pájaros habían picoteado, su cola gruesa, redonda y con insectos puntiagudos, chatos y con muchas patas que se arrastraban sobre él, sus orejas bordeadas de pelo, pequeños ojos de cerdo, el moho que crecía en la base de su cuerno, que surgía hacia adelante desde su nariz. Uno de los portadores lo miró y sacudió la cabeza. Yo estuve de acuerdo con él. Era un tremendo animal» (*Las verdes colinas de África*).

Poco a poco, el escritor se dejó contagiar por el hechizo de los colores del paisaje africano, que evocaban viejos recuerdos de zonas terrosas que conocía bien en Estados Unidos, Aragón, Galicia... Pero la llegada torrencial de las lluvias obligó a la expedición a volver hacia la costa. En febrero, vuelan hacia la ciudad de Arusha, centro cafetalero unido por ferrocarril al puerto de Tanga (Tanzania), y después sobrevuelan la cumbre del gigante nevado Kilimanjaro, para descender, por último, en Nairobi. Aprovechando el tiempo que aún les queda, Hemingway y su mujer pescan los grandes peces de la Costa Oriental africana. Y cuando en el mes de abril de 1934 ponen rumbo a Key West, hace cinco meses que arribaron al continente negro.

Ya en Florida, Hemingway tuvo que someterse a un riguroso tratamiento: la disentería de Port Said y el duro deporte de la caza le habían dejado muy débil, al borde de la extenuación. Sin embargo, lo primero que hizo con el dinero ganado por sus artículos sobre el safari, publicados en la revista *Esquire,* fue comprarse un yate de pesca. ¡Otro sueño infantil realizado! Seguramente, la idea del barco revoloteaba en su cabeza desde hacía meses y la pesca en África no hizo más que agudizar aquella ilusión de niño grande. Nada más llegar a Key West, Ernest encargó a la Wheeler Company el más hermoso yate de pesca que pudieran construir. Y meses más tarde el «Pilar» –nombre con el que le bautizó, en honor de la patrona de España– se echaba a la mar de la mano de un rejuvenecido timonel, ansioso de emprender la arriesgada y excitante aventura de la pesca de altura.

Aunque la pesca por el mar Caribe se convirtió en su gran pasión, Hemingway no dejó por ello de escribir un solo día y de publicar sus obras. El año anterior, mientras recorría el continente africano, había aparecido su tercer tomo de narraciones breves, *El vencedor no gana nada,* y la Paramount había llevado al cine su famoso *Adiós a las armas,* bajo la dirección de un realizador consagrado, Frank Borzage, con gran éxito. Al regresar a su hogar americano, Ernest hizo una adecuada programación con todo el material que había reunido a lo largo del safari y comenzó a redactar el original de *Las verdes colinas de África.*

—Intento escribir –dijo a su editor– un libro absolutamente verídico para ver si la descripción de un pueblo y el relato de la acción durante un mes puede, presentándolo sinceramente, competir con una obra de imaginación.

—Es, pues –apuntó Perkins, siempre mirando el negocio–, un libro de viajes. Ese género siempre tiene interés...

—Pero no es un diario cronológico, Maxwell. Es la historia de un safari en el África oriental, construida como una novela. Sin embargo, lo importante es que quiero circunscribir la acción a un mes. Es decir, el tiempo debería estar emparedado entre mi regreso del tratamiento médico en Nairobi y la retirada final del grupo hacia la costa.

—¿Había también algo de experimental en *Muerte en la tarde,* no, Ernest?

—Me gusta mi trabajo, editor. Se puede decir que soy consciente de lo que hago y de lo que quiero hacer. Cada nuevo libro, y tú lo sabes, es un nuevo comienzo en el que intento conseguir lo que no está a mi alcance. No sé si *Muerte* era un experimento o si esta historia del safari lo será, porque yo siempre estoy probando, perfeccionando, y buscando nuevas formas...

La tarea se tornó, página a página, difícil. Tenía que abordar a la vez el problema de la verosimilitud, su gran obsesión, y el problema estructural del tiempo. Porque, al empeñarse en escribir los sucesos del safari tal como ocurrieron y en el tiempo que ocurrieron, existía el peligro de limitar la imaginación y encorsetar la libertad de movimientos que debía presidir el acto de escribir. Trabajaba intensamente.

Stewart Sanderson, en su interesante *Introducción a la obra de Hemingway*, señala que «siempre había una época en que los escritores preocupados por su perfeccionamiento técnico buscaban nuevas formas de elaborar su material y, a menudo, experimentaban con cambios de tema». Ernest se encontraba por entonces en ese periodo de trabajo experimental, pero su mente estaba dividida por distintos intereses vitales. Por una parte, la naturaleza y el arte, quizá las únicas verdades que sobrevivían en su mundo en crisis. Vida y literatura íntimamente entrelazadas en su corazón...

—El conocimiento es esencial para el escritor –escribió– si quiere que el lector también conozca y si quiere dar a su obra un sentido de inmediata realidad. Los autores cuyas obras sobreviven son solo aquellas que persiguen el sentido de la realidad.

«Si un prosista conoce lo suficiente el tema de que escribe, puede omitir cosas, y si es lo bastante sincero, sus lectores intuirán estas cosas con tanta claridad como si el escritor no las hubiese omitido. La majestuosidad de movimiento de un iceberg se debe a que solo su octava parte asoma fuera del agua. Pero el escritor que omite cosas porque las ignora, solo siembra lagunas en su texto» (*Muerte en la tarde*).

El futuro por alcanzar, «la clase de escritura que puede hacerse», le obsesiona en un mundo corrompido y corruptor. Las presiones económicas, el temor a las críticas adversas, la prisa de los editores atenazan al escritor, que tiene que tener una conciencia artística inflexible y una fuerte disciplina si quiere sobrevivir.

—¿Hasta dónde puede llegar la prosa –se preguntaba Ernest– si se es bastante serio y se tiene suerte?... La verdad es que es una prosa que nunca ha sido escrita. ¡Pero puede escribirse sin trucos y sin trampas! Sin embargo –prosiguió después de una pausa–, el tiempo es breve y lo más difícil es sobrevivir hasta terminar la obra...

Mientras, la gran depresión económica de los años 30 en los Estados Unidos estaba posibilitado muchas cosas que no habían sido posibles antes, entre ellas un desconocido maridaje entre literatura y política en la juventud intelectual norteamericana. La gran crisis económica había ido despertando la conciencia social de escritores y artistas que, súbitamente, descubrieron el poder destructivo de la riqueza, la insensata avidez de dinero que invadía y corrompía la vida americana y sus funestas repercusiones en las relaciones humanas.

—¿Qué está pasando en América? –le preguntó un viejo conocido en una de las reuniones de escritores, periodistas y editores en el «Pilar».

—¡Maldito si lo sé! –respondió Hemingway–. Una especie de festival de la Y.M.C.A. (Asociación de Jóvenes Cristianos). Bastardos de ojos estrellados gastando un dinero que alguien tendrá que pagar. Cada cual en nuestro pueblo tendrá que trabajar mucho para remediarlo. Todos los pescadores se han vuelto carpinteros. Al revés de la Biblia.

Lo que había sido una moda minoritaria en los últimos años de la década de los veinte –la interrelación de literatura, política y economía–, ahora se convertía en una moda mayoritaria. Los intelectuales americanos, hipersensibles, repudiaban la situación económica y social reinante. Habían perdido la fe en el sistema capitalista e ingenuamente volcaban sus desengañadas ilusiones en el comunismo. Impulsados por este sentimiento, se puso de moda acomodar la forma literaria al realismo socialista y los críticos adoptaron una nueva vara para medir.

La actitud personal de Ernest Hemingway, en esta época y en otras, fue abiertamente independiente. Estaba preocupado por el malestar, por la náusea que tendía a corromper no solo al hombre americano, sino también al escritor americano. Y repudiaba la situación existente. Sin embargo, no compartía el entusiasmo de los más jóvenes por las doctrinas marxistas, y no estaba dispuesto a alinearse en ningún grupo o facción:

«... los escritores de Nueva York. Son gusanos de pesca metidos en una botella, tratando de sacar conocimiento y alimento de su propio contacto y de la botella. Algunas veces la botella tiene forma artística, otras económica y otras económico-religiosa. Pero una vez metidos en la botella, allí se quedan» (*Las verdes colinas de África*).

Su aparente no alistamiento en las corrientes literario-políticas molestó a muchos y fue incomprendido por otros. Un crítico, Wyndam Lewis, escribió en 1934 sobre esta actitud de Hemingway:

«Es difícil imaginar a un escritor cuya mente esté más enteramente cerrada a la política que la de Hemingway... Hemingway parece interesado en los deportes de la muerte, en las cosas tristes que les ocurren a aquellos dedicados al deporte del amor... a la guerra, pero no en las cosas que causan la guerra, o en la gente que se lucra con ella, o en los destinos humanos últimos implicados en la guerra».

La posterior publicación de *Las verdes colinas de África* en 1935 pareció confirmar la opinión de Lewis. Si no, por qué perdía el tiempo Hemingway en Tanganyika y no escribía sobre las luchas laborales, los magnates, los barrios pobres o sobre las sufragistas como Sylvia Sidney.

Sin embargo, la apreciación de Lewis, como la de muchos de sus contemporáneos, era errónea por no decir malintencionada. Desde muchos años atrás, Ernest Hemingway siempre había estado en estrecho contacto con la realidad política. Ya en 1923, siendo un joven corresponsal desconocido, Ernest se había atrevido a desenmascarar a Benito Mussolini, cuando sus colegas, y hasta los mismos estadistas occidentales, no ocultaban sus abiertas simpatías por el jefe fascista. Cuando en junio de 1924, los asesinos fascistas acallaban la única voz que se levantó para denunciar la corrupción y la barbarie del fascismo, la del diputado socialista Mattcoti, la voz de Hemingway resonó confesando su visceral antifascismo. A Ernest no le interesaban las ideas políticas en sí mismas, no iba con su carácter ni con sus intereses. Lo que le preocupó siempre fue la inhumanidad del hombre para con el hombre. Y por eso, quizá, nunca fue un propagandista, ni se desgañitó por una ideología o por otra.

No podía hablar y escribir sobre la guerra de la manera que quería Mr. Lewis, precisamente, porque era un veterano de la guerra, porque había sufrido la guerra en su propia carne...

«La guerra es uno de los mejores temas y, ciertamente, uno de los más difíciles de tratar con sinceridad, y los escritores que no lo han vivido son siempre muy envidiosos y tratan de hacerlo parecer intrascendente, o anormal, o convertirlo en un caso patológico, cuando en realidad es algo irremediable lo que desdeñan» (*Las verdes colinas de África*).

Ni tampoco podía permitirse el divagar sobre política, cuando, por su privilegiada posición de corresponsal, había conocido en primera línea las maquinaciones de los diplomáticos y dictadores europeos en sus luchas por el poder. Era consciente de los síntomas de desastre, de la creciente amenaza de los regímenes totalitarios en Italia y Alemania, y del malestar que invadía la vida americana, cuando contemplaba el cielo estrellado de África o pescaba cerca de las Bahamas. Sin embargo, creía convencido que el escritor que se dedicaba a criticar o a ensalzar la historia contemporánea siempre tendía a «traicionar» sus auténticos propósitos artísticos: y estos eran para él lo más importante.

—Ninguna historia –afirmaba con el corazón en la mano– está escrita con total honestidad. Habría que estar en contacto con ella todo el tiempo, y solo se puede depender de lo que uno ha visto y seguido realmente.

Esta condición era prácticamente imposible de cumplir y Hemingway lo sabía. Pero era honrado hasta la médula, en particular, consigo mismo. Carecía de los supuestos imprescindibles de todo «escritor puro» de novelas políticas y sociales, es decir, el conocimiento y la comprensión del fondo social, económico y político de aquella época. Y aquella falta suya de conocimientos la había descubierto, precisamente, en sus años de corresponsal en Europa.

Conocedor de sus muchas limitaciones tanto culturales como humanas, Ernest prefirió el mundo solitario e íntimo del escritor individual, del artesano de la pluma...

«Si empleas tu tiempo en la sociedad, en la democracia y demás cosas tan modernas, y declinas cualquier otro intento de hacerte responsable de algo más que de ti mismo, entonces sustituyes el agradable y confortante calor de la camaradería por algo que nunca podrás hallar más que en ti mismo» (*Las verdes colinas de África*).

Sí, Ernest estaba tratando de justificarse en aquellas líneas de su última novela, de convencerse a sí mismo de que había tomado una postura correcta. Tenía dudas. Se estaba fraguando otra guerra por la democracia y él lo intuía, pero...

En otoño de 1934, Hemingway exponía sus convicciones sobre el escritor y la política en la revista *Old Newsman Writes,* como una respuesta a sus adversarios, como una reflexión para sí mismo:

«Un escritor puede hacerse una buena carrera mientras vive, defendiendo una causa política, haciendo una profesión de creer en ella y, si la causa triunfa, estará muy bien situado... Un hombre puede ser fascista o comunista, y si su partido se impone puede llegar a ser embajador, o ver un millón de ejemplares de sus libros impresos por el gobierno, o cualquiera de las otras recompensas con que sueñan los jóvenes... Pero nada de esto le ayudará como escritor, a menos que encuentre algo nuevo para agregarle al conocimiento humano mientras está escribiendo».

Entre tanto, la pesca se había convertido en su *modus vivendi,* su refugio, su huida, y el yate «Pilar» era su hogar. Tras la aventura arriesgada de la pesca de altura, en alta mar, Ernest había bordeado las 700 islas o islotes de corales calcáreos del archipiélago de las Bermudas, y había descubierto la tranquilidad y la belleza de la isla de Cuba y de su capital La Habana. Poco a poco, en sus salidas a la mar, nuestro protagonista iba adquiriendo las mañas y las artes de un pescador experimentado: El «Club de pesca con Caña» de Miami conservaba disecado un «pez récord» pescado por él, y una especie desconocida, luego bautizada como *Neomarinthe Hemingway,* fue encontrada en una de las frecuentes expediciones del «Pilar». Y aquellas experiencias servían también para sus artículos sobre pesca, publicados en la revista *Esquire.*

Sin embargo, la fama de gran pescador no la consiguió Ernest sino a costa de grandes esfuerzos, y, a veces, de su misma sangre. Durante una de las salidas por el mar Caribe, iba a sufrir un accidente más que añadir a su larga lista: al intentar acabar con la agonía de un enorme tiburón, que se debatía moribundo sobre la popa del barco, disparó con tal mala fortuna que el rebote de la bala fue a darle en una pierna. En realidad, no fue grave: solo unos días en cama y otra cicatriz.

El yate de Hemingway se convirtió también por entonces en un popular centro de reunión. A él acudían «invitados» todos los grandes personajes del momento: escritores consagrados, jóvenes prometedores, editores afamados, periodistas, gacetilleros del corazón, pescadores aficionados y profesionales, e, incluso, científicos ictiólogos, que encontraban allí un lugar de tertulia y de diversión junto al famoso escritor.

Como filántropo de las artes y de las ciencias, Hemingway encontraba siempre lugar para organizar exposiciones de artistas amigos, como en el caso del pintor español Quintanilla –encarcelado en España, acusado de intervenir en la revuelta de octubre del 34–; o para contribuir a la fundación de organismos como la «International Game Fish Association», dependiente del Museo Americano de Historia Natural...

Durante una de sus largas estancias en el Hotel Ambos Mundos de La Habana, entregado a su gran pasión de la pesca, Hemingway recibió una grave noticia que le afectó profundamente: la guerra civil había estallado en España. Siguió escribiendo y pescando, pero con el corazón en un puño, presa de íntimo temor y excitación, solo pendiente de las noticias que le llegaban de España...

CAPÍTULO DECIMOSEXTO

A lo lejos, desde la costa, el suelo cubano se levantaba tapizado de cerros de formas agudas y de rosas duras de formas redondeadas. La brisa marina barría suavemente la lisa cubierta del «Pilar» y el cielo estaba despejado. Brillaba el sol. El barco se balanceaba en la marea del golfo. Ernest escudriñó el horizonte desde su hamaca. A causa de la posición de la isla en el límite de las influencias del ciclón del nordeste, los cambios de presión atmosférica eran muy bruscos. Las lluvias tropicales, fuertes y rápidas, podían surgir súbitamente, convirtiendo la mar en un infierno. Y la noche se anunciaba fresca y larga, muy larga...

Ahora era cuando lamentaba de verdad no haber estado presente en los sucesos de abril y mayo del 31 en España. Entonces, al poco de instaurarse la República, había acogido con auténtico júbilo el extenso programa de reformas retrasadas que esta presentaba y que habían impedido al país ir por los derroteros de la mejora del nivel de vida. Ernest conocía España, conocía sus desniveles, su atraso cultural, los feudalismos imperantes, su injusticia social, los cientos de miles de parados y las muchas hectáreas cultivables que no se cultivaban... Pero también se encontraba lejos, en África, cuando se consolidó la reacción conservadora que invalidó muchas de aquellas reformas. Y cuando su amigo –y entusiasta republicano– el pintor Luis Quintanilla fue encarcelado por sus actividades políticas, Hemingway empezó entonces a temer la verdad. El nacimiento de la democracia en España estaba volviendo el espectáculo español en «más cómico que trágico». Con el gobierno republicano el país parecía más próspero; se recogía más dinero con los impuestos y se aplicaban mejor los derechos de los trabajadores. Pero el dinero seguía yendo a donde siempre había ido: a los bolsillos de quienes mantenían el poder económico. Los partidos republicanos que se sucedían en el gobierno representaban a unos u otros sectores del gran capital y los problemas de fondo, como la Reforma Agraria, continuaban pendientes de resolución.

Un artículo periodístico, aparecido en aquella época, le llamó «el amigo de España» en grandes letras mayúsculas, y su reacción fue tan virulenta que asombró a muchos. El país estaba dividido –afirmó enfadado– y «habitado por demasiados políticos para que un hombre sea amigo de todo el país impunemente». En el fondo, su actitud reflejaba una íntima preocupación: la tragedia se cernía amenazadora sobre España y él lo sabía.

«España es una herida abierta –escribió en La Habana en 1935– en el brazo derecho que no se puede curar porque el polvo se filtra en ella».

Hemingway había oído hablar de una próxima guerra europea en los cafés de Montparnasse, en un otoño gris y plomizo. Y se sintió muy deprimido: conocía los horrores de una guerra mundial. El deseo bélico de Hitler era públicamente conocido. Y Mussolini se preocupaba entonces de que Etiopía se adecuara a los Fiats. Sin embargo, no pudo prever que España, su España, se iba a convertir en una especie de campo de experimentación bélica para los otros países.

Mientras, en España, el polvo era ya tormenta de arena. Los elementos conservadores habían forjado una gran alianza antimarxista. Y Ernest tuvo ocasión de palpar a través de las noticias de prensa la unión y el descontento que imperaba entre los grupos de reformistas impacientes. El 15 de enero de 1936 se llegó a la formación de un pacto electoral, denominado «Frente Popular» entre los republicanos de izquierda, los partidos obreros y los sindicatos.

Al principio de aquel año, Hemingway había denunciado y condenado la campaña etíope del Duce. Aquel individuo, afirmó rotundo, era «el más inteligente oportunista de la historia moderna». Y mientras los «hijos» del dictador fascista eran aviadores contra una fuerza aérea etíope inexistente, los hijos de los obreros italianos morían como soldados de infantería, entremezclados con los indefensos nativos etíopes que defendían su país.

Tras la victoria del Frente Popular en las elecciones del 16 de febrero del 36, los reformistas republicanos habían procedido con rapidez a ejecutar los términos de su programa. Pero lo cierto era que existían problemas pendientes que no se podían demorar más. La revolución de Asturias, por ejemplo, había dejado un saldo sangriento de varias decenas de miles de muertos y unos treinta mil presos políticos que había que poner en la calle. La salida de estos presos, las explosiones de violencia que se produjeron en el campo –los campesinos se lanzaron a la apropiación espontánea de tierras, impulsados por la CNT y por la Federación de los trabajadores de la tierra–, el malestar que imperaba en los medios fabriles –al ver que no se aplicaba al máximo el programa del frente popular–, la agitación progresiva en el seno del ejército –hábilmente orquestada desde Berlín y Roma– por la falta de tacto o quizás de oportunidad de una reforma militar, la radicalización de las posiciones en las nuevas Cortes y, finalmente, la espiral de crímenes que unos extremistas y otros se esforzaron por «igualar» –generalizaciones de los choques entre las milicias obreras y grupos falangistas paramilitares–, terminaron por allanar el camino de la insurrección y del golpe militar. Ya en marzo, el Ejército había amenazado con tomar el Gobierno si no se restauraba el orden. En abril, el gobierno de Azaña había contestado a la amenaza con el exilio de algunos de los oficiales más peligrosos –Franco a Canarias y Goded a Baleares–. El 17 de julio habían empezado a sublevarse algunas guarniciones en toda España –cuatro días antes, el principal representante civil de los grupos antirrepublicanos, Calvo Sotelo, había sido asesinado misteriosamente–. E, incomprensiblemente, una vez producida la sublevación, esta no fue abortada en sus orígenes. Mientras los sindicatos pedían armas en las puertas de los gobiernos civiles, viendo la realidad de un golpe de Estado fascista y la posibilidad de una revolución social, el Gobierno de Madrid confiaba en que pasaría rápidamente aquella locura. Pero la situación se prolongó durante cerca de un mes y cuando se quiso atajar la rebelión con eficacia ya era demasiado tarde...

Desde el primer momento, Ernest había identificado el golpe militar con un golpe de tipo fascista. El había conocido el fascismo muy de cerca, en su propia salsa, y comprendió enseguida el peligro que representaba para un pueblo como el español con su fanatismo mesiánico. Había que hacer todo lo posible por aplastarlo cuanto antes. Hemingway era un hombre profundamente democrático, un hombre hecho para defender los principios de la libertad, y por eso reaccionaba contra todo lo que era extirpador de la libertad humana. Y el fascismo lo era.

—La libertad hay que merecerla –decía encorajinado– y hay que conquistarla, aunque sea con los dientes.

En la guerra que había comenzado en España, solo veía la defensa de la suerte de la democracia, y por ello la defensa extrema de la República. Y a ello se entregó enseguida honrada y cabalmente. Además, aquella guerra afectaba su sensibilidad, su honradez profesional, su innato sentido de la justicia. Tenía más de diez años de experiencia española. Amaba apasionadamente al país y a sus gentes. Hablaba su idioma casi como un nativo. Era un «aficionado» de su Fiesta nacional. Y había escrito un libro que condensaba todos sus conocimientos y todo cuanto España significaba para él. La posible muerte y destrucción de amigos y lugares, que ya eran parte íntima de su vida como hombre y como escritor, le estremecía...

—No podía vivir tranquilo en mi tierra –confesaría años después–. Desde que comenzó la lucha, me consideré un movilizado más.

Las proclamas de revolución social también le preocupaban: eran como una oscura premonición de lo que podía suceder si la lucha continuaba indefinidamente. Con hombres como los españoles, pensaba, de tan primitiva pureza, era imposible hacer una revolución, porque para aquellos hombres irremediablemente «revolución» iba asociada a sangre. Sin embargo, él estaría al lado del pueblo que quería y estaría donde él creía que estaba el pueblo.

—Si soy extranjero no es culpa mía –solía decir–. Yo bien quisiera haber nacido aquí.

Sentado en la cubierta del «Pilar», iluminado por las luces de La Habana, ¡qué lejos estaba de todo ello! Sus jornadas de pescador de truchas a las orillas del Irati, su descubrimiento de la ciudad de Valencia, los encierros y las corridas de los Sanfermines, Madrid, El Museo del Prado, Goya... el paisaje de pequeños y altos pinos, de colinas de rocas desnudas y de arroyuelos transparentes ahora estaría removido por los hoyos de los obuses y las zanjas de las trincheras, devastado por la metralla e irreconocible por los parapetos y los fortines...

El corazón de Hemingway estaba en España, y como escritor estaba profundamente interesado en la guerra, pero si desde hacía tiempo se había declarado en contra del escritor que hacía carrera a cuenta de la política, ¿podía o no podía tomar partido? Dudaba...

«Si un escritor no tiene el sentido de la justicia y de la injusticia, hará mejor dedicándose a editar un anuario de los cuadros de honor de los buenos alumnos que a escribir una novela».

Las circunstancias políticas de España habían puesto en duda su aparente letargo político, su «simple deseo emocional de transmitir la experiencia» y su idea de la «pureza» artística del escritor frente a la política. Porque, cuando el dedo del poder hacía presión sobre el ser humano, como ocurría entonces en su amada España, el artista podía legítimamente decir basta y tomar partido por una determinada causa. Si así lo hacía, pensaba, estaba en una guerra, y una vez que se está en una guerra no queda más remedio que ganarla, o tratar de ganarla.

«—Si no ganamos esta guerra, no habrá revolución, ni República, ni tú, ni yo, ni nada...» (*Por quién doblan las campanas*).

Sin embargo, un escritor siempre debe escribir y él había empezado una novela, *Tener o no tener,* aquel mes de julio de 1936, que estaba firmemente interesado en terminar antes de adoptar una postura activa sobre lo que estaba ocurriendo en España. Sin perder de vista la guerra española, empezó el primer borrador de la historia de un hombre, Harry Morgan, víctima de la injusticia social de toda una época, y de un escritor acabado, Richard Gordon, rendido al confort y a la pereza mental. Ernest, sensible a la ola de crítica social, pensó profundamente en los problemas que quería presentar en la novela, especialmente en la negación de posibilidades individuales en un mundo dominado por los peligros del fascismo y del comunismo, y por la injusticia económica. Intentó, pues, resumir dramáticamente la situación de su época y lanzar una acusación a la sociedad norteamericana, a la sociedad occidental, por su «actitud devoradora» hacia escritores y hombres de acción individualistas. Por eso «inventó» a Harry Morgan, individualista supremo, hombre de temperamento, rudo, amargo, honesto consigo mismo, auténtico «hombre de frontera» del siglo XX en una situación de frontera –contrabandeando licores y armas entre Cuba y Estados Unidos– del siglo XX. Y también a Richard Gordon, típico escritor de Nueva York, seguidor de las directrices de un partido izquierdista, que lleva una vida de *playboy* en un colonia de artistas, irremediablemente arruinado como autor por los elogios de la «gente bien», y que escribe historias a cuenta de los ricos sin querer mezclarse totalmente con ellos.

Como en todas sus novelas, Ernest escribió sobre cosas que conocía perfectamente. Tanto en el lejano Oeste como en Cayo Hueso (Florida), había encontrado hombres de frontera como el contrabandista Harry Morgan. Antes de comprar el «Pilar», había utilizado los servicios de las barcas de pesca alquiladas, y conocía a la perfección aquel mundo extraño del alquiler de barcos en el que se movería su protagonista. En un bar de Cayo Hueso, el de su amigo Joe Russell –el bar de Freddy de la novela–, había tratado a los veteranos de guerra desocupados y a los obreros de Cayo Matumbe, embrutecidos productos humanos de la depresión que siguió a la eufórica década posterior a la primera guerra mundial. Y en su casa estucada de Whitehead Street– que aparecía en la guía de la ciudad como uno de los puntos interesantes para turistas –Ernest conoció a los personajes que poblaban el mundo de Richard Gordon y a muchos como él, más preocupados de comerciar con su talento que de trabajar con él.

El 2 de enero de 1937 Hemingway terminaba rápidamente el primer bosquejo de la novela. Comprendiendo que el conflicto español se podía prolongar durante mucho tiempo, había tomado la decisión de venir a España. Sin embargo, el fuerte cariz político que en el extranjero y en su propio país estaba tomando la contienda seguía sin agradarle. La afluencia de comunistas de todo el mundo a España en solidaridad con el pueblo español y con el Gobierno republicano y la ayuda militar de la Unión Soviética, por un lado, y de los regímenes fascistas de Alemania e Italia, por el otro, ofrecían la falsa imagen ante los observadores políticos extranjeros que lo que se estaba ventilando en España era el dilema fascismo-comunismo. Y él, personalmente, sentía una sistemática aversión hacia el fascismo, paralelo a un odio convencido hacia el comunismo. Si Hemingway estaba de alguna parte, era del lado del ser humano. Como luchador romántico, elemental, algo inocentón –al que nada se le había dado regalado: todo lo había conquistado a base de luchar, a veces con violencia, pero siempre con audacia y valor–, toda lucha a favor de los postulados democráticos contaba siempre con su apoyo entusiasta. Ernest no tenía una ideología fija y definitiva, y eso era lo que le echaban en cara sus colegas izquierdistas. Tenía ideales, y había luchado y lucharía siempre por aquellos ideales que él creyera más justos. Cuando el 27 de febrero de 1937 embarcó en Nueva York en el «París», venía decidido a vivir la guerra española con responsabilidad y nobleza, al lado de los que, para su mentalidad y sentimiento, defendían la verdad y la justicia.

Hemingway, sin embargo, quiso venir a España como corresponsal de guerra, es decir, como escritor. De alguna manera, así resguardaba su fama y su figura artística de las murmuraciones. Por ello antes de salir de Nueva York se puso en contacto con la cadena de noticias

North American Newspaper Alliance –la famosa N.A.N.A.–, y poco menos que se contrató como corresponsal cerca del ejército republicano. Una de las mejores formas de luchar por la causa de la libertad, pensó, era buscar y recoger fondos –cosa que ya había empezado a hacer en su país, reuniendo dinero para ambulancias y material médico–, como en París y en Francia tenía grandes amigos que podían colaborar en esa empresa, Francia iba a ser pues su primera escala. A mediados de marzo, concretamente el día 18, llegaba a Barcelona procedente de París y Toulouse. No venía con la manos vacías: traía, además de 40.000 dólares de su bolsillo –todos sus ahorros–, dinero para poner en marcha un equipo de ambulancias. Desde allí voló inmediatamente hacia Valencia y Alicante. En el aeropuerto de esta última ciudad halló a los soldados republicanos celebrando la retirada desastrosa de las legiones italianas de Mussolini en Brihuega. Y, sin perder tiempo, se dirigió directamente al frente de Guadalajara. Cuando llegó al campo de batalla, regado por los cadáveres de los italianos, este ofrecía una estampa patética y ensangrentada. El mayor farsante y oportunista de Italia había enviado a aquellos muchachos a una carnicería: estaban luchando en una guerra que ni les iba ni les venía.

Su objetivo en realidad era Madrid. Ernest quería establecerse en su «capital del mundo», que ahora llevaba camino de convertirse en la «trinchera del mundo». Su cuartel general iba a ser un hotel de la plaza de Callao, el Hotel Florida –demolido años después por la piqueta franquista–, lugar donde revoloteaban los corresponsales de guerra e informadores, junto a miembros de las Brigadas Internacionales, líderes y responsables de la causa del pueblo, y espías de uno y otro bando. A aquel belicoso «santuario» de la información llegaban a diario las arengas y las noticias de los avances y retrocesos de los «facciosos» y de los «leales», era pues el mejor lugar para alguien que quería estar al corriente de todo.

Desde el primer momento la actitud de Hemingway fue diametralmente opuesta a la de un «mercenario» o un aventurero. Había querido venir como corresponsal –y cumplía enviando crónicas a la N.A.N.A.–, pero, en realidad, iba a actuar como un luchador más, arrimando el hombro como un camarada sin armas en el asalto a los Carabancheles, en las incursiones de la Casa de Campo y de la Ciudad Universitaria, y en las noches de bombardeo. Otros habían venido a medrar, a hacerse un nombre y una fama, él vino a luchar por un ideal, a sufrir en una tierra y junto a un pueblo al que quería: vino a dar «testimonio» de su presencia en los momentos difíciles. Y, muy pronto, comprendió que su primitiva intención de mantenerse como mero observador le resultaría imposible.

Su peculiar figura –cubierta de una gabardina larga con muchos botones o una cazadora de cuero, como las que llevaban los rusos, y con un gorrito o una boina vasca–, se hizo pronto muy popular. Uno de sus más importantes cometidos fue el de buscar alimentos para los combatientes y, sobre todo, para los heridos. Cuando faltaba la comida, no era extraño verle ir con una escopeta al Pardo y cazar algunos conejos, o regatear y bromear con los rusos para conseguir sacarles latas de pescado, de carne y ¡hasta de caviar!

«Yo sufrí hambre en Madrid... y supe lo que es pasarse días sin poder pasar un trago. Y ayudé a recoger muertos, muchas veces, y a enterrar campesinos, y mujeres, y niños... Yo llevaba este pueblo dentro, lo llevé y estuve a su lado en las horas de dolor. Eso nadie podrá arrebatármelo» (*Hemingway, entre la vida y la muerte*).

En las Brigadas Internacionales Hemingway iba a hacer grandes amigos. La Brigada Undécima estaba formada por voluntarios alemanes casi exclusivamente; ardientes antinazis, la mayoría eran comunistas convencidos, y como decía Ernest:

—Eran un poco serios como para pasar mucho tiempo en su compañía.

Él, personalmente, se identificó mucho más con la Brigada Duodécima: mezcolanza alegre y variopinta de voluntarios de ideologías muy distintas. Allí entablaría amistad Ernest con Werner

Heilbrun, médico oficial de la brigada y bravo camarada siempre dispuesto a proporcionar un transporte, alegría o una comida caliente; y con Gustav Regler, uno de los oficiales más capaces, tranquilos, y fuertes de la brigada. El mismo general húngaro Lucasz, jefe de la Duodécima, le daría un banquete –al que asistieron también periodistas, intelectuales y milicianos de la cultura– como prueba de su buena amistad y camaradería.

Durante la primavera de ese mismo año, Hemingway conoció a un joven director de cine holandés, Joris Ivens, y al operador John Ferno, y con la colaboración de ambos emprendió el rodaje de una película documental sobre la guerra, titulada *La tierra española*; labor a la que se dedicó con entusiasmo trabajando de director de escena y de narrador. El campo de operaciones iba a ser la ciudad de Madrid y sus alrededores. A diez minutos del frente consiguieron un puesto de observación desde donde podían filmar la lucha de las tropas del general Miaja. Frecuentemente, se trasladaban a las sierras de Morata de Tajuña para tomar filmaciones de los tanques y de la infantería. Ivens y Ferno alarmaban muchas veces a Ernest por su forma de exponerse al fuego enemigo, casi suicida.

—Eran poco realistas –decía él enfadado–, ¡unos locos novatos!

Hemingway, por su parte, traía a mal traer a sus compañeros de aventura con su manía de llevar «cebollas españolas» en los bolsillos de su chaqueta, para mitigar la mucha hambre que pasaban. Una pintoresca e inadecuada petaca de plata llena de whisky servía para saciar la sed y darse ánimos en los momentos de mayor peligro.

Madrid en guerra era un majestuoso espectáculo repleto de drama, pero también de color, de vida y hasta de humor. Hemingway nunca había visto tan unidos y entremezclados el culto a la vida y el canto a la muerte, la violencia y el placer...

«Tenías que haber visto aquel Madrid de bombas y tiros desde las azoteas... la eclosión del pueblo era admirable cada mañana. Yo no lo olvidaré jamás y estoy por decirte que es lo más grande que he contemplado en mi vida... Pero también aquí he visto las cosas más miserables, sucias y odiosas. Aquí he sabido de verdad lo que es un hombre en sus tres partes fundamentales: la cabeza, el corazón y los cojones...» (*Hemingway, entre la vida y la muerte*).

En aquellos días de rodaje, yendo y viniendo de la lucha alentando, exhortando en el frente a los camaradas, aconsejando e incluso, criticando, Hemingway se fue convenciendo cada vez más de lo absurdo y bárbaro de la lucha.

—La guerra española –se confesó a sí mismo– se está convirtiendo en un «asesinato en gran escala».

Lo que no podían ganar a la manera militar, unos y otros trataban de ganarlo mediante el asesinato de las poblaciones civiles. Le pesaba y asqueaba la retaguardia: allí era donde se cometían las mayores barbaridades y los crímenes. La guerra empezaba a abundar en el bandidaje y en la farsa, la mística de terror y el expolio sistemático de la persona humana. Día a día; aquella guerra le demostraba la verdadera faz de las cosas: criminales, mercenarios, oportunistas, idealistas, teóricos, esbirros, vividores, mártires, leales...

Al volver de una batalla y al ir a una nueva, en su habitación del Florida, Hemingway se agarraba al alcohol y, bebiendo a grandes tragos el whisky puro, mascullaba para sus adentros:

—Esto es lo que mata al gusano que nos persigue.

Y se ponía triste, y se emborrachaba, salvajemente, cada vez que al volver del frente se acordaba de los que habían muerto...

Había intervenido en otras guerras, pero en aquellas siempre había visto enfrentamientos más abstractos y generales. La guerra española estaba tomando para él un alcance decisivo. Estaba convencido, ahora, de que las consecuencias de una victoria o una derrota de la República podían repercutir tarde o temprano en el mundo. Aquella contienda civil era el «choque directo» entre dos formas antagónicas e irreconciliables de ver el mundo. Lo que se estaba dilucidando era el sí o el no de un estilo de vida, de una concepción del mundo. Además, aquella lucha era completamente distinta a todo lo conocido. Allí, no se luchaba en el frente siguiendo los calculados planes de unos Estados Mayores, se luchaba en las calles, improvisando, dejándose llevar por el instinto, por el sadismo colectivo, por la crueldad inútil.

Sin embargo, sobre aquella primavera del 37, sobre aquel periodo de lucha, cuando aún se pensaba que la República podía ganar, y que la causa de la libertad saldría airosa de esta nueva prueba, Ernest diría años después:

—Fue el más feliz de nuestras vidas...

CAPÍTULO DECIMOSÉPTIMO

Llevado de su pasión por todo lo referente a España, Ernest decidió regresar a su país, principalmente con la idea de conseguir fondos para la causa republicana. Estaba dispuesto a no regatear ni esfuerzos ni sacrificios para acabar con el peligro del fascismo.

Ya no era el mismo Hemingway que partió: como amigo de la democracia española Ernest creía en el partido republicano; su afirmación política no significaba que, como artista, fuera prorrepublicano o procomunista, significaba que como hombre y, por supuesto, como escritor, era antifascista hasta la médula. Lo había sido siempre.

El 19 de mayo estaba de vuelta en los Estados Unidos. La temporada que se le avecinaba iba a ser muy ajetreada. Empezó Ernest por hacer lo que nunca había hecho por sí mismo: pedir favores, pedir dinero, e, incluso, pronunciar su primer discurso público –cuando él era tan enemigo de esas demostraciones– ante la Asociación de Escritores Americanos en su Segundo Congreso, celebrado el 4 de junio en el Carnegie Hall de Nueva York. Su aparición en la tribuna de conferenciantes despertó una gran expectación.

—Estamos a punto de presenciar la transformación de un escritor no político en otro socialmente consciente.

—¿Tú crees? Ha declarado tantas veces que el deber capital de un escritor es escribir objetivamente y abstenerse de toda toma de posición, que no puedo creérmelo.

—Acaba de estar dos meses en el frente español como reportero. ¿Pretenderá alistarse a un partido o tendencia política?

—La izquierda ha estado siempre dispuesta a darle la bienvenida.

—Pero nunca se ha declarado procomunista ni prosocialista sino antifascista.

Hemingway había tomado partido de una manera unívoca y vehemente por una determinada causa: la causa de la libertad. Pero seguía pensando lo mismo de la relación escritor-político; porque el problema de aquel seguía siendo el mismo con politica o sin ella; es decir:

«... escribir de manera verídica, y una vez descubierto lo verídico, proyectarlo de tal manera que se convierta en parte de la experiencia de la persona que lo lee».

Y quiso dejar bien claro su punto de vista. Denunció el peligro que se cernía sobre España; denunció a los fascistas nativos y extranjeros que actuaban allí; denunció la neutralidad –ventajosa para el bando fascista– de las llamadas democracias de Occidente, y denunció la muerte del escritor en un mundo dominado por el fascismo:

—Existe solo una forma de gobierno –dijo apasionadamente– que no puede producir buenos escritores, y ese sistema es el fascismo. El fascismo es una mentira fabricada por unos brutos. Un escritor que no mienta no puede vivir ni trabajar bajo el fascismo. El fascismo es una mentira y por eso está condenado a la esterilidad literaria.

Dos días después, en uno de los discursos finales del Congreso, uno de sus colegas declaró ver una lección importante en lo que él y muchos otros consideraban la «conversión» de Hemingway.

—En una época como la nuestra –afirmó el conferenciante–, la política, en su sentido más amplio, es el destino. Incluso si se comienza como Hemingway comenzó, con un simple deseo emocional de transmitir la experiencia, de hallar y brindar la verdad, si se sigue a la verdad hasta su conclusión lógica, se terminará donde Hemingway ha terminado ahora, en el Frente Popular.

El auditorio no había captado el fondo de las declaraciones partidistas de Ernest. Había entendido lo que quería escuchar desde hacía tiempo. La realidad era otra: si Hemingway había terminado en el Frente

Popular era porque allí estaba al lado del pueblo que quería y estaba donde él creía que estaba el pueblo; y si apoyaba a la izquierda era porque detestaba el fascismo. Su postura era eminentemente moral, ética. Solo era de un partido: del partido del ser humano. Y veía al pueblo español amenazado por potencias extrañas.

Hemingway no se contentó con palabras y declaraciones de simpatía. No era bastante y él lo sabía. El siguiente paso fue preparar la banda de sonido del documental *Tierra de España*, y escribir un comentario –llamada en favor de los partidarios del régimen republicano–. La primera proyección tuvo lugar en la mismísima Casa Blanca, por deseo e invitación del Presidente Roosevelt, una noche de julio; a continuación se proyectó en toda Norteamérica –su estreno se produjo en agosto en Nueva York– produciendo miles de dólares para ayuda a España. Aprovechando su fama entre los millonarios aficionados a la pesca, Ernest consiguió importantes donativos y adquirió doce ambulancias con el dinero recaudado. Sin embargo, la ambigua e hipócrita neutralidad norteamericana –camiones de la Chrysler y abundante combustible de la Texaco llegaban al ejército fascista– impidió que las ambulancias pudieran llegar nunca a España. Y la labor del comité de ayuda de «Amigos americanos de la democracia española», presidido por Hemingway, quedó empañada y puesta en entredicho.

Durante este tiempo, Ernest había cambiado con gusto la tarea solitaria del artista por el «agradable y tranquilizador hedor de los bravos camaradas» y estaba decidido a abstenerse de escribir hasta tanto se pudiera ganar la guerra. Al volver aquel verano a los Estados Unidos, pensó en abandonar la novela *Tener o no tener:* tenía demasiadas cosas en las que pensar. Pero, tras algunas discusiones con sus editores, un poco obligado, efectuó una breve revisión del texto para poner el manuscrito en condiciones de publicación, y entre el 18 de julio y el 7 de agosto completó la tarea, y se dedicó a leer rápidamente las pruebas de imprenta. La novela, publicada en octubre cuando él ya estaba de regreso en España, fue duramente criticada por la mayoría de los comentaristas, recibiendo palabras más severas de lo que se podía esperar de una obra de un escritor tan famoso como él. Pocos apreciaron el carácter de experimento de técnica narrativa que en sí llevaba la novela, pero no se pueden negar las deficiencias y el fracaso del escritor al intentar unir dos argumentos –la historia del contrabandista y la del escritor– fundamentalmente diferentes. Era el libro menos satisfactorio de Hemingway, y sus enemigos literarios se frotaron las manos: el «gigante» estaba acabado como autor, aunque quizá no como «político»...

Otro acontecimiento importante tuvo lugar en aquel viaje. Durante su visita a Key West para ver a Pauline y a sus hijos, Ernest conoció a una atractiva mujer, periodista y escritora, Martha Gellhorn, que le hizo una entrevista para *Collier's*. Ambiciosa y sin escrúpulos, Martha coqueteó y engatusó a un Hemingway cansado, aviejado por la lucha; un hombre que lleva otra guerra por dentro, en sí mismo. Era una aventura pasajera quizá. Pero una aventura de guerra que iba a resultar fatal para el matrimonio de Ernest y Pauline. Él le habla entusiasmado de España y la invita a ir a Madrid. Ella acepta gustosa y complaciente...

A mediados de agosto Hemingway volvió a España, donde permanecería hasta enero del 38. La situación había cambiado radicalmente. Los fascistas avanzaban en todos los frentes. Madrid era un nido de espías de uno y otro signo, y el hambre y la corrupción campaban por sus respetos. Sus mejores amigos, Heilbrun y Lucasz, habían muerto en combate, y Regles estaba destrozado por libra y media de acero en un hospital.

«—...he visto esta calle –dijo Ernest– totalmente levantada por los hoyos de los obuses fascistas.

»—¿Cuál es la impresión más honda –preguntó ingenuamente José Luis– que te ha dejado nuestra guerra?

»—Me cago en vuestra guerra... Todo fue absurdo, disparatado, incomprensible» (*Hemingway, entre la vida y la muerte*).

Siempre se le encontraba en los lugares de mayor peligro: en las trincheras de las brigadas internacionales; en el sitiado y hambriento Madrid; en el frente de Aragón, en la batalla de Belchite; en Cataluña; en los preparativos para la toma de Teruel...

«—¿Tú empuñaste las armas, quiero decir si llegaste a tirar?

»—En la guerra todos tiran, pero no era mi misión precisamente matar sino procurar que no me mataran.

»—Entonces corriste verdaderos peligros.

»—Más o menos tantos como otros que estaban enfrente de mí» (*Hemingway, entre la vida y la muerte*).

Mientras, en Madrid todo era entonces caduco y provisional. En cualquier momento la metralla, las bombas o el hambre podían pulverizar todos los sueños de una vida. Quizá por eso se respiraba vida, ansias de vivir al máximo.

«Morir no era nada y no se hacía de ello una imagen terrorífica, pero vivir era un campo de trigo balanceado por el viento en el repecho de un ribazo» (*Por quién doblan las campanas*).

Allí, embriagados por aquel ambiente de vida y de muerte, Ernest y Martha Gellhorn vivieron una historia, un amor de guerra. La atractiva corresponsal de la revista *Collier's* se convirtió muy pronto en su compañera de aventura y de soledad; escritora y periodista como él, le resultó de gran ayuda en aquellos difíciles momentos.

Meses después, en el otoño, mientras Ernest realizaba su primer y único intento de escribir para el teatro, *La quinta columna,* el Hotel Florida fue alcanzado por más de treinta bombas. La situación era un infierno, desesperada. Escribe la obra de teatro sometido a una gran presión emocional, desde el mismo seno de la guerra. Y esta es un fracaso. Había querido dramatizar una lucha de bandas y partidos, de espionaje y torturas, que él no había terminado de entender y que no entendería nunca, y terminó escribiendo una «obra propagandística» que no satisfizo ni a unos ni a otros.

—Yo no firmo esa desdicha –dijo Ernest refiriéndose a la pieza teatral.

—Realmente está muy mal traducida al castellano –repuso el amigo queriendo quitarle importancia.

—No, no es eso –confesó cabreado–, ¡es una porquería!

—Un poco panfletaria si que te ha salido.

Repanchingado en algún rincón de aquellos bares y cafés de guerra del Madrid sitiado, entre vapores de alcohol y cortinas de humo, Ernest escribía su memorial de la lucha. Allí era donde tomaba sus notas, recogía testimonios de la contienda, de los éxitos y de los desastres. Luego, poco a poco, en la habitación del hotel, iba seleccionando y ordenando el material que utilizaría en sus artículos.

«—Serían dignos de ver aquellos antros de entonces.

»—No creas, no eran tan interesantes como podía parecer. Estaban saturados a todas horas de pedantería. Tanto, que cuando uno podía hablar con gente auténtica del pueblo lo consideraba una suerte muy grande...».

Extrañas tertulias de café y de salón de embajada, generalmente formadas por una curiosa «fauna» de guerra –corresponsales ambiciosos y pendencieros entre si, fanáticos de ideologías distintas, espías y contraespías del mismo bando, y militares que nunca se ponían de acuerdo–, que se pasaba las horas muertas hablando tanto de las operaciones militares –la Cuesta de las Perdices, el Pingarrón, Brunete– como de la marcha de la «revolución» –sindicatos, tribunales populares, incautaciones– y, sobre todo, de las carnicerías y salvajadas de unos y de otros.

«—...Me tocó beber al lado de auténticos criminales. Eran los mismos que antes y después de beber decían hasta hartarse que «matar era feo, muy feo» pero que no habla más remedio que hacerlo».

«—Si querían salvar la pelleja.

»—No. Ellos siempre añadían que mataban tan solo para preservar la República y ganar su batalla».

«—¡Ah!

»—A algunos parece como si los llevara todavía pegados a la espalda. Todavía me parece escuchar sus gritos contando sus fechorías y dándoles aire de martirio.

»—Comprendo.

»—Yo recuerdo haberles gritado más de una vez: "Así no hay manera de ganar la guerra". Pero ellos se tenían muy bien aprendida la lección y respondían: "Pero, ¿para cuándo hay que dejar el hacer la revolución?" No se mataba tan solo por placer, se mataba por terror. Luego, se añadían los odios. Pero también en la otra parte el vino tinto lo vendían color de sangre. Y no hay que olvidar que matar es feo, muy feo» (*Hemingway, entre la vida y la muerte*).

Hemingway prefiere estar en la lucha, ir y venir de un lado para otro, inspeccionar los frentes y estar al tanto de las operaciones. En medio de los peligros de su trabajo, se encuentra mejor entre una riada de refugiados o bajo el fuego de la artillería que en la retaguardia de los crímenes y las torturas. En diciembre del 37, con un frío de muerte, acude otra vez a Teruel: allí las cosas no iban bien. Uno de sus colegas le recuerda con un atuendo ligero para la época invernal, pero con los bolsillos bien provistos de petacas de whisky. El alcohol es ya su compañero inseparable; con él combate el frío, los miedos y el desencanto. Los fascistas avanzaban...

«—¿Tú no sabes que me metí en Brunete en un tanque? Tampoco se saben muchas cosas. Donde estuve a punto de pringarla fue en Teruel. Aquello sí que fue un verdadero cacao. Y siempre los hombres por un lado, los planes por otro, y el armamento en la quinta puñeta. Si no fuera porque murieron tantos y tan buenos, sería cosa de recordarlo a carcajadas. La batalla se movía entre el cementerio, el seminario y el manicomio. Los fascistas contraatacaban fuertemente, con tanques y aviación a todo pasto. Se habían metido en un grave aprieto y lo querían resolver. La cosa estaba mal para nosotros, que también nos habíamos metido en un buen fregao. Entonces, a lo Goya, alguien se sintió estratégico y tuvo lo que se dice una idea genial. ¿Y por qué aquellos decisivos metros, que eran los de la propia pelleja, aunque fuera una pelleja de loco, no los podrían defender ellos? Bueno, además, locos más o menos todos estamos un poco. Dicho y hecho. Los locos, muy responsabilizados, pegados al terreno como fieras, recibieron su dotación completa: fusil, bombas de vino, botellas de coñac. Daba gusto verlos moverse con tanto fervor y decisión, repitiendo: "No pasarán, no pasarán, U H P". Y como verdaderos locos cada uno se puso en su parapeto, o ellos mismos, sobre tejados, chimeneas, poniendo delante en un instante colchones o lo que encontraban, se aprestaron a la lucha

»"Viva, viva la guerra", gritaban. La batalla era dura pero los locos, ¡oh maravilla!, pegados a las ventanas y a los boquetes abiertos por los fascistas, se mostraban disciplinados tanto o más que los de las brigadas internacionales. Era asombroso. Ni siquiera reculaban cuando veían caer un compañero sino que estaban dispuestos a morir plenos de exaltación. Y yo me preguntaba: ¿Por qué estos locos han de estar dispuestos a morir por la República? No hubo ningún traidor, ni un cobarde, ni uno que no obedeciera las órdenes del mando. ¡Qué atardecer, qué noche, qué amanecer! Fueron unas horas interminables pero también inolvidables. Y fue, te digo, la gran cosa, porque aun viendo a los compañeros caídos, no se rendían. Era una muerte digna de locos, de locos de Teruel, que deben ser los locos más cabales de España» (*Hemingway, entre la vida y la muerte*).

Pauline, en un intento desesperado por salvar su matrimonio, se trasladó a París en diciembre, a donde acudió Ernest para pasar juntos la Navidad del 37. Pero Martha y la guerra civil se interponían entre los dos: las relaciones eran ya muy difíciles. El corazón y la mente de Hemingway seguían en España. Solo deseaba volver... volver a los lugares que conoció bien –País Vasco, Madrid, Navarra, Aragón, Galicia, las dos Castillas, Extremadura– en tantos años de viajes a pie, en coches de tercera, en ómnibus, a caballo, a lomos de mula y en camión... Su carácter había cambiado profundamente, cada vez a más taciturno y reservado.

Desde París regresó a España en enero de 1938. El 8 de ese mismo mes se encuentra otra vez en Teruel, reconquistando por enésima vez la ciudad. Le acompañan varios colegas: Matthews Delmer y el fotógrafo Robert Cappa. Pocos días después decidió regresar a los Estados Unidos y a Key West con Pauline y los niños: su familia y su hogar se derrumbaban lentamente. El 22 de febrero recibe noticias negativas de España: Teruel había vuelto a perderse y los fascistas ocupaban la mayor parte de las ciudades importantes. Se pierde terreno a ojos vista y la ayuda italiana y alemana resulta decisiva para la marcha de la guerra. Las potencias occidentales estaban traicionando al pueblo español, como lo habían hecho antes con los checos y los etíopes: el mismo gobierno norteamericano prestaba créditos y ayudas a la Junta de Burgos.

«¡Aquello era demasiado hermoso para que pudiera triunfar!».

Volvió a España en marzo. Y nada más llegar se fue al frente, asistiendo a la primera batalla del Ebro, Valencia, Tortosa, Lérida...

Madrid es para él una «cura de valor» por entonces. Víctima de horrores, pesadillas y temores interiores, Ernest no puede dormir –cuando lo consigue– si no es con la luz encendida; ahora, por los continuos bombardeos, no le dejan tener la luz en su cuarto. Y, a escondidas, tiene que cubrir su lámpara con una camiseta. Por aquellos días también, un grupo de «piadosos pacifistas», recién llegados de la neutral Ginebra, declaran que desean entrevistarse con el famoso escritor Hemingway. Ya instalados entre las cuatro paredes de su habitación, comienzan a elucubrar sobre la «no violencia», sobre la «humanización de la guerra», sobre el derramamiento de sangre inútil y sobre «la causa de la libertad». Ernest escuchaba pacientemente aquella sarta de memeces. Había pasado hambre, recogido muertos y enterrado mujeres y niños, y aquellos estúpidos...

—Miren lo que tengo ahí –dijo señalando un extraño bulto encima del armario. Estaba harto de tanta majadería e improvisó sobre la marcha.

—¿Qué es? –le preguntaron curiosos los pacifistas.

—Mírenlo, ¿no lo ven?

Algunos, los más atrevidos, se acercaron hasta el borde del alto armario; uno, incluso, se puso de puntillas para verlo mejor. Sin embargo, la curiosidad duró breves instantes. Todos se retiraron aturdidos, mirándose entre sí.

—¿No lo ven bien? –preguntó Hemingway muy serio. Ya los tenía donde quería, ahora solamente había que darles la puntilla–. Es el último fascista que me despaché anoche. Era un muchacho tierno como un tallo de almendro. ¡Véanlo, acérquense! –susurró sarcástico–. Ja, ja, ja...

Asustados, escandalizados por la barbarie de aquel «salvaje», el grupo de abogados de la no violencia salieron disparados escaleras abajo, tropezando, resbalando y dejando a su paso risitas histéricas y exclamaciones moralistas.

Ernest salió a despedirles a la puerta de su cuarto. Encima del armario guardaba algunas de sus provisiones de guerra y entre ellas varios grandes trozos de sangrante ¡carne de búfalo! de Chicago... Al regresar a la soledad de su refugio, se emborrachó salvajemente y rió y lloró sobre todo lo que había pasado.

—¡Valientes hijos de puta! –gritó con los puños crispados–. Aquí quien está pagando bien el pato es el pueblo español.

«—Yo creí siempre que debieron de ser unos momentos de un contagio colectivo fantástico.

»—Sí, el pueblo tuvo un gran fervor y muchos riñones, pero lo demás estaba poblado de sofisticados de la revolución, tipos que eran crueles por impotencia para el heroísmo. El pueblo, aún desmandado como un toro, fue lo mejor de aquella jornada» (*Hemingway, entre la vida y la muerte*).

En mayo, Ernest salió otra vez hacia París y de allí directamente a Nueva York. Cuando los reporteros norteamericanos le preguntaban sobre el futuro de la guerra, su respuesta fue más bien un gesto de cara a la galería, para estimular la moral de los que seguían ayudando desde el extranjero:

—Los «leales» terminarán ganando, aunque en este momento estén a la defensiva.

—Sin embargo –apuntó uno de los periodistas–, las columnas de Franco avanzan en todos los frentes y el pueblo madrileño se muere de hambre en su resistencia.

—El fascismo es una mentira... –En su fuero interno, Hemingway vislumbraba el verdadero resultado de la contienda, pero prefería callar: la esperanza es lo último que se pierde.

Antes de ir a Key West, Ernest visitó a sus editores Scribner's Sons. Ese mismo año se había publicado un volumen suyo con el nombre de la obra de teatro sobre la guerra civil, *La Quinta Columna*. La obra incluía otros cuentos publicados con anterioridad y dos de los mejores relatos de Hemingway: *Las nieves del Kilimanjaro* y *La breve vida feliz de Francis Macomber*, frutos ambos de los recuerdos, impresiones y experiencias cosechadas por el autor durante su cacería en África. Una vez más, Hemingway trataba en estas historias el tema de la corrupción del escritor americano y el tema del valor y la cobardía, respectivamente.

En un primer momento, pensó descansar y pasar el verano con su familia en Montana, escribiendo y dedicándose a sus deportes favoritos. Pero las noticias de España eran cada vez más alarmantes: no se esperaba llegar al invierno. Vía París, regresa a España a finales de agosto. Iba a ser su quinto y último viaje desde el comienzo de la guerra civil.

La decisiva batalla del Ebro había comenzado ya. No había nada que hacer. Los fascistas avanzaban hacia el Ebro bajo el fuego de su artillería y el vuelo de sus aviones. La guerra estaba perdida para los republicanos. Los días eran grises, con nubes bajas. Los carros de los refugiados abarrotados de cacharros, mujeres y niños, se apretujaban a lo largo de las carreteras agrietadas y horadadas por el obús. Los soldados, mojados por el barro y el sudor, avanzaban silenciosos entre la muchedumbre. Era domingo de Pascua. Hemingway se acercó a un viejo. En la mirada de este se reflejaba el sufrimiento y el desencanto. Era un vencido, como él. Ernest se apoyó a su lado, al borde de un puente, y charló con el abuelo. Sin familia, sin parientes, solo, en su solitario éxodo se había visto obligado a abandonar su gato, dos cabras y sus queridos pichones, y ahora no podía olvidarse de ellos; ¿qué suerte correrían en manos de los fascistas?, pensaba ingenuamente. Por curiosidad o quizá por costumbre Ernest quiso saber algo más, tal vez la verdad. Y lo supo: supo la verdad humana de aquella guerra cruel.

«—¿Cuál es su posición política? –preguntó al viejo.

»—No tengo posición política –contestó–. Tengo setenta y seis años. He caminado doce kilómetros hasta ahora y creo que no puedo avanzar más» (*Un viejo en el puente*).

Después de la retirada desastrosa del Ebro y de los reveses del frente catalán, viendo perdida la guerra para la causa de la libertad, decepcionado y triste, Hemingway abandonó España en noviembre de 1938. La suerte estaba echada.

—Entonces –diría apesadumbrado– Goya no estaba en el Museo del Prado, estaba en la calle, en los campos, en las carreteras de España...

Atrás quedaban tres largos años de sangre. Tres años durante los cuales valientes y cobardes, voluntarios y desertores, verdugos y víctimas, tanto de un bando como de otro, habían dado al mundo una terrible lección de lo que era el arte de matar y el arte de morir.

Aquella mañana triste de noviembre, Ernest se sintió morir al cruzar la frontera. Como los personajes de sus novelas y cuentos estaba herido en lo más hondo. Y la herida moral abierta, sangrante, le atormentaría ya para siempre... el amargo sabor de la derrota. Había vivido la guerra como una auténtica tragedia humana, atormentado por las dudas, con otra guerra por dentro, en sí mismo. Y, ahora, ¿cómo vivir con tal herida?

«—Yo nunca he chaqueteado, José Luis.

»—Ya lo sé, hombre.

»—Quiero decirte que yo siempre he estado donde creí que debía estar.

»—Ya lo sé, hombre.

»—Si alguien pudiera decirme que yo he traicionado el ideal, tendría derecho a escupirme y yo no me defendería.

»—Te entiendo, Ernest.

»—Yo soy el primer vencido.

»—Lo sé.

»—Tú me conoces bien y sabes que soy incapaz de jurar en vano.

»—Yo sé que tú siempre has querido ser honrado y lo has sido.

»—Pues yo te juro que esta guerra no se perdió ni por un átomo siquiera de mi voluntad.

»—Te entiendo perfectamente.

»—La guerra se perdió... –y comenzaba a soltar venablos y tacos. Luego, al rato, se quedaba caviloso, abstraído y añadía: Yo seré siempre el mismo.

»—Luego exclama desolado:

»—La gran putada de no haber muerto de verdad entonces, en aquella retirada...» (*Hemingway, entre la vida y la muerte*).

CAPÍTULO DECIMOCTAVO

En marzo de 1939 Hemingway comenzó a escribir en su retiro de Cuba una novela en la que daba forma a sus impresiones, ideas y sentimientos sobre la guerra civil española, Por quien doblan las campanas. En el fondo, esperaba liberarse de la tensión que le corroía desde entonces, de la sensación de culpabilidad, escribiendo sobre ello.

—Todo proceso de creación artística –afirmaba convencido– es una terapia para el autor... «Una vez escrito, todo se pasa».

En medio del miedo de la desbandada final y de la pesadumbre del exilio forzado, cuando la polvareda levantada por la contienda empezaba a sedimentarse en el breve remanso anterior a la segunda guerra mundial, Hemingway quiso trasladar a las páginas de aquella novela su experiencia vivida de la tragedia española. La guerra civil había sido para él un drama esencialmente humano, precisamente, porque no era un escritor político. Personalmente, se sentía incapaz de afiliarse por completo a una idea o ideología. En su confusión y dudas interiores aspiraba a tener un credo, pero, en la realidad, desconfiaba de todos ellos. Aquella guerra le había revelado los errores de la revolución y la «traición» que las potencias extranjeras, tanto las demócratas como las totalitarias, habían cometido con el pueblo español.

«—Menuda cerdada hicieron aquí los comunistas... Sin embargo, no creas tú que la guerra se perdió tan solo por la intervención de Rusia y los comunistas. Hubo también... Tuvieron también la culpa otros, comenzando por mi propio país. La gente de mi país cuando se ponen a hacer guarradas son insoportables... Eso de que Rusia alienta el mismo ardor quijotesco que España es una broma: pero mucho más risible es creer que mi país está salvando al mundo» (*Hemingway, entre la vida y la muerte*).

Sensible al dolor y al padecimiento humano, y a la injusticia cometida con una gente a la que quería, Hemingway se intentó colocar, desde el principio, por encima de las ideologías, consignas y partidos. Desde la aventura de un personaje ficticio –clara confesión de sí mismo–, Robert Jordan, Ernest quiso escribir un apasionado documento sobre España, denunciando la injusticia, la tiranía, la insolidaridad, y todo lo que fue error injustificable en aquella guerra civil, a la vez que un mensaje, un grito al futuro, a la esperanza, a la humanidad...

«—¿Qué obra has hecho con más ilusión y con más sacrificio?

»—Creo que *Por quién doblan las campanas.* Ahí quise poner algo más que el alarido momentáneo de un choque personal con la vida. La hice deprisa, pero también con mucha paciencia. No es una novela para recrearse, sino que es un testimonio» (*Hemingway, entre la vida y la muerte*).

Testimonio, cántico del ideal, grito de individualismo o anhelo de justicia y de verdad, la novela era un desbordamiento subjetivo y romántico del autor, un intento de profundizar en la verdad trágica de España, en su verdad de España, al mismo tiempo que en su verdad personal e íntima. Hemingway se acercaba al tema difícil y comprometido de la guerra española con esa mezcla tan suya de candidez, exotismo y sentimientos románticos, clave de su talento y de su arte, desde su apasionado amor por España, su odio al fascismo y al comunismo, su afán iconoclasta para todo convencionalismo, toda hipocresía y todo fraude, y su defensa de un ideal más justo y humano para la sociedad. Con una rabia y un amor que ningún español podría superar, Ernest denunciaba en aquellas páginas todo lo que había visto y sufrido en nuestra guerra. Y al leer su desahogo a través de estas palabras de Jordan, nos parece estar oyendo a Unamuno, Valle Inclán, Pío Baroja, Bartolomé de las Casas...

«Son la flor y la nata de la hidalguía española. ¡Qué gente! ¡Qué hijos de puta, desde Cortés, Pizarro, Menéndez de Ávila, hasta Líster y Pablo! ¡Y qué maravilloso! No los hay en el mundo mejores. Ni peores. Ni más bondadosos ni más crueles. ¿Quién es capaz de entenderlos? Yo no, porque si lo hiciera, perdería todo. Comprender es perdonar. Eso no es cierto. Se ha exagerado acerca del perdón. El perdón es una virtud cristiana y España no ha sido nunca una nación cristiana...

»España ha tenido su ídolo especial dentro de la Iglesia, «otra Virgen más». Supongo que ello se debió a que tenían que descubrir las vírgenes de sus enemigos. Seguramente lo sentían profundamente todos los españoles fanáticos, es decir, todos los españoles. El pueblo ha crecido lejos de la Iglesia, porque esta se hallaba en el Gobierno y el Gobierno ha sido siempre podrido. Este es el único país al que jamás llegó la Reforma. Y están pagando ahora bien por la Inquisición...» (*Por quién doblan las campanas*).

Hemingway conocía bien España. Conocía «por dentro» al terreno y a la gente. Amaba al país y al pueblo. Era un «aficionado» a las corridas de toros. Y había compartido, hombro con hombro, los sufrimientos, la muerte y la destrucción de nuestra guerra. Si no, no se puede escribir así.

Decidido ya a establecerse definitivamente en Cuba, Hemingway había adquirido en las afueras de La Habana, en el pequeño puerto pesquero de San Francisco de Paula, una hermosa finca llamada «La Vigía». El gran edificio de cuatro pisos, rodeado de prados y jardines con palmeras, tenía un enorme salón, de más de veinte metros de largo, decorado con los trofeos de caza conseguidos en las cacerías, que presidió la mansión. Un campo de tenis y una piscina ofrecían al famoso y rico escritor la oportunidad de mantenerse en forma. El bienestar de los propietarios estaba confiado a un equipo de empleados: jardinero, cocinero, criadas y chófer. Y huéspedes permanentes y privilegiados eran los animales: gatos, perros, palomas... El «Pilar», anclado en el puerto, siempre se encontraba listo para hacerse a la mar. Y si Ernest quería sentarse a su mesa de trabajo y seguir con su novela sobre la guerra civil española, encontraba reposo y aislamiento en un espacioso estudio instalado en una torre.

En junio de 1940 concluía su obra-testimonio, *Por quién doblan las campanas,* tras dieciocho meses de intenso trabajo, y la enviaba a sus editores Scribner's Sons de Nueva York. Nada más recibir el original, Perkins abrió la carpeta que lo contenía y comenzó a leer:

«Tomado del sermón *Duelo de la muerte* que pronunció Donne (John Donne, orador religioso y aventurero renacentista) el 3 de abril de 1625 ante Carlos I:

"Ningún hombre es en sí equiparable a una Isla; todo hombre es un pedazo de Continente; una parte en Tierra Firme; si el Mar llevara lejos un Terrón, Europa perdería como si fuera un Promontorio... como si llevaran una Casa Solariega de tus amigos o la tuya propia. La Muerte de cualquier hombre me disminuye, porque soy una parte de la Humanidad. Por eso no quieras saber nunca por quién doblan las campanas: ¡están doblando por ti...!"».

Cuatro meses después, Scribner's lanzaba una primera edición de 75.000 ejemplares. En diciembre se habían vendido ya 200.000, y un año después la cifra alcanzaba el millón. Era un éxito sin precedentes a nivel popular y monetario, y la coronación de la obra literaria del autor. Ese mismo otoño La Paramount solicitaba los correspondientes derechos de adaptación para el cine, ofreciendo a Hemingway la sustanciosa cifra de 150.000 dólares. El escritor aceptó a Sam Wood como director de la película, pero impuso como condición que los protagonistas estuvieran encarnados por su gran amigo personal, Gary Cooper, y la actriz Ingrid Bergman. La popularidad posterior del *film* aseguraría a la novela una difusión extraordinaria.

Por quién doblan las campanas tenía un «aire» claramente cinematográfico y una serie de aspectos muy favorables para su adaptación al séptimo arte. En primer lugar, era perceptible la influencia de las fábulas de vaqueros –siempre manifiestas aún en la mejor novela americana–, reflejada en la obligada necesidad de hazañear al héroe y de castigar con dureza al enemigo. El protagonista, Robert Jordan, era un héroe a la medida de Hemingway y, por tanto, con gancho: aventurero típico, con gran capacidad para el sacrificio, la generosidad y el ideal, con una fuerte moral justiciera y víctima de un sentimentalismo complicado y juvenil. Autor y protagonista coincidían, a su vez, en el goce momentáneo de la vida y en la entrega al sacrificio personal como únicos intereses de la vida y de la obra artística. La asociación que el héroe hace, en un momento de reflexión, con la muerte cobarde de su padre, hacia al personaje entrañable y moralmente hemingwayano. En tercer lugar, la música de fondo de la novela era la «pasión española» –con toda esa mezcla de furia, fatalismo y excepticismo que la caracteriza–, reflejada en los tipos pintorescos de la guerrilla republicana en la que lucha el héroe: elemento pues de gran exotismo para un público mayoritariamente norteamericano al que iba dirigido el *film*. Por último, el amor –un amor cinematográfico, raudo, convencional y estudiadamente carnal– era el imprescindible y romántico elemento de salvación para los dos protagonistas...

Como era de esperar la crítica especializada tuvo sus más y sus menos con respecto a la novela y, sobre todo, al autor. Y no digamos los grupos políticos de uno y otro signo. La política había sido incorporada en forma dramática a una obra de ficción, pero Hemingway había ido más allá, pues los valores morales de la novela trascendían los partidismos políticos.

—La misión del artista –había repetido en muchas ocasiones– no consiste en juzgar sino en entender.

Y en aquel libro Ernest intentaba entender, aunque siempre con la decisión de mantener ese «equilibrio» sin el cual el arte podía degenerar en propaganda.

El libro fue duramente criticado por las izquierdas y por las derechas. Los comunistas protestaron por la clara exposición que allí se hacía de la ineptitud y confusión que imperaban en el bando republicano, y por los crueles episodios en los que, fiel sobre todo a la verdad, el autor describía la barbarie irracional de un grupo de «combatientes de la libertad».

—A pesar de sí mismo –afirmó uno de sus portavoces–, Hemingway es un fascista.

Las derechas, por su parte, ironizaron acerca de la adhesión de un «extranjero soñador» –el protagonista– a la causa de la revolución, y terminaron por acusar a Ernest de stalinismo, sin tomar en cuenta que este en ningún momento había dejado de profesar la verdad, su verdad.

Hemingway no falseó ni tergiversó nada conscientemente en la novela, no iba con su carácter ni con sus ideas. Falta exactitud y peca de subjetivismo, defectos ambos muy típicos de él, pero lo compensa todo con un sentimiento romántico de gran belleza. Su error más grave es quizá la localización. Los relatos pueden haber sido verídicos, y su costumbre de utilizar siempre hechos reales lo atestiguaría, pero es casi seguro que sucedieron en otra geografía: no fueron precisamente los pueblos castellanos –la acción transcurre en la Sierra de Guadarrama, cercana a Madrid– los que dieron prueba de las venganzas y odios más feroces, como los que se describen en la obra; tales acciones serían, en realidad, más propias de zonas tan conflictivas como Asturias, Extremadura, Andalucía o Levante. Sin embargo, también es cierto que muchas veces el mayor realismo –ideal de Hemingway– puede ser enemigo de la verosimilitud. Y algo de esto le ocurre a *Por quién doblan las campanas.*

Poco tiempo después de la publicación de la novela, en el mes de noviembre, se produjo el segundo divorcio de nuestro protagonista. Pauline, aduciendo el abandono de hogar, conseguía la separación definitiva. Solo años más tarde, Ernest comprendería el error que había cometido, y recordaría a Pauline como «la mejor mujer que un hombre pudo desear». Dos semanas más tarde se casaba con Martha Gellhorn, su compañera y colaboradora desde la guerra española. Es curioso señalar el hecho de que ninguna de las esposas de Hemingway –y aquí incluyo a Mary Waish, su cuarta mujer– respondieran al tipo femenino que el escritor describía o idealizaba en sus novelas. Ninguna de ellas fue una Lady Brett o una María, todo lo contrario. En realidad, siempre elegía un tipo de mujer intelectual, muy dotada para su oficio –menos Hadley, todas periodistas y corresponsales– y con una personalidad muy acusada y nada fácil. Cuando Hemingway se separaba de una mujer, lo que hacía, en el fondo, era casarse con otra que era casi un reflejo de la anterior en muchos aspectos.

En la primavera de 1941, Ernest y su nueva compañera de aventuras, Martha, emprendieron un largo viaje de varios meses por Oriente. Cansados de la tranquilidad tropical de la isla de Cuba, ambos como corresponsales de guerra, recorrieron Indochina, China y Filipinas. Y cuando en el mes de octubre el presidente Roosevelt pidió autorización al Senado para armar a los barcos mercantes, a Hemingway –ya de vuelta en «La Vigía"– le faltó tiempo para concebir la idea de armar su balandro «Pilar» y dedicarse a la caza de submarinos alemanes. No podía quedarse al margen de la lucha que su país podía iniciar de un momento a otro contra el fascismo.

Inmediatamente después de la entrada de los Estados Unidos en el conflicto armado –en el mes de diciembre, la escuadra japonesa atacó Pearl Harbour y Estados Unidos declaró la guerra a las potencias fascistas–, Hemingway ofreció voluntariamente sus servicios y su barco. Su plan, aceptado luego después por el embajador norteamericano en Cuba, consistía en dotar a la embarcación de una instalación de radio, armamento y explosivos, y servir de cebo a los submarinos enemigos. En caso de que el barco fuera capturado, Hemingway se comprometía a entregarlo aparentemente, para después hacerlo volar junto al submarino. Durante dos años (1942 y 1943), y con una aguerrida tripulación de nueve hombres, Ernest navegó por las aguas de las costas cubanas y el Caribe. El «proyecto suicida» no llegó a ponerse en práctica, porque desgraciada o afortunadamente no se encontraron frente a frente con ningún sumergible alemán. La tripulación del «Pilar» sin embargo, consiguió algunas veces avistar submarinos enemigos que, gracias a ello, pudieron ser hundidos.

En mayo de 1944, con el cargo de jefe de corresponsales de la revista *Collier's,* Hemingway puso rumbo hacia Londres. Habían llegado noticias de que allí se estaba preparando la invasión de Europa –Normandía– por el ejército aliado, y nuestro protagonista quería estar al pie del cañón. A poco de llegar sufrió un nuevo accidente de automóvil –57 puntos de sutura en la cabeza– durante un bombardeo alemán y la prensa mundial le dio por muerto. Aquello era un contratiempo inesperado con todo lo que estaba ocurriendo a su alrededor. Aburrido del hospital, con las heridas aún no curadas, Ernest escapó por una escalera de servicio, para asistir a un vuelo de reconocimiento sobre las líneas enemigas en Francia como corresponsal agregado de la Real Fuerza Aérea británica. Tiempo después se hizo quitar precipitadamente los puntos. Así no podía desembarcar en Normandía. El 5 de junio se embarcaba con la IV División de Infantería norteamericana –pues había conseguido que le nombraran también corresponsal agregado de la división–, a las órdenes del general R. O. Baston, para tomar parte en el establecimiento de una cabeza de puente en Normandía. Una vez metido de lleno en la ofensiva, Hemingway se cansó muy pronto de su condición pasiva de corresponsal y tomó parte activa en las operaciones. Su división tuvo que sostener durísimos enfrentamientos con la resistencia alemana; hubo una ocasión en que en dieciocho días perdieron más de los dos tercios de sus hombres, entre oficiales y tropas. Ya por entonces, se había hecho acreedor de un gran respeto entre los soldados por su sangre fría, su valor, y su mayor experiencia y conocimientos tácticos. Era un veterano de tres guerras.

Siempre en los lugares más avanzados y peligrosos, mientras la vanguardia de las tropas americanas estaba aún en el pueblecito de Rambouillet, al suroeste de París, y las tropas de «franceses libres» del General Leclerc se pertrechaban para iniciar la última ofensiva para liberar la capital, Ernest había avanzado por su cuenta cerca de noventa kilómetros en territorio ocupado. En tales circunstancias, su espíritu aventurero iba a improvisar una aventura *made by* Hemingway. Al mando de un pequeño grupo de patriotas franceses, que aceptaron gustosos a aquel gigante americano de barba entrecana, comenzó por instalar su cuartel general en una casa de campo, para desde allí enviar patrullas que expiaran y hostigaran a los alemanes en retirada. Cuando el ejército de Leclerc alcanzó sus posiciones, Hemingway pudo presentar los valiosos resultados de sus exploraciones y ofrecer su «ejército»

–que entretanto había aumentado hasta 200 hombres– al militar francés. Poco después, al ser detenido Leclerc por los alemanes en la orilla sur del Sena, la tropa del americano rodeaba la posición enemigo y entraba en París antes que el general. Ya en la ciudad, libró con sus hombres un pequeño combate en las calles y se apoderó del Hotel Ritz. Ni corto ni perezoso, Hemingway inmediatamente se instaló allí.

Como puede comprenderse, la irritación «patriótica» del General francés estalló nada más enterarse de que un corresponsal americano con un grupo de partisanos habían liberado París. El mando del Ejército decretó una investigación y se abrió expediente disciplinario: existía la sospecha –le comunicaron– de que había contravenido la Convención de Ginebra, que prohibía el uso de las armas a los corresponsales de prensa y participar en las operaciones.

Mientras la investigación sobre su irregular conducta seguía su curso, Ernest inicia un nuevo idilio, esta vez con la periodista inglesa, corresponsal de guerra del *Time* neoyorkino, Mary Walsh. En París, Mary se hospeda en el Ritz, cuartel general y lugar de reunión de escritores, artistas y corresponsales amigos y conocidos del escritor, y se ven muy a menudo. Hemingway está por entonces de nuevo solo. Sus relaciones con Martha han llegado a un callejón sin salida. Cada uno, más atento a su corresponsalía y a su trabajo que a su matrimonio, no se hacen apenas caso y cuando están juntos los reproches son constantes. De alguna manera, Hemingway había ido a las mujeres igual que había ido a las guerras, a las cacerías o a la aventura: buscando el sentido de la vida. Pero al igual que de las guerras y de su vida de aventura no había sacado de las mujeres más que decepción. En París, aquel hombre grandón pero tímido y desamparado como un niño, siempre mirando hacia dentro de sí mismo, se sentía deprimido y escéptico, triste, desengañado del amor. En tan difíciles circunstancias iba a aparecer Mary, inteligente, elegante, con un personalísimo aire juvenil, un sentido del humor muy inglés, algo desgarrado y, sobre todo, con unas gotas de ternura bien administradas siempre a mano. Aquella mujer le entiende –piensa Ernest–, todo lo toma con inteligencia y humor, es solícita y le gusta cuidarle; ¡qué más se puede desear! Mary capta en seguida la fragilidad sentimental de nuestro protagonista, sus nervios siempre en tensión, su espíritu profundamente herido. Ernest es un hombre muy difícil, pero aquella mujer tiene una extraña habilidad para entenderle y soportarle como no lo ha tenido ninguna otra: quizá, al final, había encontrado la compañera que siempre necesitó.

Poco después, la diligencias sobre su conducta tocaron a su fin. Sin embargo, la posibilidad de un Consejo de Guerra siguió pendiendo sobre su cabeza. Llegado el momento, sus hombres declararon unánimemente su inocencia: él no había llevado nunca armas, aunque si había intervenido en las operaciones militares. El juicio se suspendió. Meses después, vuelto Hemingway a su retiro en «Finca Vigía», el coronel Edgar E. Glenn, en presencia del consejero de embajada de los Estados Unidos en Cuba, L. D. Mallory, le imponía la medalla del mérito y la estrella de bronce como recompensa a sus valiosos servicios.

Los cuatro años siguientes iban a constituir para Hemingway un periodo de descanso tras el agitado periodo de la Segunda Guerra mundial en su casa en la Habana, dedicados casi íntegramente a sus dos grandes pasiones: escribir y pescar. Divorciado ya de Martha, contrajo nuevo matrimonio con Mary en marzo de 1946. La vida de la nueva pareja fue por entonces bastante retirada. En su amplio despacho, rodeado de libros y de los trofeos de caza cobrados por todo el mundo, Ernest trabajaba con tesón desde las primeras horas del alba hasta el mediodía. Tenía la curiosa costumbre de escribir a menudo de pie así como la de escribir las descripciones a lápiz, y los diálogos a máquina. Por la tarde, gustaba dar largos paseos por el jardín de «La Vigía», o escuchar los discos de su amiga Marlene Dietrich, y ver las diapositivas de sus viajes. Al anochecer, solía asistir a los combates de boxeo y a las peleas de gallos... Pero comienza a sentir nostalgia de Europa. La tranquilidad de Cuba ya no le satisface. No puede resistir más tanta calma chicha. Y a últimos de 1948 lanzó una mirada a través de la ventana de su refugio. Tenía nuevos planes. Italia le esperaba envuelta en recuerdos de juventud...

CAPÍTULO DECIMONOVENO

Invierno de 1949, la nieve cubre el hermoso pueblecito alpino de Cortina d'Ampezzo, y hace días que el matrimonio Hemingway esquía en sus largas pistas. Enfundados en sus gruesos jerseys de punto y calzados los esquíes, Ernest y Mary se deslizan alegremente por una rugosa ladera. El sol brilla en lo alto de la cumbre blanca. En un viraje mal medido, Mary cae aparatosamente. El resorte especial que sujeta el esquí al pie no salta al producirse la caída, y se fractura el pie.

—¡Qué mala suerte, Ernest! –dijo Mary–. Con lo bien que lo estábamos pasando.

—No te preocupes mujer –contestó sonriente su marido–. Mira tú por donde, conozco un sitio ideal para que te repongas. Un lugar maravilloso...

—¿Cuál? ¡No me tengas sobre ascuas! ¡Dímelo, anda!

—Venecia... –susurró Hemingway.

La basílica de San Marcos, la Piazzetta, el Campanile, el palacio de los dux, el puente de los Suspiros, los canales surcados por barcas, vaporcitos y góndolas, diminutas plazuelas, estrechas callejas... allí iban a permanecer toda la primavera, mientras Mary se reponía de su accidente. Ernest comenzó por entonces a escribir una novela, *Al otro lado del río y entre los árboles.* Hacía diez largos años que no emprendía una labor tan extensa, quizá por cansancio, quizá porque su fuerza creadora no había vuelto a despertar hasta ahora, ante la insólita belleza de los canales y los palacios venecianos, o quizá porque solo en Europa encontraba la inspiración necesaria. El recuerdo de la Segunda Guerra flotaba aún en su mente... Un ataque imposible contra el Bosque Hürtgen, guarnecido por tropas alemanas alertadas, durante dieciocho largos días, una carnicería sin sentido de la que logró sobrevivir...

«Fue como en Passchendale, con los árboles estallando, y todos los hombres de reserva del regimiento resultaron muertos, y los demás, casi todos heridos. Y todos los heridos, fueron heridos para toda la vida...» (*Al otro lado del río* y *entre los árboles*).

La novela nos habla de una muerte en Venecia. La muerte inevitable, amenaza solapada en la hipertensión y en un corazón cansado, de un maduro oficial de infantería americano. Nostálgica evocación de Venecia, el aire del invierno acaricia los puentes, artificios de madera y metal que se arquean sobre los canales venecianos, mientras un hombre, el coronel Cantwell, se enfrenta a la muerte impávido, con pleno dominio de sí mismo y de la situación. Allí, en aquella ciudad, querida y vieja, llena de recuerdos y momentos felices, hallará «su último amor, único y verdadero» en una *contessina* veneciana que le conforta en sus últimos momentos, después de su viaje a través del río y de las interminables sombras de los árboles de la vida.

La novela era en el fondo un bello e irregular poema en prosa, cuajado de simbolismos, que nos acercaba a un más íntimo contacto con la personalidad del propio autor y, precisamente por eso, la obra pecaba de estar sobrecargada con el peso de las observaciones personales de Hemingway. En aquellas páginas había más drama propio que fantasmas de su imaginación. ¡Tanto darle vueltas a esa cosa de morir!

Sin embargo, cuando en 1950 se publicó la obra, los críticos no se anduvieron con tantas sutilezas y profundidades, y la recibieron muy mal. La nueva producción de Heminway –afirmaron–, comparada con las anteriores, resultaba sin duda un fracaso. Una vez más, con Hemingway se confirmaba un rasgo esencial de la literatura americana: incluso sus escritores mejor dotados perdían su fuerza creadora en años relativamente jóvenes. La fama, la riqueza el agitado ambiente americano los corrompía. Para terminarlo de arreglar, hubo críticos que intentaron parangonar la historia del coronel americano y de su último amor con la famosa novela de Thomas Mann, *Muerte en Venecia*. Y, como puede suponerse, la comparación no fue muy favorable para nuestro autor. La crítica no captó lo que en *Al otro lado del río y entre los árboles* habla de liberación de la amargura ante la muerte, sino que se centró en detalles quizá accesorios y superficiales, pero dignos de censura. En conjunto la obra resultaba decepcionantemente desigual.

Tras el fracaso, durante un tiempo se hizo el silencio en torno a Hemingway. Pero él seguía escribiendo en La Habana con su fanático y sincero afán de perfección artística. No estaba acabado como decían muchos y lo iba a demostrar. En la soledad de su retiro de «La Vigía», Ernest era ya un viejo escritor de barba blanca, experto en la lucha cotidiana con el difícil material de la literatura y de la vida. Sabía que ahora era el momento de no pensar más que en una cosa. Para esto había nacido. Porque nunca había escrito tan abierta y sinceramente de sí mismo como en aquella novela que tenía entre las manos. Había tenido que esperar muchos años para sentirse capaz de convertir aquel artículo de doscientas palabras escrito en 1936 en una historia: su historia. La novela de un viejo abandonado de la suerte, la novela de la lucha del hombre por la vida, de la lucha del artista por su arte.

«El viejo era flaco y desvaído, y tenía profundas arrugas en la parte posterior del cuello. Las manchas marrones del cáncer de piel benigno que el sol produce por su reflexión sobre el mar tropical, estaban sobre sus mejillas. Las manchas se esparcían por los lados de su cara y sus manos tenían las cicatrices profundas de manipular peces pesados con las cuerdas. Pero ninguna de esas cicatrices era fresca. Eran tan viejas como erosiones en un desierto sin pescado.

»Todo en él era viejo salvo sus ojos, que tenían el mismo color del mar y se veían alegres e invencibles» (*El viejo y el mar*).

Como el viejo pescador de su novela, Ernest se echó de nuevo a la mar de la literatura sabiendo que no tenía suerte, con el sabor del fracaso en los labios, pero con la inquebrantable esperanza de alcanzar su presa algún día...

«...¿quién sabe? Tal vez hoy. Cada día es un día nuevo. Es mejor tener suerte, pero yo prefiero ser exacto. Así, cuando llegue la suerte, estaré dispuesto».

Poco a poco, página a página, va lanzando con precisión sus anzuelos –su prosa sencilla, directa e intensa; su lenguaje de una plasticidad y musicalidad extraordinarias; su poesía lúcida, casi pictórica; el simbolismo alcanzado y experimentado en sus obras anteriores; etc.– cuidadosamente calados a varias profundidades, navegando por el golfo de la «alegoría» hasta encontrar su gran pez: la obra maestra. El pescador-escritor respeta al pez gigante, respeta su valentía y su coraje, pero está resuelto a dominarlo.

«...cogió todo su dolor y lo que quedaba de su fuerza y de su orgullo que había perdido hacía mucho tiempo y lo enfrentó a la agonía del pez».

Después de sus fallos anteriores, el pescador-escritor siente crecer su confianza al comprobar que está «aprendiendo a hacerlo»: su escritura fluye lenta y dolorosa de sus manos encallecidas y sangrantes... las gotas de agua se desprenden del tenso sedal que le une a la presa.

El desaliento, el cansancio y la duda le atacan como voraces tiburones, tratando de destruir la belleza y la perfección de la presa artística, y lucha contra ellos hasta desfallecer.

«Les demostraré lo que puede hacer un hombre y lo que un hombre resiste».

Quebrantado físicamente, pero con el espíritu limpio y sereno, el escritor llega a la costa de su novela. Las últimas palabras de su personaje encierran una alegoría de toda su existencia como hombre y como escritor:

«Pero el hombre no está hecho para la derrota –dijo Santiago–. Un hombre puede ser destruido, pero no derrotado».

En el número 8, septiembre de 1952, de la revista *Life* aparecieron las primeras páginas de *El viejo y el mar*. Desde el primer momento el éxito de lectores y de crítica fue enorme.

Hemingway no estaba acabado, todo lo contrario. Aquella hermosa parábola de la lucha entre un hombre y un pez demostraba que su fuerza creadora seguía aún latente y que el escritor no había renunciado en absoluto a la elevada integridad artística de que siempre había hecho gala.

A principios de 1953 falleció Pauline. La muerte de su ex esposa causó una gran depresión en el ánimo de Ernest. De pronto comprendió que le importaba más vivir que escribir. La vida comenzaba a pasarle la factura. A pasos agigantados perdía la agilidad y las energías que siempre le habían caracterizado. Y en su memoria comenzaban a aflorar aquellos años pasados, plenos de experiencias. Interiormente se esforzó por revivir lo mejor de sus recuerdos. Últimamente estaba más preocupado por su salud, cada vez más quebrantada. La proximidad del mar no era precisamente lo más conveniente –pensó–; lugares a suficiente altitud sobre el nivel del mar como los Alpes, la meseta de Navarra o las tierras montañosas de África, era lo que necesitaba, y, según confesó a sus amigos, su intención era viajar para serenarse y poder leer y estudiar lo que creyese conveniente. Tenía tiempo y dinero, ¿qué más quería? En el fondo, en su corazón, estaba el recuerdo de las inolvidables jornadas de 1931 pasadas junto a Pauline: primero España, luego África.

En julio de ese mismo año, Ernest y Mary cruzaron la frontera de España, rompiendo así el hielo de una dolorosa ausencia de quince largos años. Años atrás, camino del exilio, se había prometido a sí mismo, orgulloso, que no volvería a España mientras hubiera algún amigo suyo en la cárcel. Ahora ya no quedaba ninguno en aquella situación. Sin embargo, la duda de cumplir lo prometido siempre había rondado su cabeza:

«—Nunca esperé volver al país que amaba más que a cualquier otro, después del mío».

Y pudo volver sin bajar la cabeza. Todo era «demasiado bello». Lo primero que quiso hacer fue volver a recorrer los viejos lugares escondidos y entrañables en su memoria. Para la semana de San Fermín ya andaba Hemingway por Pamplona, dando apretones de manos y saludando a los viejos amigos pamplonicas, y recorriendo las bodegas y tabernas de antaño como cuando era muchacho.

«El vino era tan bueno como cuando uno tenía veintiún años; la comida tan maravillosa como siempre. Se cantaban las mismas canciones, y algunas nuevas, buenas, que surgían de pronto y luego repetían los tamboriles y las gaitas» (*El verano sangriento*).

Volvió a pescar truchas en su rincón del Irati, se organizaron excursiones campestres a los bosques próximos, y, sobre todo, vio torear de nuevo, y los encierros, y la plaza de toros abarrotada, y el cohete, y las campanadas...

Y vio torear por primera vez a Antonio Ordóñez.

—¿Quién es ese muchacho? –preguntó a Juanito Quintana, su eterno mentor taurino.

—Es Antonio Ordóñez, el hijo de Cayetano, «El Niño de la Palma» –contestó el viejo amigo–. Tu ídolo de entonces.

«Pude darme cuenta enseguida de que era extraordinario –escribió Ernest–. Viendo a Antonio con el toro noté que reunía todas las condiciones del padre en su mejor época».

De la mano siempre de Juanito, Hemingway pudo conocer personalmente al diestro y saludarlo en su habitación del Hotel Yoldi.

«Lo primero que observé –recordaría tiempo después– fueron sus ojos, los ojos más oscuros, brillantes y alegres que nadie haya visto jamás... Y su mueca socarrona de golfillo».

Hemingway era iconoclasta en todo menos en la amistad de los que él quería y elegía por amigos, y aquel muchacho natural, espontáneo y alegre le cautivó desde el primer momento. Era un «torero», un héroe. Y pronto en su corazón lo convertiría no solo en su amigo, sino también en su afecto, su pasión y su sueño. Antonio Ordóñez iba a ser para el viejo y cansado escritor un mito viviente, su última ilusión...

Tras una fugaz visita a París, el matrimonio tomaba un barco en Marsella rumbo a Mombasa en la primera semana de agosto. La perspectiva de cazar durante unos meses le hizo sentirse rejuvenecer nada más pisar tierra africana. A finales de mes ya estaban equipados para un largo safari, que se iniciaría a orillas de un río seco en Salengai.

Durante cerca de un mes la expedición rastreó la caza de un lado para otro sin suerte: primero, la región pantanosa de Kimana, más tarde, hacia el sur, el Valle del Rift. Philip Percival, cazador profesional, viejo amigo de la aventura del 31, les invitó a pasar entonces unos días en su casa de Kitanga, como forma de atenuar el fracaso del safari. Aprovechando el nuevo cariz, casi turístico, que tomaba el viaje, Ernest quiso visitar a su hijo Patrick, que vivía en la tierra alta de Tanganiyka central. A principios de noviembre, esta vez a orillas del río Moarali, Hemingway y sus amigos decidieron instalar un campamento y tantear la caza de la zona. Con desigual fortuna fueron pasando los días y cobrándose algunas piezas, hasta que la llegada de las lluvias les obligó a retirarse hacia el norte. A mediados de enero de 1954, viendo que no había posibilidades de cazar, regresaron a Nairobi. Visitar los parques nacionales y las cataratas Victoria fue el siguiente paso; para ello alquilaron una avioneta, un Cessna monomotor de cuatro plazas, y los servicios de un experimentado piloto, Roy Marsh. Sobrevolando la selva hacia el Congo belga, optaron por desviarse hacia el oeste para fotografiar desde el aire las espectaculares cascadas Murchinson, cerca de las fuentes del Nilo Blanco, al noroeste de Uganda. Y fue entonces cuando se produjo el desastre. Antes de llegar a las fuentes, volando muy bajo para facilitar la labor fotográfica, el piloto tuvo que esquivar precipitadamente una gran bandada de ibis, con tan mala fortuna que la cola del avión chocó contra un tendido de telégrafos abandonado. El aparato descendió con excesiva brusquedad y solo la habilidad de Roy Marsh consiguió hacer un aterrizaje forzoso en plena jungla. Sin embargo, el tren de aterrizaje no resistió la violencia del rebote en el suelo y se averió. No podía pensarse en reanudar el vuelo. Mary había perdido el conocimiento y sufría contusiones múltiples, pero estaba ilesa, al igual que el piloto. Ernest se había llevado la peor parte: tenía una pequeña pero profunda herida en la cabeza, luxaciones en un brazo y en una pierna, y golpes por dentro y por fuera de todo el cuerpo. De común acuerdo, decidieron pasar la noche cerca del aparato. Tenían comida, pero el agua había que ir a buscarla al Nilo. A pesar de lo serio de la situación, Hemingway no perdió su buen humor.

«Los elefantes no parecían estar de acuerdo con que fuéramos a buscar agua y, además, en el río había muchos cocodrilos, que producían la impresión muy acentuada de estar malhumorados. Por la noche, un elefante estuvo vagando durante dos horas alrededor de nuestro campamento. A la clara luz de la luna semejaba una montaña ambulante. Parecía escuchar muy interesado los ronquidos de mi mujer.

»Cuando la despertamos, dijo esta:

»—Yo nunca ronco; esto no es más que una manía tuya.

»—Al parecer, también lo es del elefante –le contesté» (*Entrevista de prensa,* citada por Leo Lania).

Al día siguiente del accidente, los aviones de salvamento divisaron los restos del avión, pero no vieron rastro de los supervivientes. Por segunda vez la noticia de la muerte de Hemingway saltaba a las rotativas de los periódicos de todo el mundo. Pero ese mismo día, una lancha motora con turistas que pasaba por un río próximo al lugar del accidente los encontró y los trasladó a Butiaba, en el lago Alberto. Ya anochecido, como se requería mejor tratamiento médico que el que se podía obtener allí, se decidió volar inmediatamente a Entebbe, capital de Uganda. Nada más despegar, el nuevo aparato de dos motores sufrió una explosión y se precipitó sin control, envuelto en llamas, sobre una plantación de pita. El avión inflamado como una bola de fuego, la puerta de salida atascada, todo eran gritos y angustia cuando Ernest, sin mirar sus heridas, arremetió con todas sus fuerzas contra la portezuela abriéndola. Todo fue mucho más grave esta vez: él tenía la cabeza abierta y quemaduras y magulladuras por todas partes, y Mary se había fracturado varias costillas.

No queriendo volver a tentar a una suerte que parece haberles dado definitivamente la espalda, toman un coche para Entebbe. Desde allí, tras rápidas intervenciones de urgencia, es trasladado a Nairobi a finales de enero, para iniciar su recuperación. Poco a poco se va restableciendo. Se mueve, sin embargo, con gran dificultad, y los dolores de cabeza y de espalda son ya sus compañeros inseparables. Mary se convierte por entonces en su enfermera, sobre todo, espiritual. En la costa hay un pequeño puerto, Shimoni, y una playa donde su marido puede pescar y reponerse mejor que en las blancas y frías salas de los hospitales de Nairobi: inmediatamente hace traer el equipaje y el barco de pesca desde Mombasa, y Ernest es trasladado allí. La experiencia es sangrante. Todo su cuerpo es ya una herida, desgarrada y vuelta a coser infinidad de veces. Lleva dentro la muerte...

Morir en la cama, lentamente, como un viejo, envuelto en sudarios y con un ridículo gorrito de dormir. No, él no podía morir en la cama. Además, «un viejo es una cosa asquerosa», y le repugnaba verse a sí mismo así. Por aquellas fechas se declaró un incendio en las afueras de Shimoni y, despreciando lógica y realidad, Ernest se ofreció voluntario para ir a combatirlo. En sus oídos debía retumbar aquella confesión suya:

«No tomaba la vida en serio. La vida de cualquier otro, sí; pero la mía no...».

No era ya un muchacho y no podía moverse como antes, las escasas fuerzas que aún quedaban en su maltrecho cuerpo le abandonaron en un momento determinado; un leve tropezón y se vio rodeado por las llamas.

«El dolor era una de las pocas cosas que siempre había tenido... Se le ocurrió pensar que iba a morir. Llegó la idea con ímpetu: no como un torrente o un huracán, sino como una vaciedad súbitamente repugnante... Lo único que sentía era un gran cansancio y la cólera que provocaba en él que este fuera el fin. Tenía muy poca curiosidad por lo que ocurriría luego. Durante años le había obsesionado, sí, pero ahora no representaba esencialmente nada. Lo raro era la facilidad con que se soportaba la situación estando cansado» (*Hemingway, entre la vida y la muerte*).

Cuando lograron rescatarle, estaba aún con vida. Dolorosas quemaduras se habían superpuesto a las del segundo accidente aéreo.

CAPÍTULO VIGÉSIMO

En el mes de marzo de 1954, aún convaleciente de sus graves heridas, Hemingway regresó a Europa. Bajo el cuidado de viejos amigos médicos inició un periodo de descanso; primero en Venecia, y, luego, en Madrid. En «la capital del mundo», uno de los amigos galenos, el doctor Medinaveitia –por cierto, uno de los pocos médicos a quien nuestro protagonista hacía caso– insistió, nada más hacerle un chequeo, en la necesidad de un severo tratamiento. Sin embargo, Ernest se resistió y difícilmente se sometió al régimen. En el fondo, lo que ocurría era que no se resignaba. Para él la vejez era una derrota manifiesta, y él no quería ser derrotado en vida por eso que llamaban la senectud, convertirse en una piltrafa...

«Todo lo de la salud es siempre una porquería –gruñía encorajinado–: hay que adelgazar; no coma de esto ni de aquello, no beba, y, claro, no joda o joda una vez al año; ojo con las emociones fuertes, y los disgustos; cuidado con los viajes y los desarreglos de toda clase... Claro, y a ponerse en cola con el fardo encima» (*Hemingway, entre la vida y la muerte*).

En España, sin embargo, se sintió otro hombre: «España era tierra para vivir». Durante su estancia en Madrid, todas las mañanas hacía una visita reconfortante al Museo del Prado, para ver a su viejo amigo y maestro Goya. También asistió a las corridas de la feria de San Isidro y de nuevo se introdujo en el mundo taurino: los toros, los toreros. Se sentía rejuvenecer con todo ello.

»—Después de mucho chocar con la vida y la muerte a través de mi existencia los toros son la única cosa seria en la que me ha tocado, más que presenciar, participar».

Sin embargo, pese a los cuidados de sus amigos y a la salud espiritual que parecía recuperar al pisar suelo español, Hemingway no terminaba de recuperar sus fuerzas. Algo le estaba minando por dentro, algo que le perturbaba y que impedía su recuperación definitiva. No había nada que hacer y también ya muy poco que escribir. Se veía ya como un anciano, consumido en vida...

«Lo único malo es tener que estar deseándola. La muerte solo es una cosa mala cuando tarda mucho en llegar y cuando el dolor es tan intenso que lleva hasta la humillación».

A primeros de junio, el matrimonio Hemingway volvió a Italia y allí se embarcó para La Habana. Tal vez en la tranquilidad de «La Vigía» y surcando el mar en el «Pilar», el escritor podría volver a encontrarse a sí mismo. Nada más regresar a San Francisco de Paula, Hemingway se retiró a sus estancias en la finca y comenzó una intensa actividad, escribiendo sus recuerdos africanos y preparando una película documental sobre la tierra africana y sus animales. Trabajaba con desesperación, pero los resultados eran lentos. Sufría frecuentes achaques que le obligaban a descansar muy a menudo. Y el fantasma de la vejez le empezaba a resultar familiar.

El mito de la invulnerabilidad de Hemingway –alimentado desde siempre por la prensa sensacionalista– empezaba a tambalearse. Había estado en dos guerras mundiales, había sobrevivido a multitud de peligros y accidentes a lo largo de su vida, pero ahora era un «jubilado convaleciente» que parecía esperar el fin de sus días en una apacible isla. Era, pues, el momento de empezar a premiarle, de reconocer sus méritos, de retirarle con todos los honores. Además, el último viaje por África, los accidentes, habían servido como caja de resonancia al éxito de crítica y público alcanzado por su libro *El viejo y el mar*. Un año después de la publicación, Ernest había comenzado a cosechar los frutos de la fama: el Premio Pulitzer de Literatura, el Premio Anual de los Libreros Italianos, el Premio Anual de la *American Academy of Arts and Letters,* etc.... Ahora, en 1954, con motivo de su cincuenta y cinco aniversario, el gobierno cubano y el *International Yacht Club* de La Habana, orgullosos de tener a tan famoso huésped en su isla, también decidían sumarse al generalizado reconocimiento a Hemingway condecorándole con la Orden de Carlos Manuel de Céspedes. El 28 de octubre de ese mismo año, la concesión del Premio Nobel situaba definitivamente el nombre de Hemingway en el foco del interés público.

En los considerandos de la Real Academia Sueca se decía:

«El premio se otorgará a Ernest Hemingway en méritos a haber creado con poderosa maestría un nuevo estilo en la literatura moderna, el cual ha tomado cuerpo en su última obra, *El viejo y el mar*».

Nada más conocerse la decisión de la Fundación Nobel, se produjo una violenta controversia en todos los círculos literarios de Europa y América. La mayoría de los ataques apuntaron, como siempre, más bien al hombre que a su obra.

—Las condiciones del Premio Nobel –argumentaron sus detractores– establecen que habrá de ser concedido «a la persona que haya producido la obra más relevante con una tendencia ideológica en el campo de la literatura». ¿Qué tendencia ideológica tiene un autor cuya principal temática es la violencia, el sexo y la muerte?

—Todo eso son consideraciones extraliterarias –declaró el tuerto en el país de los ciegos–, que tienden a desvirtuar la valoración de su obra.

—No es un escritor de verdad –afirmó rotundo un crítico prestigioso–. En los últimos doce años solo ha publicado dos libros, el primero de los cuales era un fracaso, y el segundo tan corto como un cuento. Pasa demasiado tiempo convirtiéndose en una figura de leyenda, en una especie de héroe popular moderno del que los soldados, vagabundos y periodistas relatan anécdotas y aventuras.

—Es cierto que su obra no es tan voluminosa como la de muchos contemporáneos suyos –reconoció otro crítico–. Pero escribe sinceramente lo que sabe desde su propia experiencia; y lo hace con tanta honestidad, tan directamente y tan sin ambages como puede.

—No ha tomado parte activa en las manifestaciones culturales y literarias de su país –acusaron los círculos literarios–. Y su formación literaria deja mucho que desear. Es un aventurero...

—La proyección de su leyenda personal en la prensa internacional, en las memorias de amigos y conocidos, o simplemente en tertulias –defendió un periodista–, se ha interpuesto entre el autor y su obra y altera el juicio de sus logros literarios. Su estilo narrativo, claro, conciso y una visión dinámica le sitúan merecidamente entre los escritores más importantes del siglo XX.

Hemingway seguía siendo uno de los autores más incomprendidos. Los círculos literarios no le perdonaban que no les hubiera dedicado mucho más tiempo y que hubiera tenido la desfachatez de reconocerlo abiertamente, casi con orgullo. Las presiones eran grandes y los administradores de la Fundación Nobel se sintieron obligados a justificar públicamente su designación:

El presidente de la Academia Sueca, a este respecto, hizo una breve disertación en Estocolmo:

«—Puede ser cierto –concedió–, que las primeras obras de Hemingway presentaran aristas violentas, cínicas y duras, en pugna con las exigencias del Premio Nobel para trabajos de tendencia ideológica; pero también tiene un *pathos* heroico que constituye el elemento básico de su concepto de la vida, y una innata admiración por cada individuo que lucha en buena lid en un mundo ensombrecido por la violencia y por la muerte. El valor es su tema central, el comportamiento de quien se somete a la prueba y afronta la cruel frialdad de la existencia, sin por ello renegar de la grandeza y de la generosidad en un instante... Es uno de los grandes escritores de nuestro tiempo; uno de los que, con valiente honestidad, nos revela de una forma genuina las duras circunstancias de la época» (Informe de prensa en *The Times* y *The Scotsman,* 11 de diciembre de 1954).

Poniendo como pretexto las heridas de su accidente africano y su delicado estado de salud en general, Ernest Hemingway no acudió a recoger personalmente el premio a Estocolmo. Estaba aturdido, confuso, no sabía cómo actuar ante la vorágine publicitaria que se había desencadenado sobre su persona. Aborrecía las ceremonias, vestirse de etiqueta y tener que hablar en público, es decir, todo lo que se vería obligado a hacer si acudía a Suecia. Sin embargo, por lógica, tenía al menos que escribir un discurso de aceptación, que sería leído por alguien en su nombre. John Cabot, embajador de los Estados Unidos en Suecia, iba a ser el elegido para esta misión casi diplomática. El contenido del escrito representó otro difícil problema para el tímido y cansado escritor de Illinois, que, tras dar muchas vueltas, redactó esta breve nota, especie de testamento literario del autor:

«Miembros de la Academia Sueca, señores y señoras:

»No teniendo facilidad para los discursos ni habilidad para la oratoria ni dominio de la retórica, deseo agradecer a los administradores de la generosidad de Alfred Nobel por el premio.

»Ningún escritor que sepa de los grandes escritores que no recibieron el premio puede aceptarlo de otra forma que no sea con humildad. No hay necesidad de mencionar a esos escritores. Cada uno de los presentes puede hacer su propia lista según su conocimiento y su conciencia.

»Sería imposible para mí pedirle al embajador de mi país que leyera un discurso en el que un escritor dijera todas las cosas que siente en su corazón. Las cosas pueden no ser inmediatamente discernibles en lo que un hombre escribe, y en esto a veces está su suerte, pero al fin se tornan muy claras, y por estas y por el grado de alquimia que posee perdurará o será olvidado.

»Escribir, en el mejor de los casos, significa una vida solitaria. Las organizaciones para escritores tratan de paliar la soledad del escritor, pero dudo que mejoren su calidad literaria. Crece su estatura pública a medida que abandona su soledad, y a menudo su obra se deteriora. Porque hace su trabajo solo y, si es un escritor bastante bueno, debe enfrentarse a la eternidad, o a la falta de esta, todos los días.

»Para un verdadero escritor, cada libro ha de ser un nuevo principio en su intento de lograr algo que está fuera de su alcance. Siempre ha de intentar una nueva experiencia de algo en lo que los demás fracasaron. A veces, con mucha suerte, se alcanza el éxito.

»Sería muy fácil hacer literatura si bastase con escribir de forma distinta lo ya escrito en grandes obras. Y como en el pasado ha habido tan grandes escritores, el escritor tiene ahora que andar su camino lo más lejos que pueda, más allá de donde nadie pueda ayudarle.

»He hablado demasiado para un escritor. El escritor debería escribir lo que tiene que decir y no decirlo. De nuevo, gracias» (Informes de prensa en *The Times* y *The Scotsman,* 11 de diciembre de 1954).

La enorme publicidad que se desencadenó sobre su figura a partir del Nobel, contribuyó a acentuar sus crisis de depresión y su estado de irritabilidad. La fama empezaba muy pronto a pasarle su tarjeta de visita. Los curiosos, admiradores, buscadores de autógrafos y otros tipos de «molestos» por el estilo asolaron como un enjambre de avispas el retiro del cansado escritor. El verbo incordiar se conjugaba a diario en los oídos de Hemingway a través del hilo telefónico, porque los turistas serenos o ebrios no tenían ningún pudor en llamar a cualquier hora del día o de la noche. La antes tranquila «Finca Vigía» se había convertido en un lugar de interés turístico. Exasperado por la falta de tranquilidad, Hemingway decidió retirarse del mundo una corta temporada a Key West, para dedicarse allí a pescar y a descansar. Los últimos años de Hemingway iban a ser tan agitados como había sido el resto de su vida. Su barba y su pelo blanco, su imponente aspecto, ruidoso y carcajeante, se iba a pasear intensamente por toda Europa, sobre todo, por los escenarios europeos que siempre le habían agradado: Italia, Francia, España... Tenía más de lo que cualquier hombre podía ambicionar: medallas de guerra; premios literarios, entre ellos el Premio Nobel; una mujer cariñosa y fiel, por fin; fama universal; dinero en gran cantidad y buenos amigos en todas partes. Sin embargo, sentía una incomprensible sensación de fracaso. La vida se le escapaba entre las manos. Inició entonces una etapa desquiciada, frenética, disipada, de ciudad en ciudad, de fiesta en fiesta, de ruedo en ruedo, abandonando su salud, su espíritu, acercándose paso a paso hacia la muerte.

En España se encontró otra vez como en su propia casa. Nada más cruzar la frontera y ponerse en contacto con las corridas –la corrida, bella forma de morir, se da en ella la posibilidad de vencer a la muerte y ser inmortal por un instante– se recuperaba físicamente, se sentía en forma y parecía otro hombre. Aquella tierra era un sedante para él. En España, en su España, no le podía ni el tedio ni el desaliento. Volvía a su tierra y llegaba radiante y alegre.

En 1956 se alojó en el Hotel Felipe II, en El Escorial. Y tan pronto llegó quiso recorrer todo lo viejo unido a sus recuerdos. En los alrededores del pueblo, cercano a Madrid, se entusiasmó reviviendo escenas de la guerra, contando a sus amigos, sobre el terreno, anécdotas de las batallas, y de los camaradas. Allí era feliz, cerca del sitio donde había situado la acción de *Por quién doblan las campanas*; contemplaba el paisaje de granito y pinos como algo suyo, mientras silbaba por lo bajo canciones de guerra que no había olvidado. Comer y beber como un Heliogábalo junto a los viejos amigos, recordar la juventud, el tiempo que ya no volvería...

«Los rostros que una vez fueron jóvenes eran ahora tan viejos como el mío, pero todos nos acordábamos de cómo habíamos sido. Los ojos no habían cambiado y ninguno estaba gordo. Las bocas no mostraban amargura a pesar de lo que podían haber visto los ojos. Las arrugas amargas alrededor de la boca son el primer síntoma de la derrota. Allí ninguno estaba derrotado» (*El verano sangriento*).

En su ir y venir entre Madrid y El Escorial, Ernest se enteró de que el viejo escritor Pío Baroja estaba muy enfermo. Hemingway siempre había sido partidario de la obra y admirador de aquel luchador por la vida que era el vasco.

«—A este viejo debieron darle el Nobel veinte veces –dijo Hemingway.

»—Ahora ya todo da lo mismo –contestó Castillo-Puche–, el viejo se muere.

»—Yo te digo que él era uno de los pocos que podía y puedo leer.

»—He visto sus obras en tu casa sudadas y anotadas.

»—De esa novela aprendí yo algo, mucho aprendí» (*Hemingway, entre la vida y la muerte*).

Animado por su amigo Castillo-Puche, Ernest venció su enorme timidez y decidió visitar al moribundo, para con sinceridad y humildad ofrecerle su Premio Nobel. El acto celebrado un 9 de octubre fue enormemente sencillo y lleno de emoción. Pío Baroja, en su lecho de muerte, escuchó las palabras breves y entrecortadas del escritor vagabundo:

«—... Yo siempre hubiera querido venir antes a verle, porque tengo con usted una deuda de gratitud, porque yo no he olvidado lo mucho que le debo y le debemos todos los que hemos leído sus libros».

Poco tiempo después, el 30 del mismo mes, Hemingway asistía al entierro de don Pío en el cementerio civil de Madrid. La escena resultó patética, absurda, esperpéntica, española...

«—Pobre viejo, pobre viejo... Vámonos –le dijo cabreado a Castillo–. Quiero salir fuera. Este pobre viejo, tan honrado, se merecía algo más.

»—Algún día, como sucede en España, lo desentierran y lo llevan a un sitio más ilustre y no aquí, en este rincón, entre extranjeros, fusilados, suicidas...».

Curándose en salud, Hemingway había empezado a beber, porque beber era olvidar, defenderse, superar las cada vez más profundas depresiones. Y él era poco a poco menos poderoso en su lucha cuerpo a cuerpo con el alcohol. Al salir del entierro, sacó su petaca de plata del bolsillo de atrás del pantalón y dio un trago profundo, desesperado...

«—¿Quieres acompañarme un rato? –le preguntó al inseparable Castillo.

»—Claro que sí –respondió este.

»—...es que tengo necesidad de cumplir hoy con algo también tonto... Voy a ver al médico. Es sobre todo por Mary... Se trata de un chequeo convencional. Pero le he avisado y ya no puedo faltar. Mary se quedará más tranquila.

»—Por mí no te preocupes, yo te acompaño.

»—No me pasa nada –repitió varias veces–, pero tampoco uno es el mismo de antes. ¿Comprendes? Uno mira cómo anda la máquina y después hace lo que le da la real gana...».

Al volver de la visita, su cara había cambiado terriblemente, Estaba preocupado, algo no marchaba bien. Como siempre se hizo el rudo y bromeó, mientras daba otro trago a su inseparable petaca con alcohol.

«—Vamos a celebrar todo eso de la tensión y sobre todo lo del hígado.

»—¿Qué tal la función?

»—Muy animada y de todo un poco: también, a lo mejor, la diabetes...

»—¿Qué diabetes?

»—Es una broma. Quería decir la cirrosis...

»—No creo nada de eso. Estás como un roble.

»—Ni yo tampoco –y le ofreció la petaca que ya tenía muy poco vodka al amigo. Luego se pasó la mano por la barba con una reflexión que quería ser cinismo y era melancolía...» (*Hemingway, entre la vida y la muerte*).

Mientras, la vida en Cuba se hizo cada vez más difícil e incómoda para Hemingway y los suyos. Al regreso de sus viajes por Europa, pensando que iba hacia el clima de paz y tranquilidad al que estaba acostumbrado en «La Vigía», encontraba saqueos, asesinatos, requisas y toda clase de atropellos. El régimen corrupto de Batista estaba dando sus últimas y sangrientas bocanadas, y no respetaba ni a nada ni a nadie. Su condición de extranjero ilustre, su fama de amigo de Cuba, no le salvó de sufrir los desmanes de los asesinos de Batista...

Una oscura noche del mes de abril de 1958, un grupo armado hasta los dientes tomó por asalto «La Vigía». Buscaban a dos jóvenes castristas. Ernest y su mujer dormían, y fueron obligados a levantarse para ser interrogados. En ese momento, su perro preferido, el compañero más leal del escritor, viejo y casi ciego, salió ladrando para defender a su amo. Delante de Hemingway, los soldados lo mataron brutalmente de un culatazo en la cabeza. Desde aquel aciago y terrible día, el escritor decidió marcharse de La Habana, para instalarse definitivamente en su país, en un sitio atractivo de paisajes bellos, la tierra de los robles, en Ketchum, cerca del Valle del Sol (Idaho). Allí se aisló –en realidad, empezó a vivir como un exilado en su propio país– y trató de olvidar. Sin embargo, desde el principio se sintió muy identificado con el triunfo de Fidel Castro en Cuba. A medida que avanzaba la revolución se le vio sentir en su carne y en su alma el tremendo desengaño que apenas pudo ocultar. Se sintió decepcionado, y comenzó a «caerle gordo» todo aquello de las ejecuciones y los tribunales en los campos de deportes.

«—Veo aquello un poco confuso –confesaría después apesadumbrado– y que se están poniendo un poco pesados... Después del desastre de Batista, lo malo no ha sido este caos de sangre. Hay algo que me da mucho más miedo y es la retórica... ¡Una pena, una pena! Pero Fidel es un muchacho templado y majo... con algo de inexperiencia y locura, pero llevará el carro adelante... Merecen triunfar, porque hay buena gente entre ellos...».

Pero muy pronto también perdió la esperanza. Su hipersensibilidad por todos los aspectos renovadores de la sociedad le hizo vivir la revolución cubana intensamente. El giro que tomó aquella le dolió en lo más hondo:

«—Aquello comenzó hermoso... pero se está poniendo algo puerco. Me temo que lo echen a perder todo...».

1959 iba a resultar para él un año de locura, un año en el que se sintió como en los viejos tiempos, en pleno apogeo de sus facultades físicas y creadoras. Sin embargo, la salud de Hemingway iba debilitándose; a pesar de su coquetería, su máscara de hombre violento y aventurero, fingía una fortaleza que distaba mucho de tener. Padecía una alta presión arterial, su hígado estaba destrozado por el alcohol, y la diabetes iba en aumento, y esa mancha entre rosácea y blancuzca, que desprendía un polvillo escamoso, y que se extendía cada vez más entre la nariz y la mejilla –¿cáncer de piel, quizá?–, y que él intentaba disimular con los pelos de la barba... Pero Hemingway quiere ser siempre fiel a sí mismo.

Llegó a España totalmente excitado y con un entusiasmo completamente desorbitado. Quería hacer un gran reportaje, un libro definitivo sobre los toros, por encima de todo lo ya escrito por él. Aquella obra iba a ser –pensaba– su testamento taurino. Su canto a la España de su juventud, y por eso puso amor y celo, pasión y odio, rivalidad y enemistad en aquellas páginas de *El verano sangriento*. Nada más poner pie en suelo español, se retiró como un ermitaño a la finca que su amigo John Davis tenía en Málaga, «La Cónsula», para recordar y escribir. Sus únicas distracciones eran bañarse en la piscina y pasear por el jardín. A mediados de mayo, decidió comenzar una febril recogida de material fotográfico y de notas para su obra, y emprendió una maratoniana gira por las principales plazas de toros de España, siguiendo al protagonista, al héroe de *El verano Sangriento*: Antonio Ordóñez.

Madrid, Sevilla, Córdoba, Ronda, Algeciras, Aranjuez, Valencia, Alicante, Zaragoza, Burgos, Barcelona, Vitoria, Bilbao, Pamplona... Hemingway se introdujo de nuevo en un mundo taurino que él recordaba de una manera idealista e ingenua. Un mundo que ahora era –después de quince años sin venir a España– una extraña mezcla de gitanería, pedantería, comercio y, sobre todo, publicidad, mucha publicidad. Ernest había quedado anclado en el torero de su juventud, y no se dio cuenta de que en España todo había cambiado. La guerra había sido un «tajo definitivo». La publicidad, el negocio, había invadido el mundo taurino y lo regía. El viejo escritor resultó entonces una perita en dulce para los buitres de ese mundo, que se aprovecharon de él, de su buena fe, de su generosidad y hasta de su afecto por Antonio Ordóñez.

«La primera vez que vi a Antonio Ordóñez advertí que podía ejecutar todas las suertes clásicas sin fingir, que sabía de toros, que podía matar bien si lo deseaba y que era un genio con el capote. Pude ver que reunía las tres condiciones del matador: valor, destreza en su profesión y gallardía ante el peligro de la muerte».

Aquel muchacho le rejuvenecía, le hacía sentir un hechizo artístico que creía haber olvidado. Antonio era su héroe único. Él le protegería, le colocaría por encima de todos los demás toreros. Y los «buitres» se dieron cuenta de esta especie de enamoramiento estético, de este cariño senil del viejo escritor por el diestro y decidieron sacar tajada. De la noche a la mañana se sacaron de la manga la quimera de un duelo apoteósico y sangriento entre Ordóñez y Dominguín, y el viejo Ernest se lo tragó: era demasiado bello, demasiado apasionante para no creerlo, ¡un duelo entre dos héroes!, ¡un duelo quizá a muerte! Hemingway pecó de ingenuo. Hizo el caldo gordo y publicidad gratuita a quienes se aprovecharon de su chochería, de su bondad y sencillez de espíritu. Y cuando se dio cuenta de sus ingenuidades era ya demasiado tarde. El desengaño fue total. Había vivido durante dos años entregado a una tarea literaria que le iba a producir la insatisfacción más grande de su vida. Por primera vez había metido la pata. Aquello fue funesto para su literatura y sus nervios. Y la venda terminó cayendo de sus ojos:

«—La corrida ya no es un mito; solo van a ella los turistas».

Sí, los turistas, y entre ellos los americanos con *Fiesta* en una mano, como si fuera una guía turística; intrusos borregos, palmoteando y gritando olés sosainas y grotescos, que llenaban los bolsillos de unos cuantos «buitres» de la Fiesta...

Al comprender que había sido burlado y que el mismo Antonio se desentendía de la situación provocada por sus «amigos taurinos», Hemingway sufrió un desequilibrio mental. Poco a poco se fue encerrando en su habitación y en el bar del Hotel Suecia en Madrid. Comenzaba a preocuparle gravemente lo que había escrito en *El verano sangriento,* y sentía tremendas dudas sobre si había sido injusto o si había llegado demasiado lejos en sus afirmaciones. Cae en una profunda sima, en una enorme depresión, de la que ya no saldrá más, y que se manifiesta en irritaciones constantes, mutismo y, sobre todo accesos de manía persecutoria...

«—¿Pero, qué es lo que quieren? ¿Que me haga el harakiri como un perfecto samurai? ¡No lo verán sus ojos!».

Se niega a salir de su cuarto, se niega a abandonar España. Se enfrasca en hacer correcciones ya inútiles y fuera de lugar. Su lucha por detener las publicaciones de *El verano sangriento* en *Life* son infructuosas, casi ridículas. No hay nada que hacer. El vaso estaba lleno hasta los bordes...

«Recé por todos aquellos que estaban comprometidos por la suerte, por todos los amigos con cáncer, por todas las mujeres vivas y difuntas, y porque Antonio tuviese buenos toros esa tarde» (*El verano sangriento*).

Viendo su estado tan patético, sus amigos intentaron por entonces convencerle de que debía regresar a Estados Unidos. Terco e irascible, Hemingway hizo cancelar el billete de avión reservado una y otra vez. Finalmente, en los primeros días de octubre de 1960, consiguieron que el viejo escritor se diera por vencido y tomara un avión para su país...

EPÍLOGO

«—No. Murió.

»—¿Puede saberse cómo?

»—Se suicidó.

»—¿Para evitar que le torturaran? –interrogó Pilar.

»—¡Sí! –repuso Roberto Jordán–. Para evitar que le torturaran» (*Por quién doblan las campanas*).

Desde Nueva York, Ernest Hemingway se dirigió a su casa de Ketchum inmediatamente. En Idaho la temporada de caza estaba en pleno apogeo. Sin embargo, el viejo cazador no sale a recorrer las colinas y los montes. Su estado depresivo es cada vez mayor. Lentamente, al principio, y rápidamente después, comienza a parecer más viejo. Su notorio adelgazamiento, el enronquecimiento de su voz, la blancura de sus cabellos y el rápido curvamiento de su espalda confieren a su enorme figura un aspecto desconocido, patético. Hacia tiempo que sufría mucho y nadie lo había notado. No tenía fuerzas. Las épocas de aridez y sequedad de espíritu eran cada vez mayores y el «aliento creador» le abandonaba. Su memoria, de la que siempre se había mostrado ufano, fallaba estrepitosamente. Comenzaba a notarse viejo y a sentir asco de sí mismo...

«—Un viejo es una cosa asquerosa».

En el mes de diciembre, los médicos le aconsejaron que ingresara en una clínica, la clínica Mayo de Minnesota. A la prensa se le dijo entonces que el escritor sufría problemas de hipertensión, riñón y diabetes. La verdad es que fue sometido a un tratamiento de electrochocs.

Al presentar una gran mejoría en su estado de ánimo, los médicos le dieron de alta el mes de enero de 1961, permitiéndole regresar con su esposa al Valle del Sol. Pesa alrededor de los 75 kilos –cuando su peso habitual son los cien– y está tremendamente avejentado. Intentó salir de cacería y volver a trabajar en un libro que había comenzado años atrás, *París era una fiesta*. Pero su fortaleza y su capacidad de escribir habían disminuido, hasta casi agotarse. Se había quedado vacío. Había hecho todo lo que podía. Ya nada valía la pena. No estaba preparado para soportar una enfermedad que estaba acabando con el hombre y con la obra en vida. Y en el mes de abril intentó por dos veces suicidarse...

«Es posible que lo haga ahora. Me parece que no soy muy valiente ante el dolor. ¿Oyes? Si hiciera eso, mi actitud no sería mal interpretada. ¿Verdad?» (*Por quién doblan las campanas*).

Recluido nuevamente en la Clínica Mayo, Hemingway volvió a sufrir otro terrible tratamiento de electrochocs. Abandonar la clínica se convirtió por entonces en su obsesión. Estaba cansado de hacer comedia: toda la vida haciendo comedia, con su máscara sonriente a cuestas, y su mortificante disfraz de hombre vital, invencible y triunfador. Pero tenía que salir de allí como fuera. Por fin, a últimos de junio consiguió engañar a los médicos, que le dejaron salir.

Regresó a su villa de Ketchum el 30 de junio. Parecía curado. Se mostró sonriente y muy contento por haber regresado al hogar. Aquella noche hubo en la villa una cena familiar, alegre y simpática, en la que todos comieron con gran apetito y cantaron viejas canciones. Al día siguiente, Ernest decidió salir de casa y visitar a algunos vecinos y amigos, reanudando así sus relaciones sociales tanto tiempo abandonadas. Aquella noche volvió a cenar con Mary. Se encontraba cansado. Había paseado mucho, y la charla con los viejos amigos había resultado agotadora. Mary y Ernest se despidieron con un beso, como siempre.

En la fría soledad de su cuarto, Hemingway no pudo conciliar el sueño. No quería que nadie le viera hundido y machacado. No, él no podía morir en la cama. No tenía fuerzas para sufrir el momento de enfrentarse con la «vieja compañera», con la «escalofriante querida» de tantas noches de insomnio. Súbitamente le vino a la mente un verso de un místico español:

Ven muerte tan escondida
que no te sienta venir... (SAN JUAN DE LA CRUZ).

Se levantó de la cama, lentamente, con dificultad, como sonámbulo, y fue derecho hacia un espejo. ¿Dónde estaba aquel hombre grande, de cara ancha y limpia, de cuello recio y pelo rubicundo, de ojos azules, verdes, grises...? Allí delante solo había un viejo marchito, lleno de manchas y pecas...

«Lo mismo es la vida. A distancia se mira muy hermosa y excitante. Pero cuanto más se acerca uno más cicatrices se advierten. Mire mi cuerpo. Mire mi rostro. Mire lo que hay debajo de mi barba...».

Dio unos pasos y lanzó una mirada a través de la ventana. La luz del amanecer comenzaba a caer sobre la tierra de los robles. Su enfermedad, el hígado, la tensión, la diabetes, aquella mancha rosácea que ya le cubría media cara...

«Si algún día me llego a poner enfermo, enfermo de verdad, yo lo que deseo y lo que quiero es irme aprisa, corriendo».

Apoyándose en la barandilla de la escalera comenzó a bajar. Solo llevaba el pijama y zapatillas. En el salón hacía frío aquella mañana. Después de contemplar los trofeos de caza colgados en las paredes, se sentó en alguno de los sillones y meditó durante unos instantes...

«No se trata de pedir un momento de valor cuando ya se es una carga ridícula. Se trata simplemente de tener ese instante de lucidez que haga olvidar todo lo demás».

Tomó una pequeña llave del escritorio y abrió la vitrina. Sin dudarlo, cogió la más precisa y hermosa de sus armas, la favorita. Limpió la escopeta frotándola con un trapo. Después apretó los cartuchos hacia dentro, contra el resorte de la recámara. Y se quedó sentado en una silla con el arma en las rodillas...

«Un hombre puede ser destruido, pero no vencido».

Sonó un ruido atronador y algo cayó sobre el pavimento. Debajo de un cuadro de Picasso titulado *La Corrida* al lado de una vitrina de armas, se fue formando un charco de sangre. El reloj de pared dio una seca campanada: eran la siete y media de la mañana del domingo 2 de julio de 1961.

Pocas horas después, todos los medios de comunicación del mundo lanzaban al aire una escueta noticia:

»...limpiando un rifle, a primeras horas de la mañana, se le ha disparado fortuitamente, produciéndole la muerte».

El viernes día 7, día de San Fermín, Ernest Hemingway fue enterrado en el cementerio católico de Ketchum, en tierra sagrada y según el rito católico. El reverendo P. Waldmann le dio sepultura con las mismas palabras del versículo del *Eclesiastés* que Hemingway había colocado en la primera edición de *Fiesta*:

«Las generaciones pasan una tras otra, pero la tierra siempre permanece. Y sale el sol, y se pone, y con afán vuelve a su lugar de donde torna a nacer. El viento tira hacia el mediodía y rodea al norte; continuamente gira y a sus giros torna de nuevo el viento. Los ríos todos van a la mar, y la mar no se colma: al lugar de donde los ríos vinieron, allí tornan para correr de nuevo...».

Y las campanas tocaron, doblaron, sonaron, tañeron por él.

ÍNDICES

RUDYARD KIPLING

ERNEST MILLER HEMINGWAY

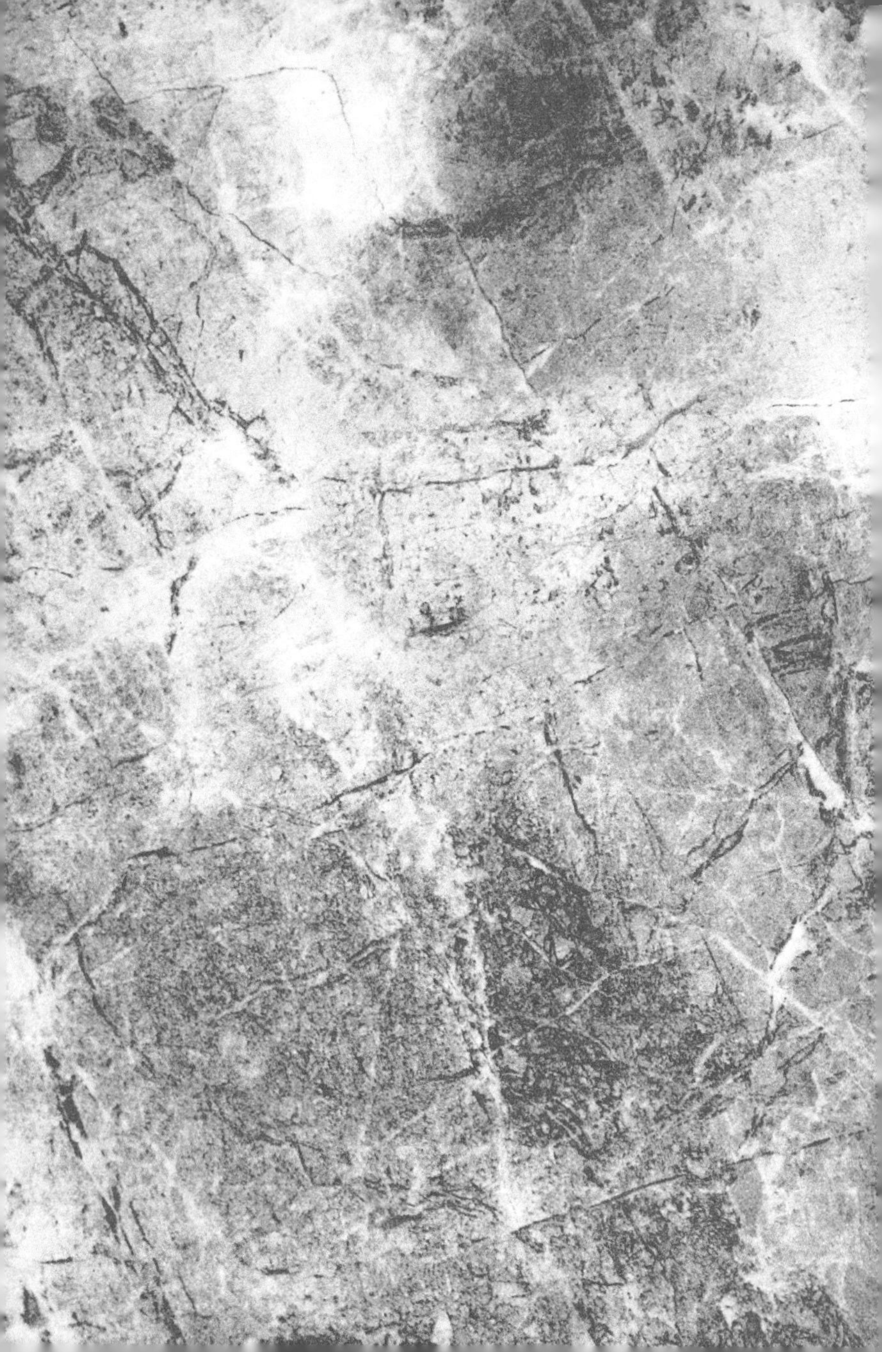